Petra Schächtele

Mehr
Schlagfertigkeit!

Inhalt

Fit im Kopf – schnell mit Worten

Parieren Sie den Angriff

Beispielsammlung

Service

Elegante Schlagfertigkeiten

Wer wäre das nicht gerne: wortgewandt und zugleich gelassen! Verbindlich und dennoch bestimmt. Und das auch noch in jeder Lebenslage. Kaum zu schaffen, meinen Sie? Doch, und zwar mit dem richtigen Training! Denn Schlagfertigkeit und einen geschmeidigeleganten Zugriff auf Wortspiele kann man lernen. Alles eine Frage der Übung. Vorausgesetzt, Sie lassen sich ein auf das Abenteuer Sprache ...

Was ist Schlagfertigkeit?

Schlagfertigkeit bedeutet mehr, als nur die passende Antwort oder das letzte Wort zur rechten Zeit zu haben. Sie beinhaltet ebenso, Situationen richtig einschätzen zu können und an seinen diplomatischen Fähigkeiten und fantasievollen Formulierungen kontinuierlich zu arbeiten.

Schlagfertigkeit ist das Produkt eines hellen Kopfs, nicht das eines kräftigen Kehlkopfs. Die Betonung liegt auf »Fertigkeit«, nicht auf »Schlagen«. Wie jede Sprache ihre Grammatik hat, so werden auch schlagfertige Antworten nach festen Mustern gebildet. Wer diese beherrscht, wird kaum mehr um eine passende Antwort verlegen sein. Ziel ist eine kontrollierte Reaktion – und zwar erst dann, wenn Sie selbst es für angebracht halten, und nicht, wenn eine andere Person das erwartet.

Schlagfertigkeit heißt nicht, auf alles eine Antwort haben zu müssen. Behalten Sie stets Ihre Interessen im Blick. Entscheidend ist immer auch der Zeitpunkt, an dem Sie etwas sagen. Es kommt nicht darauf an, jemanden fertigzumachen, vielmehr garantiert Schlagfertigkeit Ihnen den Überblick und die Handlungsfreiheit, sodass Sie die Lage beherrschen.

Schlagfertigkeit macht Ihren Auftritt souverän und lässt Sie auf spielerische Weise Ihre Interessen vertreten. Schlagfertigkeit darf und soll Spaß machen! Wie beim Tennis geht es nicht nur um den Sieg, sondern um die Freude am Spiel und an der eigenen Leistung. So präzise wie einen Aufschlag im Match sollten Sie auch Ihre Worte platzieren. Dazu brauchen Sie einen freien Geist, der bereit ist zu spielen. Nutzen Sie dieses Buch als Ihren geistigen Spielplatz.

Eins, zwei, drei, fertig, los …!

Schlagfertigkeit dient der Kommunikation. Sie ist vor allem dazu geeignet:

1. Grenzen aufzuzeigen
2. sich zu wehren
3. das Gespräch anschlussfähig zu machen

Schlagfertigkeit dient auch der Unterhaltung, ist aber keine Lösung für Probleme in Partnerschaft und Freundeskreis. Spielerischer Schlagabtausch kann jedoch helfen, Positionen neu zu überdenken und zu ordnen. Dann gelingt das Lösen des Problems auf der Sachebene schneller und einfacher.

Lernen Sie, sich von alten Verhaltensmustern und eingefahrenen Reaktionen zu befreien. Das bedeutet üben und nochmals üben, denn es gibt viele solcher automatischer Reaktionen, die man auch treffend als »Denkrinnen« bezeichnen kann. Wir tun dann das, was wir schon immer gemacht haben, und nutzen damit die bekannten Bahnen im Gehirn.

Alternativfragen

Alternativfragen verführen uns dazu, eine der zwei angebotenen Varianten zu wählen. Unser Gehirn nimmt gern den energiesparendsten Weg. Vorsicht bei Fragen wie: »Willst du nicht oder kannst du nicht?«
Durchbrechen Sie auch diese »Denkrinne«, indem Sie bei Oder-Fragen nicht eines davon auswählen, sondern auch die Möglichkeiten »sowohl – als auch« und »weder – noch« in Ihre Überlegungen einbeziehen.

Denkrinnen durchbrechen

Unser Gehirn arbeitet gerne energiesparend. Gewohnheiten werden angestoßen und laufen dann automatisch ab. So wie ein erfahrener Autofahrer nicht mehr überlegt, welchen Gang er einlegt. Er fährt quasi per Autopilot. Muster, die sich bewährt haben, werden automatisch verwendet.

Gerade in Stresssituationen greift das Gehirn dann gern auf Bewährtes zurück. Wer aber lernt, aus diesen antrainierten Schemata auszubrechen und anders zu reagieren, als es der Gesprächspartner erwartet, durchbricht dessen Reaktionsmuster und holt ihn aus dem gewohnten Reiz-Reaktions-Schema heraus. Das trägt dazu bei, dass sich neue Kommunikationswege eröffnen können. Das Stressniveau sinkt.

Wie werde ich schlagfertig? Die drei Basis-Kompetenzen

Schnelles Assoziieren

Eine schlagfertige Antwort setzt der Äußerung des Gegenübers idealerweise keine andere Behauptung entgegen, sondern nutzt vielmehr den Assoziationskontext und richtet dadurch die Energie des Angreifers gegen ihn selbst.

Je besser Sie Ihre Assoziationsfähigkeit trainieren, umso leichter fallen Ihnen die Grundtechniken der eleganten Schlagfertigkeit. Unser Gehirn ist vergleichbar mit unseren Muskeln. Training macht es leistungsfähiger.

Erkennen Sie schnell die Assoziationen:

- Ist der Platz zwischen zwei Marktständen eine Marktlücke?
- Darf man in einem Weinkeller auch mal lachen?
- Wenn ich am Strand eine schöne Frau anspreche, die das nicht mag, kriege ich dann einen Strandkorb?

Beim Assoziieren werden ursprünglich isolierte Inhalte wie z. B. Wahrnehmungen, Gefühle, Ideen so verbunden, dass das Aufrufen eines Assoziationsgliedes die anderen Inhalte in den gemeinsamen Kontext aufruft. Der Duft einer Rose kann das Bild dieser Blume im Kopf hervorrufen oder bei Allergikern sogar eine allergische Reaktion auslösen. Unser Gedächtnis beruht auf Assoziationsketten. Nur durch Assoziation kann Erinnerung überhaupt funktionieren. Die Verbindungsstärke zweier Reize ist abhängig von:

- ihrer jeweiligen Intensität
- der Häufigkeit ihres gemeinsamen Auftretens
- der Zeit seit dem letzten gemeinsamen Auftreten
- der Anzahl mit dieser Assoziationskette konkurrierender weiterer Verknüpfungen.

Bildliche Vorstellungskraft

Neben dem Assoziieren hilft auch eine gute bildhafte Vorstellungskraft, treffende, elegant-schlagfertige Antworten zu kreieren. Lassen Sie Bilder in Ihrem Kopf entstehen, und Sie werden sprachlich ausdrucksstärker. Spüren Sie bei folgenden Sätzen nach, was für Bilder in Ihrem Kopf entstehen:

- Der Wal zeichnet sich durch ein unhandliches Format aus.
- Gerade weil wir alle in einem Boot sitzen, sollten wir froh sein, dass nicht alle auf unserer Seite stehen.
- Wir müssen schon deshalb auf dem Teppich bleiben, weil wir so viel daruntergekehrt haben.

Humor als Lebens- und Sprachbegleiter

Nehmen Sie den Humor und die lustige Seite des Lebens ernst! Selbstironie bringt Gelassenheit und hilft, Konflikte angenehm und spielerisch zu lösen. Humorvolle Menschen agieren unbefangen, ohne taktlos oder verletzend zu sein. Und sie lassen manchmal die Vernunft außen vor.

Humor nimmt Druck aus unguten Situationen. So können wir uns dann besser auf die Sachebene konzentrieren. Lachen kann entscheidend zum Erfolg eines Gesprächs beitragen. Gemeinsames Lachen entspannt und entstresst. Es ist sogar biologisch »entwaffnend«, da es die Kampf-Flucht-Reaktion durchbricht. Die Anspannung fällt ab, der Adrenalinspiegel sinkt. Wenn Sie sich selbst nicht zu ernst nehmen und die Dinge nicht verbissen sehen, bleiben Sie überlegt überlegen.

Komik entsteht aus einem Bruch mit dem Erwarteten. Brechen Sie mit der Erwartung Ihres Gegenübers. So können Sie ein Gespräch auf eine andere Ebene heben und den anderen aus seinen Denk- und Redemustern holen. Es kann ein kreativer Dialog in entspannter Atmosphäre entstehen.

Voraussetzung für eine humorvolle Position ist Wohlwollen sich selbst und anderen gegenüber. Erst das ermöglicht, mit dem eigenen Verhalten zu experimentieren und die Lust am Ausdruck und kommunikativen Spiel zu finden. Sie sollten immer erst versuchen, die Situation durch Humor zu entschärfen. Denn: Ist das Gegenüber verärgert, bleibt nur die Flucht nach vorn. Oder gemeinsames Lachen!

Humor erfüllt drei Hauptfunktionen: eine kommunikative, eine soziale und eine psychologische. Er beugt Burn-out vor und wirkt als Gegengewicht zu äußeren Stressfaktoren und inneren Belastungen. Humor ist eine indirekte Form der Kommunikation. Gönnen Sie sich und anderen also die gute Laune, die unerwartete Alltagskomik und feine Ironie.

Schon Karl Valentin wusste, dass jedes Ding drei Seiten hat, eine positive, eine negative und eine komische. Wenn Sie Dinge weder akzeptieren noch ändern können, dann versuchen Sie wenigstens, darüber zu lachen.

Humor in Firmen

Die Engländer machen es uns mit ihrem schwarzen Humor vor: Sie nehmen den nervigen Alltag mit einem Augenzwinkern und schrägen Bemerkungen leicht und vergraben sich nicht in tiefschürfender Problembewältigung. In vielen deutschen Firmen gilt es als unseriös, Humor schon vor Feierabend zu zeigen. Brechen Sie mit dieser Tradition und denken Sie daran: »Wer sich mit Humor wappnet, ist praktisch unverwundbar.« (Ernst Penzoldt)

Wie werde ich locker?

Wer augenzwinkernd durchs Leben geht, verliert auch in den stressigsten Momenten nicht den Humor. Das ist nicht immer einfach umzusetzen. Flache Atmung ist ein Warnsignal. Ferner neigen wir im Stress dazu, uns zu verkrampfen, die Schultern hochzuziehen und den Hals anzuspannen. Dagegen gibt es zwei Mittel: kontrollierte Atmung, die stressauslösende Gedanken aus dem Körper – und Kopf – herausatmet, und das mentale Training mit autosuggestiven Formeln. Voraussetzung: Sie müssen die Anspannung bemerken!

Spannung wegatmen:

1. Zwei Sekunden lang einatmen.
2. Drei Sekunden Luft anhalten, an den Auslöser denken.

3. Den Gedanken beibehalten und mit aller Kraft ausatmen, ihn mit der Luft aus den Lungen pressen.

4. Vier Sekunden nicht atmen.

5. Eins bis vier so lange wiederholen, bis der Auslöserreiz aus dem System entfernt ist.

Mentales Training:

- Ich werde damit fertig.
- Auch das geht vorbei.
- Na und? Ich mache trotzdem weiter.

Lockere Muskeln – Entspannte Stimme

Atmen Sie tief ein. Spannen Sie die Bauchmuskeln an wie ein Korsett. Stellen Sie sich vor, Sie ziehen den Nabel Richtung Wirbelsäule. Die Hände nach vorne strecken, die Ellenbogen an den Körper pressen. Dann mit leicht geöffnetem Mund auf »ffff« hörbar ausatmen. Beim Ausatmen den Bauch entspannen – er wölbt sich dabei sanft. Lassen Sie den Atem wieder einströmen. Das Anspannen der Muskeln hemmt die Freisetzung von Angstauslösern wie Noradrenalin oder Epinephrin. Der Effekt ist die Beruhigung und Aktivierung der Zwerchfellmuskeln. Nicht nur der Körper ist entspannter, auch die Stimme trägt dann besser.

Progressive Muskelentspannung

Aktive Muskelentspannung wie z. B. die Progressive Muskelentspannung nach Jacobson hilft, in einem genau auf die Muskelgruppen abgestimmten System alle Körperregionen durch kurzfristiges An- und folgendes Entspannen zu lockern und zu lösen. Sie ersetzen also das eine (die Anspannung) durch das andere (die Entspannung). Es ist nämlich viel schwerer, mit etwas ganz aufzuhören, als es durch etwas Neues zu ersetzen. Ein simples Beispiel aus unserem Alltag beweist das: Wenn wir weniger Kaffee trinken wollen, ist es einfacher, stattdessen Tee zu trinken, als gar nichts.

Hier nur ein Schnelldurchgang für Stresssituationen. Er kann regelmäßiges und korrektes tägliches Training nicht ersetzen: Beginnen Sie mit Ihrem bevorzugten Arm (als Rechtshänder rechts). Winkeln Sie ihn an und ballen Sie, so stark Sie nur können, die Hand zur Faust. Zählen Sie bis zehn. Dann entspannen und zurückführen. Nun der andere Arm. Danach gehen Sie mit Ihrer Aufmerksamkeit in die Schulter. Ziehen Sie beide Schultern möglichst weit in Richtung Ohren. Bis zehn zählen und bewusst wieder nach hinten unten führen, sodass die Schulterblätter zusammengehen wollen. Auch den Bauch dabei anspannen und den Nabel Richtung Wirbelsäule ziehen. Dann langsam entspannen. Vergessen Sie das Atmen dabei nicht! Nun die Beine: Strecken Sie ein Bein und spannen Sie die Muskulatur an, indem Sie auch den Fuß nach innen biegen. Bis zehn zählen, langsam loslassen. Wiederholen mit dem anderen Bein. Spüren Sie noch in sich und die einzelnen Körperpartien hinein. Fühlen Sie noch einmal deutlich die An- und Entspannung, atmen Sie bewusst ruhig ein und aus.

Lizenz zum Scherzen

Die Lizenz zum Scherzen erteilt der andere durch Lachen oder Lächeln. Ihr Gegenüber wird auf den Ton eingehen und entspannt antworten oder selbst so beginnen. Verstehen Sie das als Aufforderung, doch beobachten Sie genau, wie Ihr Gegenüber reagiert. Locker? Dann weiter so. Verkrampft oder mit einem Rückzieher? Dann seien Sie vorsichtig.

Im Seminar kam ein Teilnehmer zu spät. Er hatte einen Trainingsanzug an, und der Schweiß rann ihm in Strömen von der Stirn. Als Erklärung meinte er: »Ich bin mit dem Fahrrad da!« und strahlte mich an. Darauf sagte ich: »Ich dachte schon, Sie sind per Anhalter gekommen, weil Sie so mitgenommen aussehen.« Darauf lachten wir herzlich und hatten gleich einen guten Draht zueinander. Seine Körpersprache signalisierte mir, dass diese Art von Humor für ihn akzeptabel ist.

Der Rettungswitz

Humor benötigt Publikum, muss ausgedrückt werden und hilft bei der Bewältigung äußerer Zwänge und innerer psychischer Belastungen. Sie können auch Ihr eigenes Publikum sein. Suchen Sie sich Rettungswitze, über die Sie immer lachen können. Es gibt Situationen, die ich nie erzählen kann, ohne zu schmunzeln: Der Mann meiner Freundin arbeitet in der Schweiz, wohnt aber auf deutscher Seite. Er fährt jeden Tag mit dem Auto eine weite Strecke. Ich fragte ihn, ob das nicht anstrengend sei und ob es nicht günstiger wäre, den Zug zu nutzen, wo doch die Schweizer so schöne Taktzeiten haben. Darauf meinte er: »Mit dem Zug habe ich schlechte Erfahrungen gemacht. Beim ersten Mal hatten wir so viel Verspätung, dass ich zu spät zur Besprechung kam, und beim zweiten Mal haben wir eine Kuh überfahren.« Ich erinnere mich noch genau an den emotionslosen Gesichtsausdruck, den er dabei aufsetzte. Als ob es das Natürlichste der Welt wäre. Auch wenn mir in Gedanken die Kuh immer noch leid tut, muss ich bei der bloßen Vorstellung lachen.

Hemmnisse abbauen

Der verspätete Einfall oder Treppenwitz

Gerade Anfängern fallen gute Antworten leider oft zu spät ein, sozusagen auf der Treppe. Über den »esprit d'escalière«, den bereits Diderot beklagte, hat sich jeder schon geärgert. Das ist verständlich, aber wenig sinnvoll. Zeigt es doch, dass Sie unbewusst an der Aufgabe gearbeitet haben. Wer sich über jede auch noch so späte Idee freut und denkt: »Klasse, das sage ich nächstes Mal«, veranlasst das Unterbewusstsein, sein Sprachvermögen zu trainieren und immer schneller zu arbeiten. Je mehr Situationen Sie nachbereiten, umso größer wird Ihr Repertoire. Loben Sie sich also für jeden Einfall und erweitern Sie damit Ihr rhetorisches Potenzial. Und suchen Sie immer noch eine zweite und dritte Variante.

Suche nach der genialen Antwort

Die Suche nach der genialen Antwort blockiert unsere Kreativität. Wir setzen uns unter Druck und schränken uns ein. Zu Beginn ist es wichtig, überhaupt zu antworten. Besser eine Standardantwort als gar keine! Sie muss nicht perfekt sein. Erlauben Sie sich ausdrücklich Fehler. Dann kann Sie der Vorwurf Ihres Gegenübers gar nicht mehr treffen.

Nehmen Sie sich – ausnahmsweise – ein Beispiel an den Politikern, die im Fehlerfall »zurückrudern« oder von einer »Second-best-Lösung« sprechen. Sehen Sie Fehler ab sofort als »Second-best-Antwort«.

Wer in den Kategorien richtig und falsch denkt, legt sich zu sehr fest. Und dann ist es schwierig, von dieser Meinung wieder wegzukommen. Sinnvoller ist es, Reaktionen als geschickt und ungeschickt einzuordnen. Ungeschicktes kann ohne »Gesichtsverlust« korrigiert werden.

Sie sind zu nett!

Wer nur nett sein will, kann nicht schlagfertig sein. Sie brauchen Biss, um Bösartigem adäquat zu begegnen. Freuen Sie sich über jede Gelegenheit, in der Sie Ihre Zunge üben können. Frei nach dem Motto: »Ich habe keine Angst, mich unbeliebt zu machen. Ich bin es schon.« (Helmut Kohl)

Dazu braucht es den würdigen Gegner. Leider sind viele zwar selbst äußerst empfindlich, aber hart im Austeilen. Lassen Sie sich davon nicht abhalten! Packen Sie jede Gelegenheit beim Schopf und üben Sie sich in eleganter Schlagfertigkeit!

Allerdings dürfen Sie manche Ihrer brillanten Gedanken ruhig für sich behalten und sich im Stillen daran freuen. Hauptsache, Sie haben die Antwort parat. Das gibt Ihnen Sicherheit: »Ich könnte, wenn ich wollte.« Übrigens: Die Antwort im Geist darf ruhig noch ein wenig boshafter ausfallen.

Entschlossen reagieren!

Reagieren Sie entschlossen auf schlechte Behandlung. Niemand darf Sie beleidigen oder Ihnen unlautere Absichten unterstellen. Bleiben Sie wachsam für die Formulierungen und verborgenen Behauptungen Ihres Gegenübers! Begeben Sie sich nie auf ein sprachliches Niveau hinab, das Ihr Kontrahent Ihnen vielleicht vorgibt. Dazu gehört genauso eine erhobene Stimme, die nur den Sturm der Emotionen weiter entfachen würde. So wie Sie Ihren Kontrahenten mit Respekt behandeln, können Sie das auch für sich einfordern. Achten Sie darauf:

- Lassen Sie sich niemals unter Druck setzen.
- Betreiben Sie bewusst weniger Aufwand.
- Kontern Sie auch mit einer unvollkommenen Antwort, die Ihnen nicht geistreich, nicht logisch, nicht verständlich, nicht vernünftig … erscheint.

Hauptsache ist, Sie bleiben nicht sprachlos zurück. Bewahren Sie dabei immer Ihre Haltung.

Darf ich zurückschlagen?

Schlagfertigkeit ist immer Reaktion, nie Aktion! Da der andere angefangen hat, darf es auch einmal etwas heftiger zugehen im allgemeinen Schlagabtausch. Doch vermeiden Sie die Eskalation. Versuchen Sie mit einer witzigen oder direkten Replik zunächst eine Grenze aufzuzeigen. Überlegen Sie dann im zweiten Schritt, ob Sie durch eine Frage den Antwortreflex (▶ S. 32) des anderen anstoßen oder durch einen Kompromiss die Situation entspannen können. Achten Sie stets darauf, dass Sie selbst die Spielregeln bestimmen.

Akzente setzen

Sollte der Angriff schlimmer als erwartet ausfallen, dürfen Sie auch in der Verteidigung härter sein. Fürchten Sie also nicht, dass Sie unhöflich werden könnten. Sie dürfen reagieren. Seien Sie nicht zu nett zu Menschen, die Sie angreifen oder Ihnen ungefragt Feedback geben, sonst wird aus dem kleinen Finger, den Sie ihnen gegeben haben, schnell die ganze Hand. Es gibt Situationen, da muss man einfach, um vor sich selbst weiter bestehen zu können, eine Sache richtigstellen und dem eigenen Gerechtigkeitsgefühl damit zum Sieg verhelfen. »Angriffe sind die Argumente derer, denen die Argumente ausgegangen sind«, meinte bereits Rousseau. Bereiten Sie Ihre Argumentation und Wortwahl präzise vor. Tun Sie das, ohne gleich selbst um sich zu schlagen. Gestehen Sie sich selbst erst eine Bedenkzeit zu. Oft ist die zweite Antwort die bessere.

Machen Sie sich als Opfer unbeliebt

Manche Menschen werden angegriffen, andere nicht. Ihr Gegenüber spürt schnell, wenn Sie leicht zu verunsichern sind. Wappnen Sie sich mit Humor, einer Spur Leichtigkeit und einem Repertoire trainierter Antwortmodelle. Dann bleiben Sie nicht Opfer, sondern werden zum gleichberechtigten Gegner. Wichtig ist es, sofort zu Beginn in die Gegenwehr zu wechseln. Je länger Sie Beleidigungen und Anschuldigungen dulden, desto schwieriger wird es im Laufe des Wortwechsels, sich zur Wehr zu setzen und Ihre Position angemessen vertreten zu können. Deshalb: Wehret den Anfängen!
Übrigens bekommen Sie immer das Verhalten, das Sie belohnen. Weisen Sie jemanden in seine Grenzen, so wird er Ihre Grenzen respektieren. Sie selbst entscheiden, ob Sie ein Opfer sein wollen oder lieber ein ernstzunehmender Gegner.

Spontan oder vorbereitet?

Schlagfertigkeit ist nichts Spontanes. Nur wer gut vorbereitet ist, kann spontan sein! Natürlich gibt es die geniale Blitzidee. Doch das ist nicht der Normal-, sondern ein Glücksfall.
Es gibt nie nur die eine Lösung für jede Situation, und man kann sich nicht auf alle Eventualitäten vorbereiten. Doch durch das Üben entwickeln wir Instinkt für Situationen und Konstellationen. Das hilft Ihnen, auch Unwägbarkeiten souverän zu begegnen. Optimal ist, wenn Sie Kommunikation als

Spiel ansehen können und das Ganze sportlich angehen. Bereiten Sie schwierige Situationen stets nach, suchen Sie immer noch wenigstens nach einer zweiten, am besten noch nach einer dritten Antwortmöglichkeit. Lesen Sie Anekdoten und nehmen Sie Anleihen bei Berühmtheiten. Sie müssen nicht alles selbst erfinden. Oft reicht es, gut zu adaptieren.

Nehmen Sie sich ein Beispiel an unseren Politikern. Bei ihnen können Sie sehr schön beobachten, dass sie von ihren Beratern oder Redenschreibern gerade auf heikle Fälle speziell vorbereitet werden. Nehmen wir Zwischenrufe und einige Politikerantworten als Vorlage für eigene Situationen:

Als François Mitterand noch Präsident war, wurde er bei einer Rede laufend unterbrochen mit dem Ruf: »Aufhören!«. Der reagierte darauf mit den Worten: »Ich würde uns beiden den Gefallen ja gerne tun, aber wir sollten in dieser Situation nicht so egoistisch sein und nur an uns selbst denken.«

Der SPD-Politiker Carlo Schmid, einer der Väter des Grundgesetzes, konterte ein Störmanöver sehr elegant mit: »Unterlassen Sie Ihre Zwischenrufe, sonst antworte ich Ihnen.«

Winston Churchill sagte einem Zwischenrufer: »Ich weiß, dass Sie das Recht auf Zwischenrufe haben. Doch leider unterbrechen Sie dauernd die Person, die ich am liebsten reden höre.«

Noch eine elegante Antwort bei Unterbrechungen: »Diplomatie ist eine der Grundfertigkeiten. Erlauben Sie mir daher, zu diesem Punkt zu schweigen und mit dem fortzufahren, was ich ursprünglich sagen wollte. Ich denke, dass dies im Sinne der großen Mehrheit der Anwesenden ist.«

Auch Sie können solche Universalantworten üben, mit denen Sie jede noch so unverschämte Attacke elegant kontern.

»Rot werden« und andere Schrecken

Erinnern Sie sich? »Ach wie gut, dass niemand weiß, dass ich Rumpelstilzchen heiß'.« Rumpelstilzchen verlor in dem Moment seine Macht, als sein Name bekannt wurde. Sobald Sie Dinge beim Namen nennen, verlieren diese ihren Schrecken. Haben Sie einen neuralgischen Punkt, wie z. B. rot zu werden, und fürchten, darauf angesprochen zu werden? Die Furcht davor ist meist schlimmer als die Situation selbst. Deshalb ist der beste Schutz, genau diese Situation vorzubereiten. Allein dadurch finden Sie zu größerer Souveränität zurück. Was ist also Ihr schwacher Punkt? Wo sind Sie angreifbar? Welche Bemerkungen fürchten Sie am ehesten? Versuchen Sie sich in Ruhe diese Fragen zu beantworten. Überlegen Sie sich dann ein paar pfiffige Antworten, die Sie im Ernstfall sofort parat haben. Sie werden sehen: Sobald die »Schrecksituationen« benannt und vorbereitet sind, verlieren sie ihren Schrecken – wie Rumpelstilzchen seine Macht, nachdem es seinen Namen verraten hatte.

Die elegante Erwiderung

Setzen Sie sich mit Angriffs- und Killerphrasen täglich auseinander! Umso normaler wird der Umgang damit, und Sie bekommen so die nötige Übung. Irgendwann schrecken Sie auch unvorhergesehene Angriffe nicht mehr, da Sie genügend Reaktionsmuster für Ihre Entgegnungen verinnerlicht haben. Nehmen Sie dabei auch die ganz gemeinen oder niveaulosen Angriffe unter die Lupe. An und mit Ihnen schulen Sie Ihre gelassene Haltung in Streitgesprächen am Besten.

Schlagfertigkeit mit Stil

Suchen Sie Ihren persönlichen Stil. Denken Sie an Detektiv Columbo. Er blieb stets gelassen und respektvoll, verfolgte aber hartnäckig sein Ziel. Überlegen Sie also, welcher Stil zu Ihrer Person und Ihrem Auftreten passen könnte. Eine elegante Haltung setzt immer Souveränität voraus, die elegante Schlagfertigkeit sowieso. Eine Möglichkeit wäre es, immer freundlich auch der unfreundlichsten Situation zu begegnen und erst einmal durch ein Lächeln die konfrontative Stimmung zu entspannen. Im Zweifelsfall fragen Sie lieber, statt zu antworten. Schlagfertigkeit ist nicht nur ein Kommunikationsmittel, sondern vielmehr eine Lebenseinstellung, die es jeden Tag wert ist, gelebt zu werden.

Schutz vor Angriffen

Der Magen verkrampft sich, die Schultern spannen an. Adrenalinschub mit Folgen: »Fight-Flight-Reflex«! Nur weg, »denkt« der Körper. Das hat uns in grauer Vorzeit überleben lassen. Doch im bunten Alltagsdschungel der Kommunikation ist diese Reaktion wenig geeignet, ein konstruktives Gespräch weiterzuführen. Schützen Sie sich vor dieser Fluchtattacke und denken Sie daran: Ihr stärkster Feind sind immer noch Sie selbst!

Die Grundeinstellung überprüfen

Wie fühlen Sie sich während eines Schlagabtausches? Lassen Sie sich leicht verunsichern und ziehen jeden Schuh an, den man Ihnen hinstellt? Wird Ihre Gemütsverfassung im Gespräch von den anderen bestimmt? Dann wird es für Sie schwierig, Ihre Ziele adäquat zu vertreten.

Oder gehen Sie sofort zum Angriff über, weil Sie sich emotionalisieren lassen? Sie laufen dabei Gefahr, in die Defensive zu geraten und Ihr Sachziel aus den Augen zu verlieren. Bereits Schopenhauer rät davon ab, »den Gegner durch Zorn (zu) reizen, denn im Zorn ist er außer Stande, richtig zu urteilen und seinen Vorteil wahrzunehmen. Man bringt ihn in Zorn dadurch, dass man unverhohlen ihm Unrecht tut und schikaniert und überhaupt unverschämt ist.« Eine aggressive Grundposition lässt uns nicht überlegen und selbstbewusst handeln. Wer zu emotional reagiert, wirkt nicht souverän und hat meistens gleich zu Beginn verloren.

Unsere Informationen, Übungen und Tipps helfen Ihnen aus dem Dilemma. Denken Sie dabei an eine der drei Basis-Kompetenzen: den Humor. Sie sind im Vorteil, wenn Sie die Dinge nicht so ernst nehmen und locker ins Gespräch gehen.

Notwendig ist ein partnerschaftliches Miteinander, das voraussetzt, dass man sich weder unnötig klein macht noch dominant groß auftritt. In diesem Kapitel erfahren Sie, wie Sie das entspannt und selbstbewusst schaffen: die eigene Handlungsfreiheit zu bewahren, Abstand aufzubauen und sich vor Angriffen besser zu schützen.

Rache und Vergeltung – schlechte Ratgeber

Gehören Sie zum schnell verunsicherten oder zum spontan angreifenden Typus? Meist liegen beide Reaktionen eng beieinander. Unsicherheit macht leicht aggressiv. So schon Freud: »Aggression ist immer ein Zeichen von Unsicherheit.« Schlagfertigkeit bedeutet für viele das Begleichen einer emotionalen Rechnung. Wenn jemand uns bewusst beleidigt oder uns einen Nachteil verschafft hat, werden wir von Rachegefühlen getrieben. Wir wollen nicht verletzt und blamiert werden und geben nur allzu gerne zurück, was wir erfahren. Unser Verhalten hängt also immer auch von Aktion und möglicher Reaktion des Gegenübers ab. Ein Baby schreien wir nicht an. Ein Wecker, der nicht geklingelt hat, oder ein Stuhl, der im Weg steht, muss nicht mit Rache rechnen. Doch wer uns öffentlich bloßstellt, wird schnell zu unserem Feind.

Überlegen Sie, ob Sie Brücken bauen oder Mauern errichten wollen. Bei Letzterem ist die Gefahr groß, dass nur noch Unrat darübergeworfen und eine Konfliktlösung noch schwieriger wird. Fragen Sie sich: Wer kann mich überhaupt beleidigen? Wie wichtig ist mir die Meinung desjenigen? Denken Sie an den Unterschied zwischen »siegen« und »gewinnen« und setzen Sie sich zuerst ein Kräftegleichgewicht zum Ziel. Bleiben Sie möglichst unvoreingenommen: Gerne schafft man sich in Gedanken Feinde, die in der Realität gar nicht existieren.

Chancen wahrnehmen

Freuen Sie sich über Stress-Szenen und schwierige Zeitgenossen: Sie bieten Ihnen die Chance, Neues zu erproben. Lassen Sie sich nicht durch negative innere Dialoge blockieren. Im Zweifel setzen Sie auf Handeln, denn Handeln besiegt Angst und bringt Erfahrung. Ein Kollege, der Sie ärgert, oder die Nachbarin, die Sie mit Ihrer Neugier nervt, bieten tolle Trainingsmöglichkeiten.

Wenn also nächstes Mal Ihre Nachbarin auf Sie zukommt, überlegen Sie, wie Sie anders reagieren können als bisher, um neue, für Sie entspanntere Kommunikationswege zu erproben. Auf »Na, wohin fahren Sie denn heuer in den Urlaub?« können Sie nach Belieben antworten oder sich zurückziehen. Oder Sie fragen selbst und bringen Ihre Nachbarin zum Reden, statt selbst zu antworten. »Was planen denn Sie im Urlaub?« Sie können die Frage auch konsequent überhören und nur mit Gemeinplätzen reagieren. Nehmen Sie Chancen wahr. Ersetzen Sie das anfänglich ungute Gefühl durch eine positive Selbstüberzeugung. Sie haben von nun an die kommunikativen Fäden in der Hand, Sie entscheiden, wann und was Sie antworten. In diesem Fall vielleicht der Anfang für ein nachbarschaftliches Miteinander, bei dem jeder seine Grenzen besser einzuschätzen und zu akzeptieren lernt.

Stress steuern

Jeder hat heute Stress. Er ist eine Krankheit unserer Zeit und kann im Augenblick zu Höchstleistungen führen und sogar positive Kräfte entfalten, macht aber auf Dauer erschöpft, unflexibel und krank. Im Schlagabtausch ist Stress eine Falle, die ein produktives Gespräch behindert. Dann nämlich, wenn Stress an Panik grenzt und unser Gehirn lähmt, überlegt zu agieren und dialektische Abwehrstrategien einzusetzen. Dagegen mindert eine präsente und gelassene Grundhaltung das erlebte Stressniveau und erleichtert die Abwehr unfairer Angriffe. Verstehen Sie im Folgenden, wie Stress entsteht und wie man der Stressfalle entgeht.

Das Urprogramm des Überlebens

Der Fight-Flight-Reflex ist unser Ur-Überlebens-Programm, das im ältesten Gehirnteil verankert ist – im limbischen System, das der Verarbeitung von Emotionen und Triebverhalten dient. Wie das Wort »Reflex« besagt, wird die »Kampf-Flucht-Reaktion« automatisch erzeugt. Sie sollte früher unser physisches Überleben sicherstellen. Und tut das auch heute noch. Wenn ein Bus auf uns zukommt, springen wir ohne Überlegung sofort zur Seite – und das ist auch gut so. Logisches Denken und Diskussionen sind hier fehl am Platz.

Was ist der Fight-Flight-Reflex?

Was genau geschieht bei Aufregung oder Bedrohung?
- Adrenalin wird ausgeschüttet, um dem Körper Energie für Kampf oder Flucht zur Verfügung zu stellen.

- Stress lässt die Atmung in den Modus der Angst-/Flucht-Atmung (Hochatmung, Brustatmung) wechseln.
- Dadurch steigt die Atemfrequenz. Ein nervöser Mensch atmet 35–40 Mal pro Minute, die normale Atemfrequenz sind 12–18 Atemzüge pro Minute.
- Dadurch reduziert sich die Sauerstoffaufnahme, Blutgefäße verengen sich im ganzen Körper, weniger Sauerstoff gelangt ins Gehirn.
- Bei extremem Stress greift vielfach das Trauma-Muster des Luftanhaltens – das in früheren Zeiten lebensrettend war: Wer nicht atmet, wird nicht bemerkt – und überlebt.
- Alles was nicht zum direkten Überleben notwendig ist, wird weggeschaltet: Verdauung, Feinmotorik, Immunsystem und vor allem das Großhirn. Logisches Denken ist bei diesem Reflex hinderlich und wird deshalb verhindert.
- Bei einem Angriff wird unsere Psyche in den Panikbereich katapultiert. Die Erregung steigt, Worte fehlen, die Synapsen im Denkhirn arbeiten nicht so, wie man will.

Zu rationalen Entscheidungen sind wir in solchen Momenten gar nicht fähig. Unser Gehirn wäre heillos überfordert, wenn es in kürzester Zeit alle Informationen besorgen, bewerten und dann rein »kognitiv« entscheiden müsste. So greift das Gehirn auf das Ur-Programm des Bauches zurück, das ihm Denk-abkürzungen – sogenannte »mental shortcuts« (gedankliche Abkürzungen) – liefert.

Auch wenn wir uns sprachlich angegriffen fühlen, fallen wir in dieses Überlebensschema zurück. Die Angst vor persönlicher Verletzung – im Gegensatz zur körperlichen in früherer Zeit – lässt uns in dieses »Fight-Flight-Muster« rutschen. Folge ist negativer Stress. Emotionaler Stress wirkt blockierend! Wer starke Gefühle empfindet, dem fällt meistens auch keine schlagfertige Antwort ein. Hinzu kommt, dass die emotionalen Reaktionen auch im eigenen Körper Stress auslösen und ihn damit belasten. Verspannte Nackenmuskulatur, nervöse Kopfschmerzen, Magenprobleme oder ein geschwächtes Immunsystem sind die Folgen.

Was tun gegen den Fight-Flight-Reflex?

Kehren Sie das Aktiv-Passiv-Muster um. Statt der Angst vor dem Angriff sagen Sie sich: »Ich lasse mich angreifen.« So sind Sie nicht Opfer, sondern Akteur – eine für Sie günstigere Ausgangsposition. Und denken Sie daran: Je ausfälliger jemand wird, desto deutlicher offenbart er sich.

Ziel ist es, ein neues Muster zu etablieren, das vor dem biologischen Reflex greift. Zu einem »Kampf« gehören stets zwei. Wenn Sie die Provokation nicht annehmen und sie ins Leere laufen lassen, sind Sie der Gewinner. Prüfen Sie immer wieder Ihren Gefühlszustand und testen Sie, ob sich da schon etwas angestaut hat. Jeder führt eine Art emotionales Girokonto. Gab es an einem Tag schon viele positive Emotionen, kann etwas vom Konto abgehoben werden. Wurde jedoch bisher nur abgehoben und der Dispokredit ist schon ausgeschöpft, so reagieren wir leicht überzogen.

Atmen ist das beste Mittel, um Aufregung, Furcht oder Ärger Einhalt zu gebieten. Das bedeutet 8–12 Atemzüge pro Minute. Üben Sie regelmäßig. Denken Sie dabei: einatmen – Pause – ausatmen. Machen Sie das, bis Ihr Puls normal ist und solange es Ihnen guttut. Entspannen Sie dabei auch die Stirn, die in solchen Situationen meist in Falten gelegt wird.

Abstand gewinnen

Reden Sie sich innerlich gut zu. Ich sage mir in solchen Situationen gerne: »Ich bin ruhig. Eins nach dem andern. Ruhig Blut, alles wird gut.«

Suchen Sie sich Ihr »Überlebens-Motto«!

Einen Satz, der Sie beruhigt und innerlich aufrichtet, sollten Sie parat haben. Das kann auch ein Lebensmotto sein:

- Ich reagiere überlegt und souverän.
- Mir fällt immer etwas ein.
- Ich bin vollkommen ruhig und entspannt.

- Ich weiß, was ich kann.
- Wer weiß, wofür es gut ist.
- Ich bin ich – und ich werde mit allem fertig! (Autosuggestion der NASA-Astronauten)
- Schritt für Schritt.
- Immer mit der Ruhe.
- Wer nicht kämpft, hat schon verloren.

Autosuggestionen ersetzen negative und blockierende Szenarien in der Vorstellung mit positiv motivierenden Schlüsselsätzen. Die innere Haltung bestimmt immer die äußere Handlung. Versuchen Sie sich positiv zu programmieren, dann wird Sie Ihre Gesprächsführung und Handlungsbereitschaft zum Erfolg führen. Genauso wie beim autogenen Training die Ruheformel: »Mein rechter Arm wird schwer« direkt dazu führt, dass der Arm besser durchblutet wird und sich schwerer anfühlt, so wirkt auch Ihr selbstgewähltes Motto direkt auf Ihren Körper ein. Wichtig ist hierbei, dass Sie das Motto nicht unter Stress etablieren, sondern schon in Ruhephasen damit beginnen. Dann haben Sie es zur Verfügung, wenn Sie es benötigen, und es kann seine positiven Wirkungsmöglichkeiten auch körperlich entfalten.

Denken Sie daran: Solange Sie Ihr Motto rezitieren, können sich keine negativen Gedanken breitmachen. Damit bekommen Sie den notwendigen Abstand und beruhigen sich selbst.

Situative Intelligenz nutzen

Schlüpfen Sie in die Haltung eines Forschers bei einem Experiment. Beobachten Sie distanziert. So holen Sie sich aus dem Zentrum negativer Gefühle, die Sie nur blockieren. Mit dieser Grundhaltung wird es erst möglich, die eigene Intuition in konkrete Handlungen umzusetzen. Diese sogenannte situative Intelligenz wird oft unterschätzt. Sie ermöglicht jedem Menschen, nach seinem Temperament die richtige Entscheidung zu treffen. Vorausgesetzt, er lässt diese innere Offenheit zu. Dazu gehört auch Achtsamkeit! Das bedeutet, dass wir ständig mentale Distanz wahren, egal wie überzeugend uns jemand seine Ideen präsentiert. Achtsamkeit ist die Betrachtungsweise, nicht die Beurteilung.

Oder aber: Stellen Sie sich einen Feldherrenhügel vor, von dem aus Sie die Situation betrachten. Weil Sie von außen auf das Geschehen blicken, können Sie Ihre Emotionen nicht mehr so leicht überwältigen, und Sie laufen nicht Gefahr in das Reiz-Reaktionsschema zu verfallen. Dann erst entwickeln Sie Ihre Strategie auf der Sachebene.

Mit dem nötigen Abstand gerät man nicht in Versuchung, ein Rollenangebot anzunehmen. Störungen sind dann nur noch Einladungen, die Sie auch ablehnen können. Sie sind frei in Ihrer Sichtweise. Ob Sie etwas als Angriff werten möchten oder nicht (auch, wenn er so gemeint sein sollte), hängt von Ihnen ab. Gönnen Sie sich das komfortable Gefühl der Unabhängigkeit und bleiben Sie entspannt. Wutausbrüche sind ein Luxus, den Sie sich nur im Notfall leisten sollten. Auf längere Sicht gewinnt immer der kühlere Kopf.

Lohnt sich der Ärger?

Fragen Sie sich manchmal: Lohnt sich der Ärger tatsächlich? Geben Sie diesem Gefühl einen anderen Namen. Nennen Sie es nicht »ärgerlich«, sondern vielmehr »irritiert«. Sagen Sie manchmal einfach: »Na und?« und zucken Sie dabei innerlich mit den Schultern. Machen Sie sich den Ärger oder eine Irritation bewusst und akzeptieren Sie das damit verbundene negative Gefühl. Erst dann können Sie sich davon lösen. Abstand reicht oft schon aus, um den Ärger zu eliminieren. Statt ihn zu unterdrücken, entspannen sich Körper und Seele durch das Betrachten und den Blick von außen auf die Situation. Durch die distanzierte Sicht bekommen Sie einen klaren Kopf und Ihre Handlungsfreiheit zurück:

Sie können:

- reagieren
- scharf zurückweisen
- sich bedanken
- ignorant sein
- nicht reagieren
- weggehen
- charmant werden
- unbeteiligt bleiben

Gehen Sie nicht in die Luft!

Auch bei Ärger können Sie die Gedanken umlenken. Denn Ärger bedeutet, sich für die Fehler anderer – oder auch eigener – zu bestrafen.

Hier einige Reaktionsmöglichkeiten:

- Luft anhalten, schlucken, ausatmen
- einen positiven Energiesatz formulieren
- das Gute im Schlechten sehen
- an Ihre Liebsten denken
- Fragen stellen
- Wutball bereithalten
- bis fünf zählen, dabei Blickkontakt halten
- das Gefühl aussprechen: »Ich bin jetzt wütend!«
- aufstehen, sich bewegen, weggehen

Auslöser erkennen und nutzen

Die folgende Anekdote zeigt, wie unterschiedliche Auslöser zum gewünschten Verhalten führen: Eine internationale Gruppe von Geschäftsleuten befand sich auf Kreuzfahrt, als das Schiff zu sinken begann. »Sagen Sie den Leuten, dass sie Schwimmwesten anziehen und über Bord springen sollen«, wies der Kapitän den Ersten Offizier an. Bald kam dieser zurück und sagte: »Sie weigern sich, ins Wasser zu springen!« »Dann werde ich mal sehen, was ich tun kann«, meinte der Kapitän. Kurz darauf war er wieder da und teilte erleichtert mit, alle Fahrgäste seien von Bord. »Und wie haben Sie das gemacht?«, fragte der Erste Offizier. »Ich habe die Psychologie zu Hilfe genommen«, antwortete der Kapitän und fuhr fort: »Dem Engländer habe ich gesagt, es sei unsportlich, nicht zu springen, darauf sprang er. Dem Franzosen sagte ich, es sei schicklich, dem Deutschen, dies sei ein Befehl, dem Amerikaner, er sei versichert, dem Russen, es sei eine revolutionäre Tat – und dem Italiener, dass es verboten sei.«

Jeder reagiert also auf unterschiedliche Begründungen. Dahinter stehen individuell programmierte Ein- und Vorstellungen. So geht es jedem von uns. Die Auslöser können sowohl als negative als auch als positive Denk- und Handlungsvarianten abgespeichert und in unterschiedlichen Kontexten wieder aufgerufen werden.

Reaktionsmöglichkeiten auf Auslöser

Jeder von uns hat diese negativen persönlichen Auslöser, die Ärger, Frustration oder Gegenwehr bewirken. Im Englischen finden Sie die Bezeichnung »hot buttons«. Mir persönlich gefällt als Bezeichnung auch »hot spots« gut. Damit werden Stellen bezeichnet, unter denen ein Vulkan brodelt. Frei übersetzt kann man von bestimmten »Auslöserknöpfen« sprechen. Finden Sie Ihre eigenen »hot spots«! Versuchen Sie zu verstehen, woher diese kommen, und arbeiten Sie daran. Dann sind sie nicht mehr so leicht durch andere auslösbar.

Überhören und Ignorieren

Manchmal hilft Überhören. Die meisten kennen diese Situation in Alltag, Beruf oder Partnerschaft. Ihr Gegenüber greift indirekt an, indem es meint: »Habe ich's doch gewusst«! Fallen Sie nicht in das von Ihrem Gegenüber erwartete Muster. Atmen Sie tief durch und bestätigen Sie: Jetzt hat er es wieder gesagt. Distanzieren Sie sich innerlich, indem Sie sich sagen: »Ich spiele das Spiel nicht mit. Es führt zu nichts.« Sagen Sie sich: »Ich reagiere überlegt und souverän. Ich bestimme, ob ich mich aufrege. Jetzt tue ich es nicht.« So bleiben Sie ruhig und können die Bemerkung einfach überhören. Je öfter Sie das üben, desto besser klappt diese Vorgehensweise.

Das geht auch, wenn die Tränen des anderen Sie manipulieren sollen. Tränen sind nur ein Ausdruck momentaner Gefühle. Sie sagen nur etwas über die emotionale Betroffenheit aus, und die ist bei jedem Menschen unterschiedlich. Nichts darüber, ob jemand recht hat. Ignorieren Sie diese Tränen und gehen Sie auf die Sachebene zurück.

Inverse Logik

Sie können auch mit inverser Logik reagieren, also völlig anders als erwartet. Fragen Sie sich: Was hat der andere gesagt, dem ich zustimmen kann? Auch Kleinigkeiten zählen. Loben Sie die und gehen Sie zu Ihrer eigenen Argumentation zurück. Benutzen Sie niemals »aber«. Damit setzen Sie sich zu stark von Ihrem Gegenüber ab. Vermitteln Sie eher durch Worte wie: obwohl, allerdings, jedoch …

Erwartungen formulieren

Zählen Sie im Geist bis fünf … Antworten Sie, indem Sie das Gefühl und den Auslöser benennen und Ihre Erwartung formulieren. Sie fordern damit eine Stellungnahme Ihres Gegenübers heraus. Wichtig ist hierbei, dass Sie den aufkommenden Ärger wegstecken und aktiv mit der Ich-Botschaft Ihre Position vermitteln. Beleidigtes Schweigen würde das Gespräch sofort beenden. Nur wenn Sie selbst Ihre Grenzen kennen, können Sie Ihr Umfeld rechtzeitig davon in Kenntnis setzen. Schaffen Sie für sich selbst Klarheit und reden Sie darüber.

Runterkommen – eine wichtige Technik

Nehmen Sie das Gefühl bewusst wahr! Beruhigen Sie sich selbst: »Nur die Ruhe.« Atmen Sie langsam und regelmäßig tief in den Bauch. Trennen Sie Inhalt von Form und Emotion, indem Sie fragen: »Was oder worum geht es und wie geschieht es?«

»Und« statt »aber«

Es gibt einen Indianerstamm, in dessen Sprachschatz es das Wort »aber« nicht gibt. Sie kennen nur »auch«. Das Wort »aber« bringt uns in ein Dilemma. Jedes »aber« erzeugt in unserem Bewusstsein Vergleiche und Szenarien. Es wertet und relativiert das Vorherige derart, dass es dieses oft ganz ausradiert. Denn was nach dem »aber« folgt, wirkt stets wichtiger als das Vorherige. »Und« dagegen verhilft zu Wahlmöglichkeiten. Deshalb verbinden Sie Ihre Aussagen mit »und«, grenzen Sie möglichst eine Aussage nicht mit »aber« ab.

Wie wirke ich nach außen?

Vielleicht haben auch Sie Probleme mit einem Widersacher, der Ihnen im kontroversen Gespräch immer wieder gerne im Weg steht: Sie selbst. Die Sorge darum, wie wir nach außen hin wirken, nimmt uns die Selbstverständlichkeit im Umgang mit unserem Gesprächspartner. Wenn Sie zu Ihrem permanenten Beobachter geworden sind, wird es Ihnen schwerfallen, die richtigen Argumente zum richtigen Zeitpunkt angemessen vertreten zu können. Allein schon deshalb, weil Sie mit Ihrer Aufmerksamkeit nur bei sich selbst verweilen.

Das Gift eigener Gedanken

Nehmen Sie Abstand. Wir vergessen oft, dass unsere Selbstbewertung in puncto Auftreten und Äußeres mit der Gesprächssituation gar nichts zu tun hat. Der Eindruck Ihres Gegenübers kann also ganz anders sein als Ihr eigener.

Meist dringt das, was wir an Emotionen, Ärger und Unsicherheit in uns tragen, abgeschwächt nach außen. Denn wir sehen oft viel cooler aus, als wir uns fühlen. Tatsache ist, dass von unserer Stimmung der »Zuschauer« gerade mal ein Achtel bemerken wird. Das bedeutet in etwa: Innerlich ein wenig nervös wird gar nicht bemerkt, sehr nervös tritt als ein bisschen aufgeregt in Erscheinung.

Wir können über die Gedanken anderer nur Vermutungen anstellen. Deshalb bedroht uns am ärgsten das Gift unserer eigenen Gedanken. Dem können Sie gut begegnen, indem Sie sich sagen: »Was kümmert's mich, was die anderen denken!« Interpretieren Sie nicht so schnell und beziehen Sie nicht jede Aussage sofort auf sich. Überlegen Sie vielmehr, was der andere gerade über sich selbst aussagt. Üben Sie die Interpretation der Aussagen Ihres Gegenübers. Es lohnt sich.

Schluss mit Angriffen

Warum haben Sie dieses Buch gekauft? Sie haben die Antwort schon auf den Lippen? Einfach runterschlucken! Warum-Fragen sind die einfachste Art, den Rechtfertigungsreflex anzustoßen. Und den Antwortreflex übrigens gleich dazu. Beide sollten Sie schnellstmöglich unter Kontrolle bekommen. Sie verleiten uns dazu, statt souverän zu agieren, reflexartig zu reagieren. Werden Sie also aktiv und überlassen Sie niemandem die Macht über Sie!

Die Kunst, nicht zu reagieren

Ihr Gegenüber hat nur so viel Einfluss auf Sie, wie Sie zulassen. Ziel ist es, sich von der eigenen gefühlsgeladenen Sicht zu lösen und sich nicht zu einer spontanen, unsachlichen, emotionalen Aktion hinreißen zu lassen. Gelassenheit schafft Freiraum. Beobachten Sie interessiert oder wohlwollend! Sie müssen nichts und dürfen alles: für sich behalten, durchdenken, in Frage stellen. Auch das »Nicht-Reagieren« ist eine Form des – inneren – Handelns. Die Zauberformel liegt auch hier darin, Abstand zu gewinnen! Versuchen Sie herauszufinden, was Ihr Kontrahent bezweckt. Dann erst treten Sie in Aktion. Verlieren Sie sich nicht in kleinlicher Rechthaberei, sondern behalten Sie die Sachebene fest im Auge. Gelassenheit und Gleichgewicht erweitern Ihre Argumentations-, Gesprächs- und Handlungskompetenz. Nutzen Sie diese fünf Schlüsselsätze zur Stabilisierung Ihres Verhaltens:

- Bleiben Sie gelassen: Je aktiver man sich gegen etwas wehrt, desto mehr wird man davon bedrängt.
- Vermeiden Sie unbedachte Reaktionen: Wer kritisiert, sich ärgert oder gar ausrastet, spielt das Spiel des anderen.
- Erkennen Sie den anderen und seine Verhaltensmuster an, doch ignorieren Sie jegliche Zumutungen.
- Widersetzen Sie sich nicht: Weichen Sie diplomatisch aus.
- Seien Sie unberechenbar: Handeln Sie überraschend.

Sicherheit durch den Schutzschirm

Bauen Sie sich einen mentalen Schutzschirm, mit dem Sie sich abgrenzen können. Verwenden Sie innere Bilder, die Sie wie ein körpereigenes Kraftfeld schützen. Viele Bilder passen dafür: eine Panzerglasscheibe, die Sie abschirmt, ein Glaszylinder, der sich über Sie stülpt, oder einfach die Schale eines Apfels, die fest und glatt ist und an der alles abprallt. Verbinden Sie den Schutzmechanismus mit einer Geste, die Ihnen hilft, die Vorstellung schnell wieder aufzubauen. Das kann ein Fingerschnippen oder ein Zwinkern mit den Augen sein.

Antwortreflex ausschalten!

Wo haben Sie dieses Buch gekauft? Ihre Gedanken führen Sie unmittelbar in die Vergangenheit. Genau zu dem Moment, in dem Sie das Buch in die Hand nehmen und vielleicht darin blättern. Vorstellung und Aktion verbinden sich zu einer Bild-Information, die Sie als Antwort automatisch an den Fragesteller weitergeben: Beispiel eines Antwortreflexes, den kaum jemand unterdrücken kann. Ein Nerv reagiert sofort auf jede Anregung – sei es ein Lichtblitz, ein Kitzeln oder ein Knall. Genauso der Antwortreflex: Sobald jemand eine Frage stellt, sucht man nach einer Antwort. Sicher kennen Sie einen Satz aus der Kindheit, der diesen Reflex verfestigt hat: »Antworte, wenn ich dich etwas frage!« Er fordert eine Antwort, ohne die Reaktionsbereitschaft des Kindes zu respektieren. Das verinnerlicht, bleiben wir Gesprächspartner, die reflexartig reagieren, statt willentlich zu handeln (oder eben nicht zu handeln). Neue Handlungsmuster – eben jenen Antwortreflex bei sich selbst bewusst außer Kraft zu setzen – müssen wir uns mühevoll antrainieren. Zwar können Sie nicht verhindern, dass Ihr Gehirn bei einer Frage nach einer Antwort sucht. Doch Sie können verhindern, dass Sie diese aussprechen. Halten Sie es mit dem französischen Philosophen Voltaire. Er sagte: »Der Mensch muss ein ungeheurer Ignorant sein, der auf jede Frage eine Antwort weiß.«

Lernen Sie im Folgenden den Rechtfertigungsreflex auszuschalten und so gegen Manipulationen gewappnet zu sein. Denn die verleiten uns gerne, eine vorschnelle und unüberlegte Antwort zu geben. Sie werden auf diese Weise auch mit Ihrem Antwortreflex leichter umgehen können.

Rechtfertigungsreflex ausschalten!

Menschen sind wie chemische Substanzen. Treffen zwei aufeinander, kommt es zur Reaktion. Bei Angriffen oder Vorhaltungen rutschen wir sehr schnell in eine Rechtfertigung. Das ist weder notwendig noch sachlich sinnvoll! Sagt jemand zu Ihnen: »Sie hatten mir doch versprochen, dass es funktioniert«, dann geben Sie keine Erklärungen. Für die ernten Sie nur Undank. Geben Sie lieber zu, die Aufgabe falsch eingeschätzt zu haben: »Ich hatte mich offensichtlich geirrt.«

Warum-Fragen

Achten Sie auf »Warum-Fragen«. Sie initiieren meistens eine »Weil-Antwort«. Das Fragewort »warum« löst Rechtfertigungen aus und wird für eine sinnvolle Kommunikation nur auf Sachen bezogen. Wie z. B.: »Warum geht der Wecker nicht?« Sind die Ursachen bekannt, können sie behoben werden. Menschen sollten Sie diese Frage nicht stellen. Da führt Sie die Frage: »Wozu willst du das?« in Ihrem Informationsbedürfnis weiter. Das ist eine Frage nach dem Ziel. Dem kann man auf unterschiedlichen Wegen gemeinsam nachgehen.

> ### Niemals »weil« auf »warum«!
>
> Hüten Sie sich davor, auf eine »Warum-Frage« mit »Weil« zu antworten. Benutzen Sie stattdessen einen Aussagesatz. Dazu gibt es ab Seite 125 Übungsangebote. Sie werden sehen: Sie bekommen dadurch Ihren Antwortreflex mit der Zeit besser in den Griff.

Manipulationen begegnen

»Darf ich auch mal was sagen?« So wird Ihnen unterstellt, dass Sie Ihren Gesprächspartner nicht zu Wort kommen lassen. Ob das stimmt, wird kaum geklärt werden. Solche Sätze – und von denen gibt es einige – implizieren automatisch Vorwürfe, Unterordnung oder eine Zurechtweisung. Sie wollen manipulieren. Die Reaktionen können von Schuldverhalten, Rechtfertigung bis Gegenangriff gehen, wobei keine davon eine gleichberechtigte Kommunikation bewirken wird.

Fragen, die Unterstellungen enthalten, sollen manipulieren:

■ Na, bist du von deinem Ego-Trip endlich runter?

- Haben Sie Ihr Profilierungsbedürfnis jetzt befriedigt?
- Wie gehen Sie mit Ihrem Neid auf die Gehaltserhöhung Ihres Kollegen um?
- Kann ich jetzt wieder vernünftig mit dir reden?
- Die kleine Gefälligkeit werden Sie uns doch erweisen, oder? Da täusche ich mich doch nicht in Ihnen.

Manipulationen offenlegen

Erkennen Sie Manipulationen und antworten Sie nicht direkt darauf. Sprechen Sie vielmehr die Manipulationsabsicht an oder verwandeln Sie diese in ihr Gegenteil. Frage: »Kann ich jetzt wieder vernünftig mit Ihnen reden?« Rückfrage: »Haben Sie denn vorher unvernünftig mit mir geredet?«

Entlarven Sie durch konsequentes Nachfragen falsche bzw. unterschwellige Behauptungen. Ein Beispiel: Sie vertreten die Meinung, dass man mehr Projekte durchführen sollte. Daraufhin wird Ihnen vorgeworfen: »Wollen Sie Ihre chaotische Arbeitsweise jetzt auch noch auf neue Projekte übertragen?« Reagieren Sie, indem Sie zurückfragen: »Was wollen Sie damit sagen?« Gehen Sie dem Angriff auf den Grund: »Auf welche Informationen stützen Sie sich dabei?« Damit fordern Sie den Gegner auf, die Gründe für seine Behauptung offenzulegen.

Decken Sie Strategien auf und benennen Sie das, was der andere gerade tut:

- Das klingt wie eine Drohung.
- Das klingt nach Erpressung.
- Sie wollen mich unter Druck setzen.
- Sie unterstellen, dass jeder illoyal ist, der daran zweifelt.

Bei Manipulationen und Ablenkungsmanövern sollten Sie sich weder rechtfertigen noch zurückschlagen, sich nicht verteidigen noch flüchten. Statt bei sich selbst zu graben, wenn jemand sagt: »Sie sind schuld!«, sagen Sie lieber: »Es tut mir leid, dass Sie so aufgebracht sind. Bitte beschreiben Sie mir genau, was vorgefallen ist.« Hören Sie Ihrem Gegenüber dann gut zu! So fühlt es sich ernst genommen und kann Einwänden von Ihrer Seite positiver begegnen.

Blockademuster: Behauptungen und Manipulationen

Wer behauptet, muss beweisen!

Eine Behauptung ist nicht mehr als eine Annahme, im ungünstigsten Fall ist sie eine Unterstellung. Je mehr Bedeutung Sie ihr also geben, umso mehr setzen Sie sich selbst unter Druck, diese widerlegen zu müssen. Es ist wenig ratsam, eine eigene Gegenargumentation aufzubauen. Sie unterstützen damit genau das, was Sie korrigieren oder ganz aus der Welt schaffen wollen. Behauptungen lösen zudem automatisch den Reflex nach Bestätigung der eigenen Sichtweisen aus.

Wer manipuliert, will bestimmen!

Es geht bald nicht mehr ums Sachthema, sondern vielmehr darum, wer im Schlagabtausch recht behält. Fallen Sie auf diesen Automatismus nicht herein. Auf dem Altar der Rechthaberei opfern Menschen ihre Beziehung, ihre Karriere, große Geldsummen – manche sogar ihre Gesundheit. Lernen Sie von Rupert Lays Gebot: »Wir müssen lernen, auf den Sieg zu verzichten, um gewinnen zu können. Wer immer siegt, verliert – und zwar seine Mitmenschen und Kollegen.«

Und so kommen Sie aus der Falle wieder heraus: »Das ist ja eine originelle Behauptung. Willst du sie noch näher begründen oder gleich zurückziehen?« Oder bestätigen Sie: »Vielleicht hast du ja recht.« Damit haben Sie noch nicht zugegeben, im Unrecht zu sein. Aber Sie haben die Kommunikation eröffnet und sind selbst offener geworden für mögliche neue Informationen.

Manipulative Fragen

Manipulation leitet sich vom französischen »manipuler« ab und heißt so viel wie »handhaben« oder »steuern«. Wer mit Behauptungen ein Gespräch beginnt, will sein Gegenüber in eine gewisse Richtung steuern, also Form und Inhalt bestimmen. So verhält es sich auch bei rein hypothetischen Fragen:

»Was machen wir, wenn sich Ihr Vorschlag in einem Jahr als Flop herausstellt?« Hier ist Vorsicht geboten. Eine direkte Antwort auf diese Frage akzeptiert die falsche Prämisse. Und das ist nicht in Ihrem Sinne. Antworten Sie etwa so: »Das ist eine sehr pessimistische Entwicklung, die Sie unterstellen. Wir stützen uns auf … Was (welche Gesichtspunkte) bringt Sie zu der Vermutung, die Neuerungen könnten scheitern?«

Manipulieren durch Blockieren

Ist der andere stur, ist es schwer, ihn als Partner ins Gespräch zu bekommen. Oft muss man ein ähnliches Durchhaltevermögen entwickeln wie sein Gegenüber – nur eben ins Konstruktive gewendet. Eine gute Strategie ist es auch, das Schweigen des anderen zu benennen und so die Störfunktion offenzulegen. Sie geben Ihrer Aufforderung Nachdruck, wenn Sie Ihr Gegenüber mit Namen ansprechen: »Peter, ich habe dich gebeten, deine Position zu formulieren. Von dir kommt aber nichts. Wie, glaubst du, wirkt das auf mich?« Oder: »Herr Maier, Sie haben bisher keine meiner Fragen beantwortet und keinen Vorschlag gemacht, was wir tun sollten. Wie sollen wir jetzt weiter vorgehen?«

Sie können den anderen auch ins Leere laufen lassen, indem Sie die Blockade ignorieren, einfach weitermachen oder schlichtweg Kooperation unterstellen.

- Gut. Lassen Sie uns fortfahren …
- Ihr Schweigen nehme ich als Zustimmung. Das heißt dann für das weitere Vorgehen …
- Da Sie auf meine Frage nicht antworten, setze ich Ihr Einverständnis voraus und fahre fort.
- Schön, dass wir einer Meinung sind.

Manipulieren durch Unterbrechen

Auch Unterbrechungen sind heikle Eingriffe, da sie vom Thema ablenken. Sie schaden zudem der Konzentration. Lassen Sie sich möglichst nicht aus der Ruhe bringen und führen Sie Ihren Beitrag mit Nachdruck zu Ende. Reagieren Sie so:

»Moment mal! Sie schneiden mir schon wieder das Wort ab. So kann ich meinen Standpunkt nicht erläutern. Ich möchte jetzt mein Argument zu Ende führen, dann können Sie mir gerne Fragen dazu stellen. Geht das in Ordnung?«

Wichtig: Sprechen Sie sofort weiter, lassen Sie sich in keinen Scheinkampf ein und maßregeln Sie den anderen nicht.

Einen Freund oder guten Bekannten gehen Sie direkt an: »Ich möchte dir meinen Standpunkt darlegen, doch ich komme nicht dazu, weil du mich ständig unterbrichst. Was schlägst du mir vor, dass ich tun soll, damit du mir zuhörst?«

Manipulieren durch persönliche Kritik

Jeder ist mit plötzlicher, persönlicher, lauter Kritik zu verunsichern. Geben Sie Ihrem Kontrahenten niemals die Chance, zu nah an Sie heranzukommen. Bleiben Sie auf der Sachebene. Nehmen Sie die Kritik wahr, aber diskutieren Sie nicht darüber. Sinnvoll wäre es, z. B. die Kritikpunkte zu sammeln, um sie abschließend gemeinsam zu besprechen. Kontern Sie mit: »Das kann sein, doch im Moment reden wir über …«

Eine andere Möglichkeit ist es, den anderen sich selbst vorstellen zu lassen. Bitten Sie ihn, Name und evtl. sein Unternehmen zu nennen. Sie beziehen ihn ein und stellen ihn in den Blickpunkt des Geschehens. Er wird aus seiner Anonymität und dem Schutz der Gruppe herausgezogen und muss nun seine Kritikpunkte neu formulieren und begründen.

Kennen Sie sich persönlich gut, so können Sie auch in die Offensive gehen, indem Sie direkt fragen: »Warum tust du das jetzt?« Im beruflichen Umfeld sollten Sie darauf verzichten und der Sachebene erste Priorität zugestehen.

Achtung: »Fehlermeldung!«

Um Kritik besser akzeptieren zu können, sollten Sie sich selbst gegenüber eine größere Fehlertoleranz zulegen. Wir alle machen Fehler. Sie sind notwendig und bringen uns auf unserem Weg weiter. Vorausgesetzt, wir nehmen sie ernst. Kümmern Sie sich um Lösungen, doch lassen Sie sich nicht zum

Sündenbock degradieren. Solche Schlüsselsätze helfen bei »Fehlermeldungen«:

- »Der Fehler tut mir leid, und ich werde ihn korrigieren. Ich bitte Sie jedoch, nicht in diesem Ton mit mir zu sprechen.«
- »Danke für den Hinweis. Ich werde mich umgehend um eine Lösung bemühen. Lassen Sie uns jetzt bitte in unserer Diskussion weitermachen.«

Unfaire Kritik, Provokation, Verallgemeinerungen

Möglichkeiten, seinen Gesprächspartner zu blockieren, gibt es so viele, wie es unterschiedliche Charaktere gibt. Behauptungen und Manipulationen sind die gravierendsten Eingriffe im verbalen Schlagabtausch, denn sie greifen in Ihren Persönlichkeitsbereich ein. Eher schleichend und in unserem alltäglichen Umgang fest verankert ist die Provokation durch unfaire, nörgelnde Kritik und provokative Fragen sowie die schlichte Verallgemeinerung. Jeder kennt das und jeder ärgert sich darüber. Diese Blockademuster haben ein soziales Potenzial, das wir ebenfalls nicht unterschätzen sollten. Auch hier heißt die Zauberformel: »Abstand nehmen«. Stellen Sie unfaire Angriffe richtig, lassen Sie den nörgelnden Nachbarn, Arbeitskollegen, Freund oder Partner ins Leere laufen.

Umgang mit nicht berechtigter Kritik

Ein Kollege schnauzt Sie an: »Ihretwegen haben wir jetzt diese ganze Mehrarbeit.« Dabei hatten Sie mit dem fraglichen Vorgang gar nichts zu tun. Stellen Sie die Situation aus Ihrer Sicht dar und fragen Sie dann: »Welche Lösung schlagen Sie vor?« Sie sind am Ziel, wenn der andere einlenkt und Sie gemeinsam nach einer Lösung suchen. Geht er darauf jedoch nicht ein, sondern formuliert er weiter Anschuldigungen, dann bedanken Sie sich mit: »Das war eine gute Antwort auf meine Frage.« Und beenden Sie das Gespräch.

Vorgehen bei nörgelnder Kritik

Ihr Nachbar erwischt Sie beim Rasenmähen am frühen Samstagnachmittag. Sofort erklärt er Ihnen, dass noch Mittagsruhe herrscht und Sie damit aufhören sollen. Im Übrigen würden auch die ganzen Blätter auf sein Grundstück fallen und die Rosen über seinen Zaun wachsen. Bei solch nörgelnder Kritik ist es nicht sinnvoll zu versuchen, die einzelnen Aussagen zu widerlegen. Besser ist folgende Vorgehensweise:

Ihre optimale Frage: »Was gibt es noch, das Ihnen missfällt? Ich sollte das wissen, um mich in Zukunft besser darauf einzustellen.« Ausschlaggebend ist hier das provokante Nachfragen nach weiteren Kritikpunkten. Der andere wird die Lust verlieren, weiter zu nörgeln.

Vorsicht bei provokativen Fragen mit Hintertür!

Will jemand Sie hintenrum angreifen, so ist eine beliebte Variante die Doppelfrage mit Unterstellung. Dabei wird eine Unterstellung formuliert, sofort mit einer Frage davon abgelenkt und ein neues Thema eröffnet. Z. B.: »Naja, Sie mussten sich ja selbstständig machen, nachdem Sie als Vorstand so versagt haben. Was verdient denn so ein selbstständiger Berater?« Wer auf die Frage einsteigt, lässt die Unterstellung zu. Sie bleibt für andere hörbar im Raum stehen. Hier ist zunächst die Richtigstellung der fehlerhaften Aussage nötig, bevor Sie auf die Frage eingehen oder diese zurückweisen. Lassen Sie sich auch indirekt nichts unterstellen! In diesem Fall ist die anschließende Frage immer als Provokation gemeint.

Weniger auffällig kommt die Methode daher, wenn die Frage unverfänglicher ist wie z. B.: »Naja, wer selbst schon öfter mit dem Gesetz in Konflikt kam, der muss sich ja mit der Punktekartei in Flensburg auskennen. Wie zufrieden sind Sie denn mit Ihrem neuen Auto?« Gehen Sie nicht auf die Frage nach dem Auto ein, auch wenn Sie noch so stolz darauf sind. Stellen Sie zunächst den ersten Teil richtig und verbitten Sie sich Unterstellungen. Von Ihrem Auto können Sie anschließend immer noch erzählen, wenn Sie das dann noch wollen …

Umgang mit Verallgemeinerungen

Verallgemeinerungen haben selten etwas mit Vernunft zu tun. Sie sind meist durch ein Gegenbeispiel relativierbar. Vermeiden Sie ichbezogene Interpretationen und achten Sie darauf, wie oft dieses Muster angewendet wird. Das ist einerseits ein interessantes Spiel, andererseits hilft es Ihnen, Abstand zu gewinnen. Üben Sie sich in: »Stehenlassen können« statt »Rechthaben müssen« bei solchen Aussagen wie:

- Sie haben keine Ahnung.
- Das ist absurd!
- Blödsinn/Dummkopf!

Frauenfeindliche Angriffe

Frauen lächerlich zu machen, ist eine männliche Dominanzstrategie und zeigt, dass dem Widerpart Argumente fehlen. Bleiben Sie hartnäckig auf der sachlichen Ebene. Aufregen lohnt sich nicht und macht die Situation im Zweifelsfall nur noch schlimmer. Kontern Sie mit entsprechenden Sprüchen:

- Nachdem wir nun alle den neuesten Blondinenwitz kennen, noch einmal meine Frage an Sie, Herr Maier …
- Soweit zur Auflockerung … jetzt zurück zu den sachlichen Grundlagen …
- So, jetzt haben wir mal wieder unsere Nettigkeiten ausgetauscht. Haben Sie jetzt auch noch einen halbwegs ernstzunehmenden Vorschlag, Herr X?
- Und nun? Tauschen wir weiterhin Bosheiten aus oder können wir jetzt wieder zur Sache kommen?

Angriffe unter die Gürtellinie

Flotte Sprüche sind immer das beste Mittel gegen männliches Imponiergehabe. Auf einen Gegenangriff nicht gefasst, geht Ihrem Gegenüber sowieso schnell genug der Atem aus. Was aber, wenn die Angriffe unter die Gürtellinie gehen und Sie sich persönlich verletzt oder herabgesetzt fühlen? Dann sollten

Sie nicht zögern und das deutlich machen. Je länger Sie die Herabsetzung zulassen, desto schwieriger wird es für Sie, wieder das Gespräch mitzubestimmen. Fragen Sie freundlich oder milde, sehen Sie Ihren Angreifer direkt an:

■ Warum verletzen Sie mich?
■ Solche Witze kommen nur von bestimmten Menschen.

Die Verallgemeinerung »Menschen« statt »Männer« macht eine Gegenwehr viel schwieriger. Es hängt auch von der Betonung ab, wie eine Antwort ankommt. Passen Sie Ihre Betonung der Situation an. Und bleiben Sie charmant. Mit Charme kommt man sehr viel weiter als mit dem Kopf gegen die Wand zu rennen. Reagieren Sie nicht zickig oder verbissen. Das könnte als Herausforderung ausgelegt werden. Ihre Reaktion würde zur Unterhaltung beitragen. Genau das will Ihr Gegenüber, genau das wollen Sie aber nicht! Haben Sie eine ordentliche Retourkutsche? Dann los! Ansonsten fragen, sachorientiert bleiben oder ignorieren. Ohne Publikum kein Witzbold.

Hartnäckig bleiben!

Mit Freundlichkeit können Sie auch die schwierigsten Ziele durchsetzen und die härtesten Kritikpunkte locker abhaken. Die Smiley-Strategie wirkt bei Männern und Frauen. Generell bleiben Männer, die in der Hierarchie aufgestiegen sind, sehr charmant. Manche Frauen müssen da noch hinzulernen, den Männern gegenüber, aber auch den Frauen … Denn von Frau zu Frau wird grundsätzlich gern hart ausgeteilt. Da laufen mitunter die Frauen den Männern den Rang ab. Also: Kooperation ist wichtiger als Rache oder Revanche. Elegante Schlagfertigkeit will den andern nicht für Regelverletzungen bestrafen, sondern ein gutes Gesprächsklima wiederherstellen. Nicht mehr und nicht weniger …

Umgang mit Fehlern

Wird Ihnen ein Fehler nachgewiesen, fallen Sie nicht in den Rechtfertigungsmodus! Auf »Die Zahl in Ihrer Präsentation ist falsch«, antworten Sie lieber (so machen es die Herren):

- Danke für den Tipp.

Das ist eine super Antwort und immer besser als sich zu verteidigen oder zu rechtfertigen. Offensiver wäre:

- Schön, dass du zugehört hast.

> ### Der Kollege klaut Ihre Ideen
>
> Loben Sie ihn laut und deutlich, stellen Sie fest, dass er die Idee aufgenommen hat und wie Sie vertritt. Stellen Sie ihn nicht bloß. Regeln Sie Konflikte wie diesen unter vier Augen. Bleiben Sie souverän:
> - Danke für die Unterstützung …
> - Vielen Dank, Herr …, dass Sie meinen Vorschlag noch einmal aufgreifen.
> - Das habe ich vorhin extra hervorgehoben.
> - Umso besser, wenn Sie bereits überzeugt sind, dann können wir ja gemeinsam die Kollegen überzeugen.
>
> Je erfolgreicher Sie werden, desto eher werden Sie unfair behandelt. – Nehmen Sie es als Kompliment! Angegriffen wird nur, wer den Ball hat.

Gezielten Bosheiten offensiv begegnen

Begeben Sie sich nie auf die Stufe, jemanden zu beschimpfen. Damit schaden Sie Ihrem Image. Charme überzeugt mehr! Beschreiben Sie Ihre Emotionen, statt ihnen nachzugeben. Das nimmt den Druck und macht gelassen. Hier einige Sprüche, mit denen Sie spontan kontern können:

- Bei einer Olympiade der hilflosen Sprüche käme der unter die ersten drei.
- Schade. Ich hätte nicht gedacht, dass Sie so tief sinken.
- Sie verletzen mich.
- Wenn Sie das mimosenhaft finden … Es ist immer ein Zeichen von Schwäche, auf Kosten anderer Witze zu machen.
- Das ist kein schöner Zug, dass Sie Ihr eigenes Ziel durchdrücken, indem Sie mir Unkollegialität unterstellen.
- Das Argument wird durch Wiederholen nicht besser.

- Ist das deine Notbremse? Wenn du deinen Willen nicht kriegst, mir Unkollegialität vorzuwerfen?
- Wollen wir hier wirklich eine Grundsatzdiskussion starten oder lieber bei den Fakten bleiben?
- Möglicherweise hatten Sie einfach nicht die Zeit, die neuesten Zahlen anzuschauen.

Zitate statt Argumente

Zitate sind manchmal die besseren Argumente. Mit Zitaten kann man einen Meinungsstreit gewinnen, ohne den Gegner argumentativ überzeugt zu haben. Die Aussagen von berühmten Personen werden gerne als allgemeingültig anerkannt, ohne diese weiter zu hinterfragen. Nutzen Sie diesen Automatismus in schwierigen Situationen für sich. Einige Zitate, die sich bei Angriffen besonders gut eignen, finden Sie ab S. 243. Im Übungsteil kommen Zitate an entsprechenden Stellen vor. Legen Sie sich eine eigene Sammlung an.

»Angriffszitate« geschickt neutralisieren

Gegen jedes Gift gibt es ein Gegengift. Was tun, wenn Zitate sich gegen unsere Argumentation wenden oder uns in unserer Absicht demontieren wollen? Man darf Zitate nicht automatisch für bare Münze nehmen. Sie dürfen hinterfragt werden. Wenn Sie dem Zitierenden einen Fehler nachweisen können, dann wird Ihnen die schlagfertige Antwort noch leichter fallen: »Das haben Sie gerade leider falsch wiedergegeben …«. Deshalb sollten Sie umgekehrt jedes Zitat korrekt anwenden. Bei fremdsprachigen Zitaten gibt es oft viele verschiedene Übersetzungsvarianten. In diesem Fall sagen Sie einfach: »Ich kenne dieses Zitat in einem anderen Wortlaut« oder »Henry Ford hat aber auch gesagt, dass …«. Ein Zitat, mit dem Sie auf so gut wie jede verbale Attacke schnell reagieren können, ist das folgende von Mark Twain: »Man sollte die Tatsachen kennen, bevor man sie verdreht.«

Die sieben Muster der Schlagfertigkeit

Agieren statt reagieren! Ja, aber mit dem nötigen Abstand! Gönnen Sie sich die Bedenkminute oder das überlegte (und überlegene) Schweigen dort, wo Ihr Gegenüber den Schlagabtausch erwartet. Lernen Sie, Fragen im richtigen Moment zu formulieren und die altbewährten Denkwege (bzw. »-rinnen«) zu verlassen. Mit Überblick, versteht sich. Sieben Schritte und sieben Erfolgsmuster nehmen Sie dabei an die Hand. Schritt für Schritt.

Sieben Schritte – sieben Muster

Sie möchten sich im Wortgefecht sicherer fühlen und Ihre Rhetorik verbessern? Sie möchten Spaß an der Kommunikation und am produktiven Streitgespräch haben? Kein Problem! Es gibt Standardsituationen, die man mit passenden Mustern leicht bewältigt, vorausgesetzt, man kennt sie.

Also ran an die peinlichen, ärgerlichen, kränkenden oder prickelnden Situationen! In sieben Schritten lernen Sie hier sieben Muster kennen. Je mehr Übung Sie haben, desto mehr Spaß macht es. Wie bei Fitness-Programmen: Wenn Sie erst richtig im Training sind, brauchen Sie sich um den Erfolg keine Sorgen mehr zu machen. Dann läuft's von alleine. Und denken Sie daran: Bleiben Sie diplomatisch und geschickt in der Entgegnung sowie gelassen und respektvoll zu Gesprächspartnern. Sollte es Ihnen dann doch irgendwann einmal zuviel werden, so schicken Sie Ihren Angreifer auf eine Art zur Hölle, die er selbst vielleicht erst beim zweiten Anlauf bemerkt. Spätestens dann sind Sie mit allen sprachlichen Finessen gewappnet. Freuen Sie sich also auf diesen Trip in unerprobte »Kampfeskunst« und sprachliches Neuland.

Generelle Vorgehensweise

Schlagfertigkeit zeigt freundlich, aber bestimmt Grenzen auf. Schlagfertige Gesprächspartner sind auf jede Situation gefasst und gehen deshalb gelassen mit Angriffen um. In diesem Sinn geschult, sehen Sie den Schlagabtausch als Spiel, das Sie mit leichter Hand zum Erfolg führen können. Vorausgesetzt, Sie beachten einige Spielregeln:

■ **Zeit und Abstand gewinnen:** Das lernen Sie mit dem ersten Muster. Geben Sie sich selbst stets eine Bedenksekunde; das hilft, den Schock zu überwinden.

■ **Fragen formulieren:** Über die 2. Stufe kommen Sie zur Sachebene. Die richtige Frage zur rechten Zeit deckt Hintergründe auf. Sprechen Sie Klartext. Erkennen Sie die Strategie hinter Killerphrasen und legen Sie diese offen.

■ **Pfiffige Antworten:** Hier kommen Muster 3 bis 5 zum Zuge. Ziel ist es, die »Denkrinne« des Gesprächspartners zu durchbrechen, um dann auf der Sachebene weiterzuargumentieren. Das schaffen Sie durch Irritationen. Sie werden in diesen Mustern mit Assoziationsmöglichkeiten und dem Mittel der Unter- bzw. Übertreibung bekannt gemacht.

■ **Sicht von außen:** Wenn die Attacken zu heftig werden und Sie das Gefühl bekommen, sich schützen zu müssen, zeigt Ihnen Stufe 6 einen Ausweg. Finden Sie Ihren Platz außerhalb des Kommunikationsmusters, die sogenannte Meta-Ebene. Sie verhilft Ihnen zu einem distanzierten, analysierenden Blick. Neue Wege können oft nur so beschritten werden.

■ **Deutliche Zurückweisung:** Niemand darf Sie beleidigen! Sie selbst entscheiden, wie lange Sie sich auseinandersetzen wollen und wann Sie die Aktion des anderen als Beleidigung verstehen. Dafür finden Sie in Stufe 7 Methoden, wie Sie einen Angriff kategorisch zurückweisen und souverän bleiben.

Provokation ade

Lassen Sie sich nicht provozieren! Etwas Ignoranz Menschen gegenüber, die uns schaden wollen, ist angebracht. Bei einem Choleriker ist es sinnvoll, für sich selbst zunächst zu denken: »Halt, das geht jetzt zu weit.« Dann lassen Sie ihn erst einmal weiterschimpfen, denn er ist in diesem Zustand nicht aufnahmefähig. Wenn er ruhiger wird, können Sie an das von ihm Gesagte anknüpfen. Versuchen Sie nach jeder Auseinandersetzung, Brücken zu bauen. Egal ob Sie gewonnen, verloren, vertagt haben oder einen Kompromiss eingegangen sind.

Respekt bitte!

Schadenfreude ist unangebracht. Genießen Sie Ihre kleinen kommunikativen Siege, aber helfen Sie Ihrem Gegner auch wieder auf die Beine, wenn er stolpert. Letztendlich wünschen wir uns alle ein Klima der Entspannung. Durchschlagende Kraft kommt aus der Ruhe. Aus dieser Haltung heraus können Sie jedes Gespräch wieder aufnehmen.

»Tagebuch« der Rhetorik

Führen Sie eine Art Tagebuch, indem Sie für sich negativ empfundene Situationen niederschreiben und nachbereiten. Lösungsmöglichkeiten können sich auf diese Weise besser im Gedächtnis verankern und im Zweifelsfall auch wieder nachgeschlagen werden. Führen Sie es immer mit sich und benutzen Sie es möglichst täglich. Sie werden schnell sehen, wie sich in kürzester Zeit Ihre sprachlichen Möglichkeiten erweitert haben und Sie eine größere Sicherheit mit ins Gespräch bringen. Auch die verspätete Replik findet hier Platz.

Formulieren Sie niveauvoll!

Gute Kommunikation funktioniert auf einem sehr hohen Niveau. Je größer Ihre Ausdruckspalette ist, umso nachhaltiger können Sie Inhalte Ihrem Gegenüber vermitteln. Eine gewählte Sprache ist eine Sprache, die der Dinge gewahr wird, die sie beschreiben will. Beobachten Sie daher genau, worum es geht, und finden Sie dafür das sprachliche Äquivalent. Zu Beginn ist das etwas anstrengend, aber Sie werden mit der Zeit Routine und Spaß daran bekommen. Am besten Sie notieren diese sprachlichen »Neuerwerbungen« in Ihrem Tagebuch. Hilfestellung hierbei sollen Ihnen meine Lieblingsformulierungen ab S. 236 geben.

Formulieren Sie präzise!

Starke Formulierungen haben drei positive Effekte:

- Die Möglichkeit neue Sinnzusammenhänge herzustellen wird damit immer größer.
- Je genauer Sie lernen, Fallstricke zu erkennen und darauf sprachlich geschickt zu reagieren, umso schneller und effektiver können Sie den notwendigen sprachlichen Sicherheitsabstand zu Ihrem Angreifer aufbauen.
- Je präziser Sie mit der Formulierung den Konfliktpunkt treffen, desto positiver wird die Wirkung bei Ihnen selbst und desto gewinnbringender das Streitgespräch – für Sie und Ihren Kontrahenten.

Stufe 1: Zeit gewinnen

»Nicht jeder ist es wert, dass man ihm widerspricht.«

(Ernst Jünger)

Stufe 1 bietet zwei Varianten:
- das Schweigen
- das Übergehen mit einem Kurzkommentar

Keine Reaktion ist kein Treffer

Nur an einer Entgegnung merkt der Angreifer, ob er getroffen hat oder nicht. Deshalb kann eine Nicht-Reaktion manchmal die beste Variante sein. Sie gewinnen damit Zeit, können Ihre eigene Schrecksekunde überwinden und wirken souveräner. Dann erst kommen Sie auf die Sachebene. Stabilisieren Sie sich mit den ab S. 19 angesprochenen Techniken. Im zweiten Schritt erst sollten Sie auf die Inhalte der Vorwürfe eingehen, aber nur, wenn Sie das wollen! Frei nach dem Motto: »Ungebetene Gäste muss ich nicht noch bewirten!« Zurückhaltung ist immer besser als zu schnell oder zu unüberlegt zu reden.

Immer locker bleiben!

»Sprich, wenn du wütend bist, und du wirst die beste Rede halten, die du jemals bereuen wirst.« (Ambrose Bierce)
Lassen Sie es nie so weit kommen! Lieber interessiert gucken und schweigen, statt aufbrausend reagieren. Geben Sie dabei nicht allzu schnell auf. Für die meisten wird dieses Verhalten eher ungewohnt sein, da es gerne mit Schwäche gleichgesetzt wird. In unserer lauten, medienreichen Zeit meint jeder etwas auf die Schnelle mitteilen zu müssen. Manchmal ohne rechten Sinn und Verstand. Nehmen Sie also für sich einen Augenblick Zeit und Ruhe in Anspruch. Eine gelungene Entgegnung kommt dann manchmal wie von selbst und kann im Übrigen auch besser vorbereitet werden. Nutzen Sie Ihr Schweigen als spannungsförderndes Mittel. Die gelungene Antwort wird dann ihre größtmögliche Wirkung entfalten können.

Schweigen lernen

Nutzen Sie die Macht des Schweigens. Sorgen Sie für ein vorläufiges Unentschieden. Beim vorschnellen Zurückschlagen ist die Niederlage vorprogrammiert. Nehmen Sie Abstand davon, das Beil des Krieges vorschnell auszugraben. Die Zeiten, in denen Sie Gefahr liefen, dass gleich mit den Oberarmen diskutiert wird, sind zum Glück Vergangenheit. Und auch Keulen sind als Vernichtungswaffen aus der Mode gekommen. Besonders geeignet sind Schweigen und Übergehen als Reaktion auf Wutausbrüche oder wenn man Ihnen pauschal etwas vorwirft. Diese Methode vermeidet größeres Konfliktpotenzial und ist deshalb geeignet für Auseinandersetzungen mit Geschäftspartnern, die Sie ja nicht so ohne Weiteres verprellen können.

Üben Sie diese Stufe auch in Ihrer alltäglichen Kommunikation. Erst wenn diese Haltung für Sie selbstverständlich geworden und im Alltag verankert ist, können Sie auf diese Fähigkeit auch im Ernstfall zurückgreifen. Schauen Sie den anderen beim Schweigen freundlich und geradeheraus an. Probieren Sie den Blick aus. Halten Sie dem entgegnenden Blick stand. Aber nur kurz! Dann abwenden. Dauert der Blickkontakt zu lange, ermutigen Sie Ihr Gegenüber zum erneuten Schlagabtausch. Ihr Schweigen sollte mit der inneren Abwendung – ausgedrückt durch den abgebrochenen Blickkontakt – korrespondieren. Manchmal wirkt es auch gut, durch den anderen hindurchzusehen, so als ob Sie gerade mit etwas viel Wichtigerem beschäftigt wären. Probieren Sie diese Möglichkeiten der Gestik und Mimik aus!

Übergehen statt Eingehen

Bringen Sie Fragen oder Bemerkungen Ihres Gegenübers aus der Fassung? Und reicht es Ihnen nicht aus, nur zu schweigen? Dann übergehen Sie die Bemerkung mit einem Kurzkommentar, der inhaltlich überhaupt nichts damit zu tun hat, was der andere gesagt hat. Schlagfertigkeit bedeutet auch, die Möglichkeit zu nutzen, nicht zurückschlagen zu müssen.

Oder punkten Sie durch Langsamkeit:
Sollte der andere Ihnen das vorhalten, so können Sie immer mit einem Standard wie: »Ach, fanden Sie das der Rede wert?« antworten.

Verweisen Sie indiskutable Bemerkungen in die Ecke des Belanglosen mit Kurzkommentaren:

- Wie bitte? Oder: Sag bloß!
- Ach was?! Oder: Da schau her.
- Nanu? Oder: Soso!
- Ach so. Aha. Aah ja.
- Moment! Oder: Interessant!
- Mag sein. So.
- Huch! Oder: Hoppla!

Spielen Sie hier auch mit der Betonung. Ein wunderschönes Beispiel dafür hörte ich einmal auf den Angriff: »Frauen können nicht logisch denken.« Die damit Bedachte reagierte darauf mit einem langgezogenen »Ahaaa«, dessen Betonung am Ende nach oben ging, und einem äußerst interessierten Blick. Der Erfolg war verblüffend. Es kam nämlich keine weitere Reaktion der anderen Seite.

Optimal ist es natürlich, wenn Sie beide Variationen – das Schweigen und das Überhören mit Kurzkommentar – in Ihrem Repertoire haben. Falls Ihnen das zu Beginn zu schwierig erscheint, so hilft ein Standardkommentar aus der Beispielsammlung ab S. 236 auch schon sehr viel weiter. Spielen Sie zusätzlich mit dem Blickkontakt. Wenden Sie sich mit der Körperhaltung ab. Je mehr Variationsmuster Sie zur Verfügung haben, umso einfacher können Sie Angriffe abwehren und dabei Ihre Souveränität schützen. Passen Sie Ihre Reaktionen an die Erfordernisse des Augenblicks und jeweiligen Gegenübers an.

Setzen Sie einem Angriff so wenig Widerstand entgegen wie ein Sandstrand einer Welle. Die Welle läuft aus und zieht sich zurück. Gegen einen Felsen würde sie hoch aufschäumen. Und auch bei falschen Aussagen ist oft ein interessiertes »Aha« hilfreicher als die sachliche Richtigstellung.

Stufe 2: Fragetechniken erarbeiten

»Die beste Frage nützt nichts, wenn sie so lange dauert, dass keine Zeit zum Antworten bleibt.«　　　(Peter Ustinov)

Stufe 2 bietet zwei Varianten:
- die offene Frage (statt der geschlossenen)
- die Gegenfrage

Fragetechnik – Antwortmuster

Die Frage ist die Königin der Rhetorik. Sie kann ein Gespräch beginnen, vertiefen oder sogar lenken. Sie leistet uns gerade bei Angriffen gute Dienste. Im Zweifelsfall ist es immer besser, statt einer Antwort oder einer Reaktion auf einen Angriff eine Frage zu stellen. Nachfragen lässt uns souverän und konstruktiv wirken. Aber nicht nur das! Wir nutzen mit dieser Technik gerade jenen Reflex, der für die meisten nur schwer überwindbar ist: den Antwortreflex (▶ ab S. 32). Er wird Mittel unserer eigenen Verteidigung. Ein cleverer Plan, der mit großer Sicherheit zum Erfolg führt, vorausgesetzt, Sie kennen sich in den Fragetechniken ausreichend aus. Eine Kunst ist es, die richtige Frage zu stellen. Die Frage darf sachlich konstruktiv und nicht zu lang sein. Es gibt verschiedene Muster hierfür.

Die offene Frage

Die offene Frage gibt den Ball erst einmal an den Gesprächspartner ab. Denn sie zielt auf den Inhalt einer Situation. Wir alle kennen die sogenannten »W-Fragen« noch aus unserem Schulalltag: was, wer, wo, wann, wie und warum geschah dieses oder jenes. Bei jeder Unfallaufnahme klären diese Fragen in kürzester Zeit das Unfallgeschehen. So auch in Ihrem Gespräch. Sie erfahren eine Menge von Ihrem und über Ihren Gesprächspartner. Aber Achtung: Bei einem sogenannten »Vielredner« kann daraus auch ein Spiel werden, in dem Sie nur noch die Statistenrolle innehaben. Also seien Sie auf der Hut.

Die geschlossene Frage

Auf die geschlossene Frage kann Ihr Gesprächspartner nur mit ja oder nein antworten. Solche Fragen kommen wie ein Bumerang sofort wieder an Sie zurück und sind damit wenig geeignet, eine gute Kommunikation zu führen. Interessant ist es, dass 90 % aller Fragen in unserem Alltag auf diese Weise gestellt werden. Das wirft ein bezeichnendes Licht auf die Qualität unserer Alltagsgespräche. Im Dialog bleiben Sie sinnvoller Weise bei den W-Fragen: Weswegen, wieso … Hier ein Beispiel:

Auf den Angriff: »Du hast ja überhaupt keine Erfahrung!« wäre eine kontraproduktive Frage: »Meinst du das ernst?«

Die würde nämlich sofort mit einem: »Ja, klar!« wieder zurückgegeben.

Hier bietet sich eine Frage an wie: »Was konkret fehlt mir – deiner Ansicht nach – an Wissen?«

Ihr Vorteil: Um gezielt auf eine offene Frage antworten zu können, muss Ihr Gegenüber nachdenken. Sie bekommen Zeit, sich inhaltlich vorzubereiten und den nächsten kommunikativen Schritt zu planen. Nachdenken führt grundsätzlich auch dazu, dass sich die Gedanken weg von der Gefühlslage hin zum Sachinhalt bewegen. Genau das ist es, was wir ja erreichen wollen. Aber denken Sie auch daran: Es gibt keine unangreifbaren Argumente. Jede Äußerung kann zu jeder Zeit in Frage gestellt werden. Durch Fragen zeige ich im Übrigen auch, dass ich den anderen ernst nehme. Das kann so weit gehen, dass es Ihrem Gegenüber unangenehm wird. Vor allem, wenn dessen Einwände weder Hand noch Fuß haben.

Ein paar Beispiele für gute Fragen:

- Was genau meinen Sie mit/spricht gegen …?
- Was konkret verstehen Sie unter …?
- Womit vergleichen Sie …?
- Was müsste sein, damit … (nicht) zutrifft?
- Was müsste ich tun, ändern …
- Was ist denn für dich …?
- Wie darf ich Ihren Einwand interpretieren?

Anzüglichkeiten ausbremsen

Gerade auch bei Anzüglichkeiten ist es sinnvoll, den Angreifer durch Fragen zu Erklärungen zu bewegen. Anzüglichkeiten und schlüpfrige Bemerkungen funktionieren nämlich nicht, wenn wir sie als ernsthafte Aussage staunend zur Kenntnis nehmen und anfangen, sie zu hinterfragen. Das wird diesem Mitmenschen auch die Lust nehmen, uns wieder einmal als Opfer in die engere Wahl zu ziehen. Opfer von Anzüglichkeiten werden nämlich nur die, die es auch mit sich machen lassen.

Sie werden unterschätzt? Kein Problem!

Mitunter ist es auch von Vorteil, unterschätzt zu werden. Sie können damit Ihr Gegenüber recht schnell in Erklärungsnot bringen. Dabei sind durchaus Aussagen erlaubt wie:

- Tut mir leid. Vielleicht stehe ich heute etwas auf der Leitung. Doch ich habe leider immer noch nicht verstanden, was Sie damit meinen. Bitte erklären Sie mir das.

Versehen Sie den anderen nur äußerst sparsam mit Informationen und fordern Sie selbst die Antwort ein. Lassen Sie sich dann nicht mehr mit Luftblasen abspeisen. Und geben Sie bei diesem Spiel niemals zu früh auf! Das gute Gefühl, die entsprechende Erklärung vielleicht zu Ende der Diskussion liefern zu können, sei Ihnen gegönnt.

Um durch unsere Reaktion auf Unverschämtheiten die Kommunikation wieder in ruhigere Bahnen zu leiten, ist die Frage ein unabdingbares Mittel. Und – es ist eine herausragende Eigenschaft guter Diplomaten, gute Fragen und auch Gegenfragen zu stellen.

Kommunikationselement Gegenfrage

Die Gegenfrage ist eine der vielen möglichen Frageformen, die allerdings in der Kommunikation einen ganz besonderen Stellenwert innehat. Wie in einem Match den Ball, spielt die Gegenfrage den Inhalt in unverminderter Qualität und Stärke wieder zurück. Das heißt: Sie wollen den Kern der Ihnen gestellten Frage präzisiert bekommen. Auf jeden Fall aber behalten Sie mit einer Gegenfrage die Initiative in der Hand und geben mit diesem sprachlichen Muster die Spielregeln vor. Ihr Gesprächspartner kann sich darauf einlassen oder das schlichtweg als Konfrontation verstehen. Wie auch immer. Sie können die Gegenfrage allerdings auch als Ablenkung oder Irritation aufbauen. Ein effektives, aber nicht immer zulässiges rhetorisches Mittel, das Sie nur in Notfällen anwenden sollten. Damit Sie allerdings die Technik der Gegenfrage bewusst einsetzen können, müssen Sie vorher Ihren eigenen automatischen Antwortreflex und den Rechtfertigungsreflex gut im Griff haben!

Mit Esprit und Sachverstand Attacken kontern

Immer eine gelungene Strategie ist es, wenn Ihre verbale Attacke als Frage formuliert wird. Die Jesuiten sind dafür bekannt, hervorragend mit Sprache umgehen zu können. Die Gegenfrage ist auch eine ihrer bevorzugten Strategien. Das wird schön in der folgenden Geschichte deutlich.

Einmal sagte ein Gläubiger zu einem Jesuitenpater: »Man sagt, dass Jesuiten darauf trainiert sind, Fragen immer mit einer Gegenfrage zu beantworten.« Darauf antwortete der Jesuit: »Wer hat Ihnen das denn gesagt?«

Kompetenz einfordern

Reagieren Sie mit einer Sachfrage, die Ihre eigene Kompetenz zeigt und die Kompetenz Ihres Gegenübers zur Beantwortung erfordert! Muss Ihr Gegenüber daraufhin die Antwort verweigern oder antwortet es unzutreffend, können Sie dann auf dessen mangelnde Kenntnisse verweisen: »Als Fachmann müssten Sie doch eigentlich wissen …«. Doch meistens wird das gar nicht nötig sein. Sobald eine Gegenfrage den anderen zum Nachdenken gebracht hat, können Sie auf der Sachebene weitersprechen und dann auch zur Problemlösung übergehen. Eine konstruktive Art, Gespräche voranzubringen.

Mit Gegenfragen ausbremsen

Gegenfragen ersparen es uns auch, auf unklare Fragen zu antworten. Kann der andere seine Begriffe nicht definieren, so überspringt er häufig die Frage.

Alfred Biolek fragte Ilona Christen in einer Talkshow einmal, ob sie mit »weiblicher Schläue« vorgehe. Ihre Gegenfrage war: »Was verstehen Sie unter Schläue, und wie unterscheiden Sie männliche und weibliche?«

Darauf musste Biolek passen, da er keine Definition fand.

Am sinnvollsten ist es, kurze, präzise, offene Fragen zu stellen. Verzetteln Sie sich nicht mit zu langen Ausführungen, sondern geben Sie den Ball schnell zurück. Bieten Sie in Ihrer Gegenfrage Alternativen an.

- Wie sieht denn Ihrer Ansicht nach ein … (Gegenteil) aus?
- In welcher Beziehung steht diese Frage zum Thema?
- Bitte erläutern Sie die Frage näher.
- Was hat das mit unserem Thema zu tun?

Wie bei jeder Erwiderung kommt es auch bei dieser Art der Fragen darauf an, wie sie formuliert werden. Heiner Geißlers Technik zum Beispiel war es, wenn er nicht direkt antworten wollte, den Ball durch eine Gegenfrage abzugeben: »Die Frage stellt sich so nicht. Es stellt sich vielmehr folgende Frage: …« Und dann folgte eine eigene Frage, die er selbst sich vorher schon zurechtgelegt hatte. Bei solch einer geschliffen formulierten Frage fällt es Zuhörern sehr schwer, nicht darauf einzugehen. Als Zuhörer folgen wir gerne solch einer Erklärung.

Anders bei der Formulierung: »Die Frage können Sie so nicht stellen!« Die weckt sofort unseren Widerspruch. Also auch bei den Fragen gilt: Je präziser formuliert, desto besser die Wirkung.

Mittel gegen Gegenfragen

Was tun wir nun, wenn der andere auch schon auf die »Gegenfragen-Strategie« setzt? Hier gilt, wie bei jeder Strategie: Aufdecken ist der beste Schutz. Verfahren Sie so, wie Sie es bei den anderen Fragetechniken gelernt haben.

Wenn Ihr Gegenüber Sie fragt: »Was hätten Sie in meiner Situation getan?«, dann antworten Sie: »Darum geht es nicht!«

Drei sinnvolle Reaktionen auf die Aussage: »Ich hab zuerst gefragt« können sein:

- Ich antworte gerne, nachdem Sie meine Frage beantwortet haben.
- Erklären Sie mir, worauf Sie hinauswollen. Dann kann ich Ihre Frage auch zu Ihrer Zufriedenheit beantworten.
- Um Ihre Frage korrekt beantworten zu können, benötige ich noch die Zusatzinformationen.

Ein Trick bei vielen Gegenfragen sind Verallgemeinerungen und Vergleiche ohne Bezug wie: immer, nie, alle, keiner, besser, schlechter. Lassen Sie sich auf diese Gemeinplätze auf keinen Fall ein, sondern decken Sie diese durch Nachfragen auf.

- Schlechter im Vergleich wozu?

Eine sehr geschickte Strategie ist es auch wie folgt zu kontern: »Das ist eine schwierige Frage.« Viele Frager bessern dann noch mal nach oder fangen selbst an zu antworten. Verfallen Sie niemals selbst in diesen Antwortreflex, doch nutzen Sie den Mechanismus gerne und ermuntern Sie Ihren Gesprächspartner dazu. Lassen Sie den derart Befragten auf einer Frage sitzen und warten Sie geduldig ab. Oft sind die Antworten überraschend. Denn sie sind in den meisten Fällen unmittelbar und rein emotionaler Natur. Das Schöne daran ist: Wer sich erst einmal innerlich in Bewegung gesetzt hat, der ist auch bereit Argumente anzunehmen und überzeugt zu werden.

Kommunikations-Killer Nr. 1: Killerphrasen

Formulierungen, die uns auf unfaire, persönliche Weise angreifen wollen, sogenannte Killerphrasen, können Sie mit Gegenfragen wunderbar den Wind aus den Segeln nehmen. Killerphrasen arbeiten mit pauschalen oder suggestiven Aussagen, die vom eigentlichen Thema ablenken wollen. Sie sind für eine zielorientierte Gesprächsführung kontraproduktiv. Der erste Schritt ist es, sie zu erkennen und dann durch Fragen gezielt unschädlich zu machen.

Ein Beispiel aus dem Berufsalltag:

»In Ihrem Alter können Sie das noch gar nicht wissen/haben Sie noch nicht genügend Erfahrung.« Dem sollten Sie folgendermaßen begegnen »Was konkret spricht gegen das Argument?« Oder »Was hat mein Alter/Geschlecht mit unserem Projekt zu tun?«

Denken Sie daran, es geht immer nur um die Güte der Argumente, niemals um Äußerlichkeiten.

Der Fragenmarathon

Mit der Gegenfrage: »Was soll ich Ihrer Meinung nach tun?« vermögen Sie im Prinzip auf jede Verbalattacke einfach und effektiv zu reagieren und diese zu stoppen: Wenn eine Frage die andere gibt, dann durchbrechen Sie diesen Teufelskreis aus Fragen durch folgenden Aufklärungsmechanismus:

- Ich habe jetzt drei Ihrer Fragen beantwortet, doch leider ist mir noch nicht klar geworden, worauf Sie abzielen.
- Gut, natürlich können wir uns jetzt weiter gegenseitig Fragen stellen. Was halten Sie davon, wenn wir stattdessen wieder zu unserem Projekt X zurückkehren und eine gemeinsame Lösung suchen für …?

Nützlich und pfiffig sind diese beiden Antwortbeispiele:

- »Ich könnte Ihre Frage jetzt beantworten, aber hinterher würde es uns beiden leid tun.« (François Mitterand)
- »Diese Frage ist so gut, dass ich sie nicht durch meine Antwort verderben möchte.« (Robert Koch)

Stufe 3: Return to Sender

»*Wenn du im Recht bist, kannst du es dir leisten, die Ruhe zu bewahren, und wenn du im Unrecht bist, kannst du dir nicht leisten, sie zu verlieren.*«   (Mahatma Gandhi)

Stufe 3 bietet drei Variationen an:

- Aussagen auf den Sprechenden beziehen

- Ablenken oder überraschende Wendungen
- Teilantworten und Schlüsselworte

Schicken Sie die Attacke zurück

Jeder ist verwundbar. Tappen Sie also bitte nicht in die Gefühlsfalle! Eine Attacke mit Verletzungsabsicht einmal an Sie losgefeuert, fällt nur dann auf fruchtbaren Boden, wenn Sie diese direkt auf sich beziehen. Dabei vergessen wir leider allzu schnell, dass derartige Verbalangriffe wesentlich mehr über den Absender aussagen als über den Adressaten. Schicken Sie den Angriff wieder zurück nach dem Motto »return to sender« und stellen Sie neue Bezüge her! Aber das bitte mit Stil. Begeben Sie sich niemals auf das Niveau Ihres Gegenübers. Denn dann machen Sie sich wirklich angreifbar!

Es wäre wenig sinnvoll, übers Ziel hinauszuschießen und Beleidigungen mit noch heftigeren Attacken zu erwidern. Bleiben Sie stets etwas unter der Härte des Angreifenden. Also auf »Blödmann« ist es ungünstig, mit »Vollidiot« zu antworten. Gerade hier können Sie mit ironischen oder umgedrehten Formulierungen eine wesentlich größere Wirkung erzielen und darüber hinaus auch den Unterhaltungswert der Konversation erheblich erhöhen. Das wiederum kann nicht im Sinne Ihres Angreifers sein. Hier einige Beispiele aus der Praxis:

- »Hast du überhaupt Freunde?«
  »Wieso, brauchst du welche?«
- »Wo haben Sie Ihr Abschlusszeugnis gewonnen?«
  »Wieso, brauchen Sie eines?«
- »Ich möchte in den Vorstand.«
  »Bist du wahnsinnig?«
  »Warum, ist das Bedingung?«

System der Umkehrung

Sie erkennen sofort das System, das nach folgendem Muster funktioniert: Was könnte der andere über sich selbst aussagen? Worauf in seiner Aussage könnte ich mich beziehen und es umdrehen?

Nehmen wir also das Beispiel: »Hast du überhaupt Freunde?«
Die naheliegende Interpretation wäre, dass Sie das Gesagte
auf sich selbst beziehen. Ganz klar also als Beleidigung auffassen. Sie fühlen sich angegriffen und wollen zurückschlagen.
Verständlich. Ihr Kontrahent hätte jedoch sein Ziel erreicht.
Das neue System gibt Ihnen die Möglichkeit sich zielgerichtet
zu überlegen, was Sie aus der Aussage direkt auf den Sprecher
ableiten können. Auf die Art würden Sie nämlich ganz anders
interpretieren: »Aha, der hat keine Freunde, deshalb muss er
mich fragen.«

Und dann passt die Antwort: »Wieso, brauchst du welche?«
wunderbar. Wenn Sie diese Reaktionsart üben wollen, dann
liefert Ihnen die Einleitung: »Wieso, brauchst du …?« den
ersten Impuls, um den anderen sprachlich ins Schachmatt
zu setzen.

Auch mit Schimpfworten kann man solche sprachlichen
Effekte erzielen:

»Idiot!« – »Angenehm, Martin Müller.« Das ist dann allerdings
wirklich recht simpel, macht aber trotzdem manchmal Spaß.

Denken Sie bei all diesen lockeren »Umkehrungen« immer
daran: Es geht weder um die bewaffnete Auseinandersetzung
noch um einen finalen Nervenzusammenbruch. Es geht allein
darum Ihre Grenze zu setzen und zu wahren. Fragen Sie sich
vorab immer noch einmal ganz ehrlich: »Ist es sinnvoll, so
zu reagieren?« Denn diese Form der Erwiderung grenzt Sie
deutlich vom anderen ab. Achten Sie dabei auf Ihr Bauch-
gefühl. Im Grunde genommen reicht es bereits aus, frech-
ironische Entgegnungen für den Fall der Fälle im Kopf zu
haben. Sie werden auch unausgesprochen eine Menge Spaß
mit dieser Form der Kommunikation haben.

Ablenken und überraschende Wendungen

Wenn ein Kind hinfällt und sich wehtut, dann reagieren
wir automatisch. Wir schauen zuerst, wie schlimm es ist,
trösten es und lenken es ab, damit es den Schmerz vergisst.
Nichts anderes machen wir in dieser Variante: Das Ablenken

auf ein anderes Thema bewirkt, dass die andere Person automatisch versucht, dem Gesprächsverlauf zu folgen und die Antwort inhaltlich anzupassen. Ihr Gesprächspartner ist so sehr damit beschäftigt sich auf eine neue kommunikative Ebene zu begeben, dass Sie für sich in Ruhe neue Argumente zum ursprünglichen Thema überlegen können, um dann wieder im zweiten Anlauf das Gespräch in die richtigen Bahnen zu lenken. Die Verbalattacke haben Sie somit wunderbar ausgebremst.

Spracheffekte mit Witz

Wirkungsvoll ist es auch, wenn eine ganz überraschende Wendung angehängt wird. Eine ältere Autofahrerin entgegnet dem Passanten, der spöttelnd meint:

»Sie können ja nicht mal einparken.«

»Ich kann vielleicht nicht einparken, aber dafür kann ich Griechisch.«

Schild an einer Garderobe: »Nur für Mitglieder!« Darunter hatte jemand geschrieben: »Es dürfen auch Jacken und Mäntel aufgehängt werden.«

Diese Variante können Sie gut üben, wenn Sie sich folgende Formulierung merken:

»Ich kann vielleicht nicht …, aber dafür kann ich …« Bedenken Sie dabei: Je weiter der zweite Teil der Aussage inhaltlich von dem entfernt ist, was der andere gesagt hat, umso größer wird der Ablenkungseffekt sein.

Die Satire: Stufe 3 auf die Spitze getrieben

Das ganze System kann – auf die Spitze getrieben – auch zu einem Nonsens-Gespräch werden. Es gibt eine wunderschöne Szene in einem Sketch von Loriot, in der das deutlich wird. Wunderbar komisch und manchmal nicht weit entfernt von unserer Form der Konversation. Zwei Männer warten auf das Rotlicht der Kamera und machen solange Konversation.

Der Herr links: »Meine Frau ist ein Steinbock.«

Der Herr rechts: »Ich habe einen Langhaardackel.«

Der Herr links: »Ich bin Fisch. Steinbock und Fisch geht ganz gut.«
Der Herr rechts: »Früher hatte ich zwei Langhaardackel, das ging überhaupt nicht …«

Müssen – glauben: Schlüsselwörter, die es in sich haben

Sie können selbstverständlich auch nur einen Teil der Aussage oder auch nur ein Wort des anderen herausnehmen und sich darauf beziehen. Den Rest überhören Sie einfach! Es gibt einige Schlüsselworte, die sich direkt mit Antworten verdrahten lassen. Dazu gehört das Wort »müssen«, das gut mit »das tue ich gerne« oder »mache ich freiwillig« verbunden werden kann, wodurch Sie besondere sprachliche Effekte erzielen.
Beispiel aus dem Parlament: Ein Abgeordneter sagt zu einem anderen: »Müssen Sie immer schlafen, während ich rede?«
Darauf antwortet der: »Nein, das mache ich freiwillig.«
Oder: »Herr Ober, haben Sie immer so schlechtes Bier?«
Die Antwort des Obers geht nicht auf den Vorwurf ein, sondern nimmt sich das »immer« heraus: »Nein. Dienstags haben wir Ruhetag.«
Eine raffinierte Ablenkung!
Ein anderes Schlüsselwort ist »glauben«. Darauf wird Ihnen ab sofort einfallen: »Das glaube ich nicht nur, das weiß ich.«
Beispiel: »Sie glauben wohl, wenn Sie dem Chef nach dem Mund reden, machen Sie hier Karriere.« Antwort: »Sie, das müssen Sie auch mal probieren. Das funktioniert tatsächlich.«

Entspannungsstrategie: Komplimente

Es gibt eine Möglichkeit, dem Gespräch eine andere, positive Wendung zu geben: das Kompliment. Freundlich vorgebracht vermag es ganze kommunikative Eisberge zum Schmelzen zu bringen. Der andere wird das sein, was man landläufig als »baff« bezeichnet. Und nicht nur das: Das Gesprächsklima wird sich in Sekundenschnelle entspannen. Für einen verbalen Übergriff ein Lob zu bekommen – solch eine Reaktion muss einem erst mal einfallen, und dann muss man sie noch elegant und authentisch hinbekommen. Benutzen Sie folgende Einleitungen, dann klappt es auf jeden Fall.

- Sie kennen sich sehr gut aus …
- Da spricht langjährige Erfahrung.
- Ich bewundere Ihre sprachliche Darstellung.

Und – Sie ahnen es schon – auch dadurch halten wir natürlich wieder unseren Abstand zum Konfliktpunkt ein.

Stufe 4: Spiel mit der Sprache

»*Die Sprache ist im ersten Moment natürlich immer ein Hindernis für die Verständigung.*«   (Marcel Marceau)

Stufe 4 besteht aus drei Varianten:
- Mehrdeutigkeiten nutzen (syntaktische und phonetische)
- umdeuten oder neu definieren
- höheres Ziel formulieren

Denkmuster durchbrechen

In der Kunst der Schlagfertigkeit können wir auch wunderbar die Mehrdeutigkeiten in unserer Sprache nutzen. Erinnern Sie sich an die »Denkrinne« von S. 6. Unser Ziel im Gespräch ist es, unseren Gesprächspartner genau aus diesen festgefahrenen Denkmustern herauszuholen.

Das schafft man, indem man die Bedeutung eines Wortes bzw. dessen Kontext verändert. Unsere Sprache bietet für derlei Sprachspiele wunderbare Möglichkeiten. Das macht nicht nur Spaß, sondern ist im Schlagabtausch besonders effektiv. Bei der syntaktischen (d. h. rein sprachlichen) Mehrdeutigkeit werden Aussage oder zentralem Wort mehrere Interpretationen zugeschrieben.

Die Begriffe »finden« und »machen« haben hier Spitzenreiterpositionen in der alltäglichen Kommunikation.

»Wie fanden Sie das Schnitzel?« »Zufällig unterm Salat.«

»Was machen Sie denn für ein Gesicht?« »Wenn ich Gesichter machen könnte, würde ich manchen gleich ein neues machen.«

Klang und Bedeutung wahrnehmen

Von phonologischer Mehrdeutigkeit (Homophonie) spricht man, wenn Wörter oder Wortfolgen gleich klingen. Auch die können in dieser 4. Stufe ihre Anwendung finden. Das kommt bei hochdeutsch ausgesprochenen Worten (Bären – Beeren) genauso vor wie im mundartlichen Bereich.

Im Schwäbischen z. B. kann der Ausdruck »kennet Se« einmal als »können Sie« oder als »kennen Sie« aufgefasst werden.

So können Sie z. B. das Schimpfwort »Ratte!« nicht als solches auffassen, sondern daraus »rate« machen und ganz überrascht fragen, was Sie denn erraten sollen.

Oder Sie fassen es als Warnung auf und rufen entsetzt »Wo?« Auch bei zusammengesetzten Substantiven verändern wir häufig den Bezug. Denken Sie nur an: Hundekuchen und Erdbeerkuchen.

Oder: Hellseher – Schwarzseher

Beispiele hierfür finden Sie in Witzen besonders häufig. Die arbeiten nach genau dem gleichen Prinzip der Mehrdeutigkeit. Weitere Beispiele hierzu finden Sie ab S. 240.

- Ein Mann kommt außer Atem in ein Haushaltswaren-geschäft und sagt: »Geben Sie mir ganz schnell eine Mause-falle, ich muss den Bus noch erwischen!«
  Antwort des Verkäufers: »Tut mir leid, mein Herr, so große Fallen haben wir nicht.«

- Ab sofort werden Sie sich beim Hinweis: »Hier können Sie mit Ihrer Kreditkarte telefonieren!« sofort fragen, was man denn zu seiner Kreditkarte so sagt.

- »So nehmen Sie doch Vernunft an!« »Tut mir leid, ich bin Beamter, ich darf nichts annehmen.«

- »Na, Frau Maier, welche Eindrücke hat denn Ihr Töchter-chen aus dem Ferienlager mitgebracht?« »Die Eindrücke sind nicht der Rede wert, aber die Ausdrücke!«

Ihrer Phantasie sind hierbei keine Grenzen gesetzt. Je mehr Sie sich mit dem Thema beschäftigen, umso schneller werden Sie die Möglichkeit des Umdeutens erkennen.

Hier eine kleine, amüsante Übung für Sie, die Ihnen beweisen wird: Wir können unsere Denkweise schulen. Schauen Sie sich einmal schnell in Ihrem Zimmer um und merken Sie sich alle roten Gegenstände.

Jetzt bitte wieder ins Buch schauen. An welche grünen Gegenstände können Sie sich erinnern? Vermutlich an keine. Denn der Fokus lag auf rot, und dann blenden wir alles andere aus. Genauso funktioniert das mit der Sprache. Sobald wir unseren Fokus verändern, fallen uns Deutungsmuster auf, die wir bislang so nicht beobachtet haben. Die bildhafte Vorstellungskraft, die Sie im 31-Tage-Übungs-Programm zielgerichtet schulen können, ist hierbei übrigens von großem Vorteil. Denn sie hilft uns dabei, die Mehrdeutigkeiten leichter zu erkennen.

Vorsicht bei zu offensichtlichen Wortspielen. Die sind überflüssig und nerven mehr, als dass sie einen ergiebigen Dialog damit erzielen. Wir sprechen dann üblicherweise grammatikalisch unpräzise. Jemanden damit belehren zu wollen, ist vielleicht witzig, aber deplatziert. »Wann fährt der Bus?« »Wenn er angekommen ist.« Nein, so bitte nicht!

Umdeuten oder Umdefinieren

Hier geht es um eine inhaltliche Umdeutung oder Neudefinition. Jede Sache hat mindestens zwei Seiten, und jeder Angriff kann ins Positive verkehrt werden. Ein Beispiel: Niemand mag sich anschreien lassen. Aber als Hilferuf ist Schreien unabdingbar. Nur so kann man das Schlimmste verhindern und sich aus einer scheinbar ausweglosen Situation retten.

Die meisten Verbalattacken sind so formuliert, dass sie sich einfach positiv umdeuten lassen. Wenn jemand Sie anblafft: »Sie sind immer so furchtbar langsam!«, so wäre es denkbar, für »langsam« eine Deutung anzunehmen, die den Angriff ins positiv besetzte Umfeld wandelt, etwa: »Wenn langsam bedeutet, dass ich meine Arbeit exakt erledige und keine Fehler mache, dann freut mich das.« Einleiten können Sie die Umdeutung mit: »Besser als …« Das ändert den Blickwinkel und beleuchtet die Situation anders. Also etwa: »Besser langsam und genau, als schnell und fehleranfällig.«

Definieren Sie unangenehme Fragen oder Aussagen so, dass sie für Sie angenehm werden! Dadurch kommt der andere in Erklärungsnot. Wird jemand beleidigend, können Sie auch das beleidigende Wort aufnehmen und etwas Positives daran finden und das dann ausformulieren. Ihr Gesprächspartner wird erschrecken, wenn er merkt, dass er Ihnen gerade ungewollt ein Kompliment gemacht hat. »Nun werden Sie mal nicht weinerlich, Frau Schubert.« – »Wenn Sie mit weinerlich sagen wollen, dass ich Einfühlungsvermögen und soziale Kompetenz habe, dann danke für das Kompliment.« Hinzusetzen könnte Frau Schubert: »Auf den ersten Blick mag Einfühlungsvermögen überflüssig erscheinen, doch gerade dadurch festigt sich die Beziehung zu anderen Menschen.«

Oder im Berufsalltag: »Haben Sie nichts zu tun? Ihr Schreibtisch ist so leer.« Antwort: »Ich bin eben gut organisiert.«

Mittels dieser Technik dürfen Sie ruhig mit gleicher Münze heimzahlen: »Sie sind überhaupt nicht schlagfertig.« Ihre Antwort: »Für die einen ist es Schlagfertigkeit, für die anderen das zwanghafte Bedürfnis, sich zu profilieren.«

Pannen bei Präsentationen

Diese Technik hilft gut bei Pannen in Präsentationen: Wenn das Licht ausgeht, können Sie sagen: »Naja, ganz so schwarz wollte ich unsere Situation nun auch wieder nicht malen.« Wenn Ihnen etwas aus der Hand fällt: »Die Gesetze der Schwerkraft sind bei Ihnen aber sehr streng.« Bei einem Versprecher: »Ha, immerhin habe ich Sie zum Lachen gebracht.«

Aber je härter Sie zuschlagen, desto angreifbarer werden Sie. Behalten Sie ein gesundes Augenmaß und lassen Sie den anderen ins Leere laufen. Zu einem echten Pessimisten gehört, dass er Gutes sehr schlecht und Schlechtes sehr gut hört. Gewöhnen

Sie sich daran, die positiven Dinge zu erkennen oder in Aussagen hineinzulegen und auf die auch zu antworten.

Die Verhältnismäßigkeit wahren

Sie haben zwei Wasserbecken vor sich: eines davon gefüllt mit sehr kaltem, das andere mit gerade noch aushaltbar heißem Wasser. Halten Sie jede Hand in einen der Behälter. Nach einigen Minuten gehen Sie zum Wasserhahn und lassen normal temperiertes Wasser über Ihre Hände laufen. Die Hand, die vorher im kalten Wasser war, wird das Wasser als warm bis heiß empfinden, die andere als unangenehm kalt. Das ist die normale Reaktion unserer Nervenzellen, die unser Temperaturempfinden nicht so schnell auf ein gemäßigtes Niveau herunterfahren kann. Obwohl die neue Temperatur definitiv gleich ist, wird Sie Ihnen an der rechten und linken Hand unterschiedlich vorkommen.

Formulieren Sie ein »höheres Ziel«

Genau dieses Prinzip machen wir uns auf der sprachlichen Ebene zunutze. Wir setzen die uns treffende Aussage mit etwas Schwerwiegenderem in ein Verhältnis, und dadurch erscheint das, worum es gerade geht, unwichtig. Wird Ihnen z. B. vorgeworfen, Sie hätten das Budget eines Projekts überzogen, können Sie darauf mit der Technik des »höheren Ziels« reagieren: »Es geht doch hier nicht um die überschaubaren Mehrausgaben, sondern darum, dass wir das Projekt termingerecht abschließen. Schaffen wir das nicht, stehen uns Regressforderungen in Milliardenhöhe ins Haus.«

Oder eine Anhörung im Rathaus. Nun bekommen Sie zu hören: »Sie schon wieder. Nicht genug, dass Sie nun eine Verkehrsberuhigung bekommen haben, wollen Sie jetzt auch noch eine Ampel. Wie stellen Sie sich das vor?« Darauf können Sie wunderbar mit dem Muster kontern: »Es geht doch nicht um die Ampel. Es geht darum, dass unsere Kinder sicher über die Straße kommen.« Wer kann dem widersprechen, ohne sich ins moralische Aus zu katapultieren?

Stufe 5: Wundermittel Zustimmung

»Wenn mich jemand fragt, ob Goethe oder Schiller der größere Dichter ist, dann sage ich immer ja.« (F. J. Strauss)

Stufe 5 bietet drei Varianten
- die Komik
- das Übertreiben und Untertreiben
- Arbeit mit Klischees

Druck und Gegendruck ins Gleichgewicht setzen

Isaac Newton hat in seinem 3. Axiom beschrieben, dass Kraft und Gegenkraft zusammengehören. Wo Druck ausgeübt wird, entsteht Gegendruck. Dies gilt immer: Wenn Sie z. B. hinfallen, reagiert Ihr Körper automatisch damit, sich steif zu machen und dagegenzuhalten. Deshalb ist es auch so mühsam, in asiatischen Kampfsportarten das richtige Fallen zu erlernen, d. h. sich abzurollen, statt den Körper anzuspannen. In der Kommunikation ist es nicht anders. Wenn uns jemand angreift, empfinden wir Druck, den wir automatisch auszugleichen suchen: gerne als Opposition, nach dem Motto »Stimmt doch gar nicht« oder »Das lasse ich mir nicht gefallen«. Das ergeht jedem so, und wir erwarten es auch von jedem. Wenn Sie hingegen der Erwartung nicht entsprechen und stattdessen dem anderen recht geben, damit also den Druck aus der aktuellen Gesprächssituation nehmen, so werden Sie zumindest Verblüffung ernten. Sie nehmen dem anderen förmlich den Wind aus den Segeln.

Freiwillige und unfreiwillige Komik

Suchen Sie einen Teil in der Aussage des anderen, dem Sie zustimmen können, auch wenn das noch so abstrus daherkommt. Gerade darin liegt oft eine unfreiwillige Komik, welche die Gesprächssituation auf ein entspanntes Level herunterfährt. Wie z. B. bei: »Sind Sie hingefallen?« »Nein, so steige ich immer aus.« Oder: »Ich kann's auch mit Salto!«

Sobald eine Ungereimtheit in der Kommunikation auftaucht, versucht unser Gehirn, einen Sinn darin zu finden und fängt an, logisch über das Gehörte nachzudenken. Damit ist die Gefühlsebene ausgeschaltet. Nehmen Sie die Aussage – und damit die andere Person – ernst und prüfen Sie für sich, was Sie bei dem Angriff als Information auffassen können.

Ein Beispiel: »Na du gefällst mir.« »Schön, dass ich dir gefalle.« Oder: »Da hättest du mich gestern erst sehen sollen.« Das ist dann die Variante mit der Übertreibung.

Gerade bei versteckten Angriffen ist diese Technik gut. Der andere wird nämlich nicht anfangen zu erklären, dass das ja so gar nicht gemeint war.

Dieses Muster können wir bei Kindern häufig beobachten. Denn die reagieren zunächst direkt auf den sachlichen Inhalt: Sagt die Oma: »Mensch, bist du dünn. Auf deinen Rippen kann man ja Klavier spielen.« Antwort des Kindes: »Oma, spiel' mal ›Alle meine Entlein‹.«

Zustimmen und Übertreiben

Durch Übertreibung können wir signalisieren, wie unpassend uns eine Bemerkung erscheint. Die Technik eignet sich auch, wenn Sie auf bestimmte Dinge nicht genau eingehen wollen. Achten Sie bitte genau auf die Art, wie Sie übertreiben. Hier spielt die Ironie eine große Rolle, damit der Gesprächspartner diese auch als Übertreibung versteht und nicht ernst nimmt. Eine einfache Form der Ironie besteht darin, das Gegenteil von dem zu sagen, was man meint, oder etwas so zu übertreiben, dass der andere erkennt, dass ein Widerspruch zwischen Aussage und Sachverhalt vorliegt.

Um sicherzustellen, dass Ironie verstanden wird, können Sie das Gesagte durch Betonung, Mimik oder Gesten begleiten. Im Unterschied zum Humor ist Ironie eher kritisch und erwartet nicht immer, dass der andere der eigenen Meinung beipflichtet. Außerdem ist Ironie nur im Kontext verständlich. Ein Lächeln ist bei diesem Muster also durchaus angebracht, um der Aussage die Schärfe zu nehmen.

Mit Klischees kontern

Bei diesem Muster bietet es sich ebenfalls an, mit Klischees zu arbeiten. Unter Klischee versteht man eine häufig zugeschriebene, oftmals pauschalisierte Eigenschaft, die eine Menge von Personen oder Objekten kennzeichnet. Wir verbinden damit etwas Schablonenhaftes. Es stammt vom französischen cliché, welches ursprünglich »Abklatsch« bedeutete und später auch für »billige Nachahmung«, »überbeanspruchte Redensart« stand. Gerade bei Angriffen oder unfairer Kritik können wir mit Klischees – »Wir Männer sind halt so!«/»Ich bin blond.« besonders gut antworten. Die zeigen nämlich deutlich, dass der Angriff genauso weit hergeholt ist wie die Antwort – nämlich dieses Klischee. Der Angriff Ihres Kontrahenten muss ins Leere laufen.

Pauschalangriffe erwidern und untertreiben

Schlagen Sie Ihren Mitdiskutanten mit seinen eigenen Waffen: Auf Pauschalangriffe kontern Sie mit Pauschalantworten! Die Übersteigerung nimmt der Behauptung nämlich ihre Schlagkraft. Die Killerphrase »Das klappt sowieso nicht. Das weiß jeder, der etwas davon versteht.« können Sie aushebeln mit der Antwort: »Genau! Und die Titanic ist unsinkbar, sagte jeder, der etwas davon verstand!«
Manchmal ist auch eine gezielte Untertreibung nützlich.
Wie der Präsident des Schwimmvereins, der nach dem Wettkampf gesagt hat: »Wir haben zwar keine Medaille gewonnen, doch wir freuen uns, dass keiner ertrunken ist.«
Bei der Negierung könnte es allerdings passieren, dass Ihnen Ihr Gegenüber wiederum übersteigert recht gibt. Setzen Sie diese Technik bewusst und gezielt ein, damit es Ihnen nicht so geht wie dem Herrn im folgenden Dialog:
Ein frisch gebackener Vater wird von einem Passanten gefragt, ob das sein Kind sei. Er sagt: »Nein, ich habe es mir von einem Bekannten geliehen.«
Darauf der andere, nachdem er es genau angesehen hat: »Ganz schön hässlicher Wurm, finden Sie nicht?«.

Stufe 6: Die Meta-Ebene finden

»Man kann bei der Auswahl seiner Feinde nicht vorsichtig genug sein.« (Oscar Wilde)

Stufe 6 bietet zwei Varianten an:
- das Selbst-Coaching
- die Ich-Botschaft

Seien Sie Ihr eigener Coach

Denken Sie an den Feldherrenhügel (▶ ab S. 25), von dem aus Sie das Geschehen betrachten. Worum geht es im Gespräch und wie gehen Sie miteinander um? Ist der Ton höflich, herzlich, bestimmt, sachorientiert oder gefühlsbetont? Was empfinden Sie dabei? Mit diesem analysierenden Blick hätten Sie bereits Ihre Meta-Ebene erreicht. Sie brauchen dafür ein wenig Übung, um diese ganz andere, losgelöste Perspektive einnehmen zu können. Der Begriff Meta-Ebene geht zurück auf den Gestaltpsychologen Wolfgang Metzger. Versuchen Sie dem Erlebten eine andere Gestalt zu geben, indem Sie von einer völlig anderen Warte aus betrachten und analysieren. Diese Form der Reflexion ist wichtig um eine distanzierte und objektivierende Sicht auf die Dinge zu bekommen. Ziehen Sie sich auf diese Weise aus der Interaktion zurück. Behalten Sie so den Überblick und die Gesprächsführung in der Hand. Viele Methoden des Coachings benutzen die Meta-Ebene als Reflexionshilfe. Seien Sie Ihr eigener Coach und versuchen Sie den Blick von oben. Es lohnt sich!

Beleidigungen einfach ignorieren!

Betrachten Sie Angriff und Situation von außen und machen Sie die Auseinandersetzung zum Thema. Kluge Menschen ignorieren Beleidigungen. Wer sich ärgert, bestraft sich für die Fehler anderer. Ihr Ärger gibt dem Angreifer Macht über Sie. Die Meta-Ebene hilft, Distanz zum Gesprächsverlauf und Ihrem Kontrahenten aufzubauen.

Ein Beispiel aus dem Berufsalltag: In einem Meeting kommt es zum Streit. Es geht nicht mehr um die Sache, sondern um persönliche Animositäten. Sagen Sie: »Mein Eindruck ist, wir kommen gerade vom Thema ab. Wollen wir so miteinander umgehen?« Oder: »Bevor wir unsachlich werden, schlage ich vor, wir machen eine kurze Pause und setzen uns dann noch mal zu Punkt XY zusammen.«

Etwas barsch klingt die Frage: »Was soll das?« Doch an den Stellen, an denen Sie diese Frage für angebracht halten, wird sie eine Rechtfertigung erzwingen.

Die Meta-Ebene lässt Sie also die Situation von außen betrachten, und gleichzeitig holen Sie Ihr Gegenüber damit aus seiner »Denkrinne« (▶ S. 6).

Ich-Botschaften senden

Den oder die Gesprächspartner aus der Konfrontation herauszuholen gelingt am ehesten mit der Ich-Botschaft. Diese besteht aus einem Gefühls- und einem Tatsachenteil: Ein Gefühl oder eine Meinung wird in der Ich-Form zum Ausdruck gebracht. Das macht die Aussage sehr verbindlich – anders als »Man-Formulierungen«, die andere einbeziehen und Allgemeines aussagen. Auf die subjektive Formulierung von Gefühlen kann niemand sagen: »Nein, du fühlst falsch.« Oder: »So empfindest du nicht.« Oder: »Das stimmt nicht.« Ist Ihr Gegenüber an einem ernsthaften Gespräch interessiert, so wird es darauf reagieren müssen.

Sehen Sie den Unterschied: »Man redet doch nicht so miteinander.« – »Ich möchte nicht, dass wir so miteinander reden.«

Meiden Sie bei Ich-Botschaften Worte wie »wieder« oder »immer«. Das sind Killerphrasen, die den Empfänger angreifen und eine unfruchtbare Konfrontation provozieren. Sie legen ungünstigerweise einen Automatismus in die Sache, der verhindert, in neuen Bahnen bzw. »Denkrinnen« argumentieren und denken zu können.

▪ Ich-Botschaften sind ein Mittel der Deeskalation, da sie dem Zuhörer das Nachgeben und Einlenken erleichtern.

- Der Sprecher einer Ich-Botschaft zeigt, dass er ein Mensch mit Empfindungen, mit Stärken und Schwächen ist. Dadurch wird eine partnerschaftliche Beziehung erzeugt.
- Ich-Botschaften legen die Verantwortung für das weitere Geschehen in die Hände beider oder aller Gesprächspartner. Damit wird die angestrebte Lösung zur gemeinsamen.

Gerade bei Verbalattacken kann es besonders wirkungsvoll sein, die eigenen Gefühle zum Ausdruck zu bringen. Es ist nicht sinnvoll, so zu tun, als wäre man nicht angreifbar oder total cool. Dafür muss ich mir selbst allerdings erst die negativen Gefühle zugestehen. Das An- und Aussprechen ist dann der zweite Schritt, der den meisten – ungeübt, Gefühle zu benennen oder überhaupt zu thematisieren – viel Überwindung abverlangt. Das wiederum lenkt den Fokus auf die Beziehung untereinander, was in ausweglosen Gesprächssituationen oft der einzige Weg aus dem kommunikativen Dilemma ist. Ist die Beziehung geklärt, so findet sich auch auf der Sachebene schnell eine Lösung.

Ich-Botschaften formulieren

Treten Sie beiseite und betrachten Sie, was da vor sich geht. Fragen Sie sich selbst und dann die Runde oder Ihren Angreifer: »Welche Regeln gelten hier?« »Wollen wir so miteinander umgehen?« »Wie wichtig ist das?« »Was sollte vorrangig besprochen werden?« »Bringt uns das unserem Ziel näher?« Beispiele:

- Ich möchte eine klare Trennung zwischen den Animositäten einiger Abteilungen und der Entwicklung des Projekts.
- Ich sehe nicht, was Ihr Beitrag mit Fairness zu tun hat.
- Mir ist wichtig, dass wir zunächst unsere Unstimmigkeiten beilegen, bevor das Projekt darunter leidet.
- Ich erwarte, dass die Sache mit der ihr gebührenden Wertigkeit erledigt wird.
- Ich frage mich gerade, weswegen wir so laut werden.
- Ich wundere mich, dass wir nur abteilungsinterne Lösungen diskutieren. Hat nicht die ganze Firma Interesse an …?

- Ich tue mich schwer mit pauschalen Aussagen wie: »Die aus der Buchhaltung«.
- Mich ärgert, dass ein Großteil unserer Besprechungszeit dafür verwendet wird, Schuldige zu suchen.
- Ich habe Mühe damit, die Wichtigkeit der Ereignisse einzuordnen, wenn alle durcheinander reden.
- Ich habe den Eindruck, dass wir vom Thema abkommen.
- Ich habe das Gefühl, wir arbeiten mehr gegeneinander als miteinander.
- Ich kann verstehen, dass Sie enttäuscht sind. Trotzdem finde ich es sinnvoll, konstruktiv nach einer Lösung zu suchen statt die Entscheidung zu blockieren.
- Mir macht es viel aus, persönlich angegriffen zu werden.

Stufe 7: Klare Grenzen setzen

»Hüte dich vor Streit, doch muss er sein, so führ ihn so, dass dein Gegner sich vor dir hütet.«   (William Shakespeare)

Stufe 7 hat vier Varianten:
- Respekt einfordern und zollen
- direkte und indirekte Beleidigungen
- sprachliche Schwächen umschiffen
- Abbruch eines Gesprächs

Recht auf Respekt ...

Beleidigung und Verleumdung sind Strafdelikte. Das zeigt, was für empfindliche Schwachpunkte in unserem Alltag diese Formen des verbalen Angriffs darstellen. Sie kommen allzu häufig vor und greifen mitunter massiv ins Seelenleben ein. Das tut niemandem gut und kann niemals die Grundlage für ein lösungsorientiertes Gespräch oder einen konstruktiven Schlagabtausch sein. Natürlich zeugt es auch nicht von gutem Stil – schon gar nicht von eleganter Schlagfertigkeit –, laut, emotional und persönlich sein Gegenüber zu attackieren.

Aber wo fängt die Beleidigung an, wo hört sie auf? Wann fühlen wir uns in der Ehre angegriffen? Die Grenzen sind fließend. Wir alle unterscheiden uns in Charakter, Verhalten, Sprachgefühl und Erlebtem. Was sich für den einen bereits als Beleidigung anfühlt – vielleicht der schräge Blick von der Seite –, empfindet der andere nur als spielerische Aufforderung. Deshalb ist es so schwer, die richtige Dosierung zwischen frech, pfiffig, eine Spur angriffslustig und unverschämt zu finden.

Eine Anekdote, die von diesen Unterschieden zeugt: Ein junger Verkäufer beschwert sich bei einem älteren Kollegen darüber, dass er so häufig an der Tür beleidigt werde. Darauf der andere: »Man hat mir nicht geöffnet, obwohl ich einen Termin hatte, mich verjagt, mir die Türe zugeschlagen, Hunde auf mich gehetzt, aber beleidigt – beleidigt hat mich nie jemand.«

Diese Anekdote vermittelt aber noch etwas ganz anderes. Wenn wir uns in unserer Handlung – und unserem Kommunikationsmuster – sicher und aufgehoben fühlen, kann uns niemand wirklich angreifen, gar verletzen. Es hängt also zu einem großen Teil von uns selbst ab, was wir als Angriffspotenzial werten und überhaupt an uns herankommen lassen.

... Pflicht zum Respekt

Damit wir uns nicht – wenn es hart auf hart kommt – im sprachlichen Niemandsland von Kränkung, Demütigung, Angriff oder beleidigender Entgegnung verirren, sollten wir uns diese Sicherheit erarbeiten. Durch Aufmerksamkeit und sprachliches Feingefühl und eben auch jenen Respekt vor dem anderen, den wir für uns selbst einfordern. Denn eines ist sicher: So wie wir selbst eine sehr feine Wahrnehmung für Verbalattacken haben, so hat das unser Gegenüber eben auch. Das gilt es zu respektieren. Sinnvoll ist in diesem Zusammenhang, sich über die eigene Schmerzgrenze genau im Klaren zu sein und sie dann ebenso beim anderen anzulegen. Das Recht auf Akzeptanz hat jeder – auch Ihr Gegner im harten Schlagabtausch. Umgekehrt haben auch Sie das unbedingte Recht auf Zurückweisung.

Kommunikationskompetenz plus

Um gar nicht erst in diese verbalen Verwirrungen zu geraten, gibt es in Stufe 7 einige Hilfestellungen, die Ihnen zeigen, wie direkte und indirekte Beschimpfungen zu erkennen sind und wie Sie darauf antworten sollten. Wenn Sie entspannt und souverän auf Killerphrasen reagieren können (▶ ab S. 123), haben Sie die höchste Stufe der Kommunikationskompetenz erreicht. Denn im Alltag zeigt sich immer wieder: Wer unangreifbar scheint, den attackiert man nicht.

Direkte Beleidigungen

Eine Beleidigung kann alles Mögliche sein: die üble Nachrede genauso wie eine klare Verleumdung, eine verborgene Erniedrigung genauso wie eine offene Kränkung. Zu ihr gehört, dass sie, in grobem Ton vorgetragen, den anderen persönlich treffen oder ihm gar etwas Falsches unterstellen will. Eine in dieser Weise geäußerte Beschimpfung sollten Sie auf jeden Fall ansprechen und klar von sich weisen, ungeachtet der Motive, die Sie dahinter vielleicht vermuten. Tappen Sie bloß nicht in die Verständnisfalle. Verstehen hieße in diesem Fall auch akzeptieren. Es ist immer gut zu wissen, was den Angreifer antreibt, aber distanzieren Sie sich sofort davon. Mitgefühl wäre hier der falsche Weg. Setzen Sie Ihre Grenzen bestimmt und selbstbewusst. Sie selber entscheiden dabei, wie es weitergeht.

Direkte Ansprache

Unverschämtheiten, Zudringlichkeiten oder persönliche Verunglimpfungen müssen Sie nicht hinnehmen. Übrigens fällt auch ungefragtes Feedback in diese Kategorie. Achten Sie besonders auf Pauschalisierungen und weisen Sie diese sofort zurück. Sie können Ihre Wirkung auch dadurch noch steigern, indem Sie Ihre Entgegnung mit »Danke« abschließen. Dem kann dann kaum etwas entgegengesetzt werden. Nennen Sie den Namen der anderen Person am Anfang Ihrer Erwiderung, so erzeugt das Aufmerksamkeit, am Ende dagegen sorgt der Name für ein zustimmendes (Ab-)Nicken.

Sprachliche Schwächen umschiffen

Die Beleidigung ist an sich schon Ausdruck eines emotionalen Ausnahmezustands und geht im Normalfall Hand in Hand mit sprachlicher Schwäche. Im Grunde genommen ist das nichts anderes als eine Panik-Reaktion – so wie der Fight-Flight-Reflex –, die sofort in die verbale Offensive startet. In diesen Fällen kann es zu wüsten Vorwürfen oder Beschimpfungen kommen. »Diplompetze« oder »Erfolgsniete« sind so einige unschöne Beispiele aus dem Berufsalltag.

Ziehen Sie sich in diesem Fall nicht zurück, nach dem Motto »Der Klügere gibt nach«, sondern kontern Sie entsprechend: »Auf dieser Ebene möchte ich nicht mit Ihnen sprechen. Wir machen eine Pause, vertagen das Gespräch und treffen uns dann wieder.« Oder:

»Sie sagen mir, was Sie so verärgert, dann können wir in Ruhe noch mal über dieses Thema reden.«

Bei Kritik sollten Sie nicht ironisch, laut, persönlich oder strafend werden. Denn dann wird das Gespräch auf der Beziehungsebene weitergeführt, und es ist schwierig, die Sachebene wieder zu erreichen. Vermeiden Sie die folgenden Kardinalfehler:

- Lassen Sie sich weder emotionale Stimmung, Lautstärke noch den Grad der Unfairness des Angreifers aufdrängen.
- Kommen Sie nicht in die Rechtfertigungsposition.
- Geben Sie keine unnötigen und langen Erklärungen ab.
- Bleiben Sie beim Thema.

Abgrenzen zum richtigen Zeitpunkt

Unmittelbar Grenzen aufzuzeigen ist besser als Payback-Punkte zu sammeln, die dann, wenn eine gewisse Summe aufgelaufen ist, beim nächsten Mal oder der nächsten Person alle auf einmal eingelöst werden. Das wäre dann erstens eine überzogene Reaktion auf die letzte Aktion und zweitens kostet Sammeln statt Zurückweisen sehr viel Nerven. Das muss nicht sein! Selbstverständlich können Sie ein »Wie bitte?« voranstellen, das aber in entsprechend scharfem Ton.

Wer schreit, hat Unrecht!

Denken Sie daran, bei Angriffen nie lauter zu sprechen als die anderen. Das haben Sie nicht nötig! Eine leise, bestimmte Stimme erzeugt wesentlich mehr Aufmerksamkeit, senkt den Emotionsspiegel und bringt Ruhe in die Gesprächssituation. Wichtig ist, dass Sie Beleidigungen mit aller Deutlichkeit zurückweisen, da sich sonst das Verhalten der anderen etablieren und damit eine Missachtung Ihrer Person zur Regel werden könnte. Ersticken Sie solche Versuche sofort im Keim!

Indirekte Beleidigungen

Nicht immer werden Beleidigungen direkt ausgesprochen. Einige kommen auch in Verkleidungen daher. Manche Menschen verströmen nach außen hin Freundlichkeit und formulieren ihre Beleidigungen oder Unterstellungen so subtil, dass sie erst auf den zweiten Blick erkennbar werden. Achten Sie gerade bei Fragen vor allem darauf, wie Ihr Gegenüber diese stellt. Wie schnell wird aus einer vagen Fragestellung eine unterstellte Tatsache. Hier kommt es entscheidend auf die Wahl der Worte an. Ein Beispiel: Stellen Sie sich vor, Sie haben mit Ihrer Schwester einen konfrontativen Meinungsaustausch. Von einem gemeinsamen Bekannten werden Sie darauf angesprochen. Bitte vergleichen Sie die unterschiedlichen Fragemuster:

- Haben Sie aufgehört, mit Ihrer Schwester zu streiten?
- Haben Sie immer noch Streit mit Ihrer Schwester?
- Warum haben Sie Streit mit ihrer Schwester?
- Wie äußert sich der Streit mit Ihrer Schwester?

Bemerken Sie die Suggestion? In diesem Kontext unterstellen alle vier Fragen einen vehementen Streit mit der Schwester. Suggestionen sind häufig an Formulierungen erkennbar wie:

- Haben Sie immer noch …
- Haben Sie endlich aufgehört …
- Warum tun Sie …
- Wie äußert sich …
- Sie haben doch sicher auch …

Die subtile Unterstellung wird nur bei genauem Hinhören deutlich. Wenn Sie hier in den »normalen« Antwortreflex laufen, öffnen Sie bösen Gerüchten Tür und Tor.

Noch tückischer wird's, wenn es statt »Streit« »Unstimmigkeiten« heißt. Die Unterstellung bleibt, doch die Formulierung ist so nett, dass niemand so schnell argwöhnisch wird.

Antworten Sie in solchen Fällen stets erst mit einer Richtigstellung und stellen Sie den Rahmen in Frage, den Ihr Gegenüber für diese »Tatsachen« konstruiert hat:

- »Zunächst möchte ich richtig stellen, dass ich keineswegs Streit mit meiner Schwester habe. Es geht lediglich …«, und dann kommt Ihr Grund. Wenn Sie denn überhaupt eine Erklärung abgeben wollen.

Subtile Vorwürfe, die jeder kennt:

Nehmen Sie bitte auch folgende Formulierungen ernst:

- Was sagen Sie als Betroffener zum Thema Betrug?
- Was sagen Sie als Unbeteiligter zum Thema Intelligenz?
- Was meinen Sie als Opfer zum Thema Seitensprung?
- Auf diese Fragen kann man nicht ernsthaft antworten.
- Ich will nicht sagen, dass das ein Fehler ist … Sehen wir einmal von einigen Ungereimtheiten ab.

Wer das stehen lässt, signalisiert Zustimmung.

Wenn Sie so etwas hören, sollten in Ihrem Kopf die Warnsirenen angehen. Wer so formuliert, ist an Informationen überhaupt nicht interessiert. Lassen Sie das nicht zu und reagieren Sie entsprechend mit Zurückweisung. Fürchten Sie sich auch nicht vor einer Reaktion, wenn noch andere Personen im Raum sind. Die schätzen das in der Regel schon richtig ein. Jemand vor anderen bloßzustellen ist stillos. Und das weiß auch Ihr unfreiwilliges Publikum. Ihnen wird es niemand übel nehmen, wenn Sie sich gegen bösartige Angriffe wehren.

Die Gerüchteküche kocht!

Ist aus einer subtilen Unterstellung erst einmal ein Gerücht geworden, so hat der Betroffene kaum noch eine Chance, es aufzuhalten oder die »Tatsachen« richtigzustellen. Der Wahrheitsgehalt von Gerüchten, sind sie erst einmal im Umlauf, wird in der Regel nicht mehr überprüft. Deshalb ist es notwendig, die Entstehung zu verhindern, indem Unterstellungen als solche bezeichnet und umgehend ausgeräumt werden. Reagieren Sie deutlich, zeigen Sie eindeutige Körpersignale und vermeiden Sie jedes Zustimmungssignal wie Nicken oder Lächeln.

Letzte Konsequenz: Abbruch eines Gesprächs

Hier sollten Sie den Abbruch des Gesprächs erwägen. Er ist das letzte und schärfste Mittel, das einen Kompromiss oder eine Lösung ausschließt. Manchmal ist ein geordneter Rückzug besser als ein langwieriger Stellungskrieg. Wie gesagt, ein geordneter Rückzug. Verwirren Sie sich dabei nicht im Rechtfertigungsreflex. Formulieren Sie ganz knapp. Halten Sie kurz Blickkontakt, wenden Sie sich dann ab. Etwa so:

- »Herr Peter, ich tue das ungern, aber für mich ist nach dieser Bemerkung das Gespräch zu Ende. Ich lasse mich nicht beleidigen. Ich erwarte bis morgen früh Ihre Vorschläge, sonst wende ich mich an den Abteilungsleiter.«
- »Keinen persönlichen Angriff, bitte! Wenn Sie mich weiter beleidigen, breche ich unser Gespräch ab.«
- »Ihre Aussage macht mich sehr betroffen. Nehmen Sie das auf der Stelle zurück, oder ich werde mich beim Vorgesetzten über Sie beschweren.«

Ein Gespräch abzubrechen ist zwar nicht schön, manchmal jedoch ein moralisches Muss.

Der Chef beleidigt Sie

Beim Chef ist Zurückpöbeln tabu. Beim Vier-Augen-Gespräch können Sie so reagieren: »Ich bin verletzt und erwarte Ihre Entschuldigung.« Vor versammelter Mannschaft: »Ich fühle mich unangemessen angesprochen.« Öffentliche Kritik fällt immer auf den zurück, der sie äußert.

Fit im Kopf – schnell mit Worten

Kreatives Gehirnjogging für jeden Tag. Üben Sie an 31 Tagen circa 20–30 Minuten regelmäßig, und Sie werden erstaunt sein, wie Ihre Sprachkompetenz zunimmt, Ausdauer inbegriffen. Wenn Ihnen die ein oder andere Denksportaufgabe dabei zu knifflig erscheint, dann kommen Sie mithilfe der angegebenen Lösungen dem »abgründigen Hintersinn« mancher Frage auf die Spur. Das hilft nicht nur Ihrem Kombinationsvermögen auf die Sprünge, sondern ebenso Ihrer Flexibilität beim Denken. Los geht's!

Das 31-Tage-Übungs-Programm

Schlagfertigkeit bedeutet, kreativ mit Sprache umgehen zu können. In dem 31-Tage-Übungsprogramm lernen Sie:

- Ihren aktiven Wortschatz zu erweitern und Ihre Sprache dadurch abwechslungsreicher zu gestalten.
- den Zugriff auf Ihren Wortschatz zu beschleunigen.
- durch die Kreativübungen Spaß daran zu finden, Worte spontan und auf ungewöhnliche Art zu verknüpfen.
- mit Denksportaufgaben diejenigen Bereiche im Gehirn zu trainieren, die Sie für die Schlagfertigkeit brauchen.
- täglich einen Angriff zu bearbeiten, damit Sie bei der nächsten Attacke gewappnet sind.

Die Angriffe finden Sie im folgenden Kapitel auf der angegebenen Seite wieder. Doch schlagen Sie bitte nicht sofort nach, sondern versuchen Sie erst selbstständig Antworten zu finden. Trainieren Sie konsequent 31 Tage lang die Übungen, und Sie werden überrascht sein, wie sich Sprache und die Art, damit umzugehen, gewandelt haben. Das Training versetzt Sie schon nach kurzer Zeit in die Lage, ungewöhnliche Assoziationskette zu bilden, eine Fülle von neuen Formulierungen abzurufen und schneller sinnverwandte Wörter zu finden. Es lohnt sich für Sie – starten Sie jetzt! Auf diese Weise bekommen Sie mehr Sicherheit im Gespräch und lernen die Ruhe zu bewahren, wenn es mal hoch hergeht.

Rechnen Sie pro Tag mit etwa 20 bis 30 Minuten, in denen Sie sich mit den Tagesübungen beschäftigen. Denken Sie tagsüber öfters mal über die Denksportaufgaben nach, bevor Sie zur Lösung am Ende des Kapitels greifen. Manche der Aufgaben haben einen hohen Schwierigkeitsgrad. Es kommt nicht darauf an, alle Lösungen selbst zu kreieren. Wichtig ist jedoch, dass Sie sich mit den Problemstellungen beschäftigen und – wenn Sie selbst nicht auf die Lösung kommen – die Lösung verstehen und nachvollziehen können. Auch das trainiert schon, eine neue Art zu denken. Und mit den vielen kleinen, einfachen Übungen bleiben Sie im Training.

1. Übungstag

1 **Finden Sie neue Anwendungen.** Sie haben 7 Minuten: Was kann man mit oder aus einem Korken alles machen? Z. B. Flasche verschließen, werfen, Floß bauen, Pinnwand …

- Fragen Sie sich:
  Welche Eigenschaften hat ein Korken?
  Aus welchem Material besteht ein Korken?
- Schreiben Sie Ihre Lösungen auf. Notieren Sie auch Sinn und Zweck des Gegenstands im Alltag. Wenn der auf dem Blatt steht, ist er aus dem Kopf, und Sie können unkonventionellere Ideen kreieren. Halten Sie unbedingt die 7 Minuten durch. Bei Kreativübungen gibt es meistens zwischendurch mal einen »Hänger«, so wie beim Fitness-Training auch. Die dann folgenden Ideen sind oft die besten. Also nicht vorschnell aufgeben!

2 **Suchen Sie Verben, die mit »a« beginnen.** Lassen Sie sich 3 Minuten Zeit.

- z. B. anfangen, aufhören, aufstehen, ankommen …
- Notieren Sie sich hinter jeder Aufgabe, wie viele Begriffe Sie gefunden haben. So sehen Sie, welche Fortschritte Sie in dieser Art des Denkens machen.

3 **Finden Sie Synonyme für »tun«.** Sie haben 5 Minuten.

- z. B. handeln, schaffen, ausführen …

4 **Denksport des Tages:** Zwei Väter und zwei Söhne gehen zusammen angeln. Sie bringen drei Fische nach Hause, und doch hat jeder einen gefangen. Wie geht das?

5 **Der Angriff des Tages:** »Ich glaub', Ihnen geht's zu gut!« (▶ S. 126)
Ihre zwei Antworten:

....

....

Hören Sie nie bei der ersten Antwort auf, sondern suchen Sie immer nach wenigstens zwei Reaktionen. Oft ist die zweite sogar die elegantere. Das macht Sie reaktionsschneller und kreativer für den Ernstfall.

2. Übungstag

1 **Finden Sie Adjektive für die Beschreibung eines Elefanten.** Lassen Sie sich 5 Minuten Zeit.

- z. B. mächtig, groß, grau …

2 **Finden Sie Verben, die mit »z« beginnen.** Sie haben 5 Minuten Zeit.

- z. B. zwingen, zuhören, zusammenkommen …

Und jetzt noch 3 weitere Minuten Substantive, die ein »z« an einer anderen Stelle als am Anfang haben.

- z. B. Mütze, Herrgottsschnitzer, Pfütze …

3 **Finden Sie Synonyme für »laufen«.** Sie haben dafür 3 Minuten Zeit.

- z. B. fließen, strömen, gehen, hetzen …

4 **Denksport des Tages:** Sie haben neun gleich aussehende und gleich große Kugeln und eine Balkenwaage. Eine der Kugeln ist leichter als die anderen acht. Finden Sie mit zwei Wiegevorgängen die leichtere Kugel.

5 **Der Angriff des Tages:** »Das verstehen Sie sowieso nicht!« (▶ S. 127)

Ihre zwei Antworten:

....

....

▶ **Jokerübung**

Schauen Sie sich, wenn Sie heute unterwegs sind, die Autokennzeichen an, die Ihnen begegnen. Bilden Sie Wörter mit den Anfangsbuchstaben der Kennzeichen.

- **z. B. RT-BP:** Richtig tolles blaues Packpapier/Roter Traktor bringt Pakete

3. Übungstag

1 Überlegen Sie sich 25 Anwendungsmöglichkeiten. Was kann man mit Büroklammern alles tun?

- z. B. Kette basteln, Schlüsselanhänger, als Pinn für die Pinnwand …

2 Finden Sie Adjektive, die beschreiben, womit Sie momentan beschäftigt sind. Lassen Sie sich 7 Minuten Zeit.

- z. B. denken, sitzen, schreiben …

3 Bilden Sie Adjektive. Nehmen Sie Ihren Vornamen, schreiben Sie ihn senkrecht auf ein Blatt und bilden Sie aus den einzelnen Buchstaben Adjektive.

- z. B. Petra wie: **P**ositiv
  - **E**nergisch
  - **T**olerant (meistens)
  - **R**ührig
  - **A**ufgabenorientiert

- Jetzt das Gleiche mit Ihrem Nachnamen!
- Und jetzt bilden Sie aus den Buchstaben des Vornamens einen schlüssigen Satz.

  PETRA: Plötzlich entdeckte Thomas riesige Ameisenhügel.

4 Denksport des Tages: Im Erdgeschoss Ihres neu gebauten Hauses befinden sich drei Lichtschalter, von denen einer mit einer Glühbirne im Keller verkabelt ist. Für die anderen beiden haben Sie noch keine Glühbirnen. Wie können Sie feststellen, welcher der drei Schalter der richtige ist, ohne mehr als einmal in den Keller gehen zu müssen?

5 Der Angriff des Tages: »Haben Sie überhaupt Freunde?« (▶ S. 128)

Ihre zwei Antworten:

....

....

4. Übungstag

1 Begeben Sie sich auf Wörtersuche.
- Finden Sie fünf Wörter mit der Endung »-ung«.
- Finden Sie drei Wörter mit einem Doppel »s«.
- Finden Sie sieben Wörter mit »c« oder »C« am Anfang.
- Finden Sie vier Wörter mit vier Silben.

2 Bilden Sie Anagramme. Ein Anagramm ist ein Wort oder eine Wortfolge, die durch Umstellen der Buchstaben ein anderes Wort oder einen anderen Satz ergibt. Setzen Sie in dieser Übung aus den einzelnen Buchstaben des vorgegebenen Satzes so viele sinnvolle Worte wie möglich zusammen. Benutzen Sie dabei möglichst viele Buchstaben. Nehmen Sie als Basis den Satz: Eden ist machbar.
- z. B. Amtsdiener Bach, meide Nachbar, schneidet Arm ab …

3 Finden Sie Verben, die mit »k« anfangen. Sie haben 7 Minuten Zeit.
- z. B. kriechen, kugeln, krähen …

4 Denksport des Tages: Im Erdgeschoss Ihres neu gebauten Hauses befinden sich diesmal vier Lichtschalter, von denen jeder mit einer Glühbirne im Keller verkabelt ist. Leider wissen Sie nicht, welcher Schalter für welche Glühbirne da ist. Wie können Sie das feststellen, ohne mehr als einmal in den Keller gehen zu müssen?

5 Der Angriff des Tages: »Sie sind inkompetent!« (▶ S. 231) Ihre zwei Antworten:

....

....

▶ **Jokerübung zum genauen Aufpassen.** Lesen Sie die Geschichte nur einmal durch: Stellen Sie sich vor, Sie sind Busfahrer. An der ersten Haltestelle steigen 11 Personen ein, an der zweiten 7 aus und 5 ein, an der dritten 10 ein und 15 aus, an der nächsten 9 ein, zusätzlich eine Frau mit Kinderwagen, an der nächsten steigen 7 aus.
- Frage: Wie alt ist der Busfahrer?

5. Übungstag

1 Finden Sie neue Anwendungsmöglichkeiten. Lassen Sie sich 5 Minuten Zeit. Was kann man mit einem Tennisball alles machen?

- z. B. werfen, Autotür öffnen, auf die Anhängerkupplung stecken …

2 Suchen Sie Verben, die etwas mit »Urlaub« zu tun haben. Sie haben 5 Minuten Zeit.

- z. B. ausruhen, reisen, besichtigen …

3 Finden Sie Synonyme für »sprechen«. Sie haben 6 Minuten Zeit.

- z. B. reden, flüstern, säuseln …

4 Denksport des Tages: Diesmal haben Sie zwölf äußerlich völlig gleiche Kugeln K1- K12. Eine der Kugeln ist entweder leichter oder schwerer als die anderen elf. Bestimmen Sie nun mit höchstens drei Wägungen mithilfe einer Balkenwaage die abweichende Kugel.

5 Der Angriff des Tages: »Sie Trampel!« (▶ S. 129)
Ihre zwei Antworten:

....

....

▶ **Jokerübung zum Querdenken**

Was passiert, wenn man bei einer Flöte die oberen drei Löcher zuhält?

Bitte erst selber nachdenken, bevor Sie nach der Lösung schauen.

6. Übungstag

1 Bilden Sie Sätze aus einzelnen Buchstaben. Nehmen Sie das Wort: »Schlag« und bilden Sie aus den einzelnen Buchstaben drei unterschiedliche, sinnvolle Sätze, so dass jeder Buchstabe der Anfangsbuchstabe eines Worts ist.

- z. B. **S**chon **C**amilla **h**olte **l**ieber **a**lle **G**urken.

Und nun das Gleiche mit dem Begriff »Fertigkeit«.

2 Finden Sie Adjektive, die den Kölner Dom beschreiben. Versuchen Sie eine Beschreibung in 5 Minuten.

- z. B. hoch, beeindruckend, alt …

3 Erfinden Sie eine Geschichte. Folgende vier Substantive sollten darin auftauchen: Theater, Zug, Rose, Vorzelt.

- Z. B.: Letzte Woche stellte ich fest, dass ich schon lange nicht mehr im Theater war. Gleich holte ich ein Programmheft, doch in der nächsten Woche gab es leider keine Vorstellung. Da beschloss ich, mit dem Zug nach Ulm zu fahren und dort mein Glück zu versuchen. Wie es sich gehört, hatte ich auch eine Rose für den Hauptdarsteller eingekauft. Als ich am Bühneneingang auf ihn wartete, begann es zu regnen. Zum Glück hatte das Theater ein Vorzelt, sodass ich nicht nass wurde.

Ihre Begriffe sind: Prozession, Pferd, Papierdrachen, Pusteblume.

Nehmen Sie sich für die Geschichte 3 Minuten Zeit.

4 Denksport des Tages: Sie kommen an eine Weggabelung. Einer der beiden Wege führt ins Nirgendwo, der andere in die Goldene Stadt. An der Gabelung stehen zwei Wächter, von denen einer immer die Wahrheit sagt und der andere immer lügt. Aber Sie wissen nicht, welcher lügt und welcher die Wahrheit sagt. Wie können Sie mit nur einer Frage herausfinden, welcher der beiden Wege der richtige ist?

5 Der Angriff des Tages: »Alle Männer sind Machos!« (▶ S. 165)

Ihre zwei Antworten:

....

....

7. Übungstag

1 Finden Sie 15 Adjektive, die mit »c« beginnen. Sie haben 7 Minuten Zeit.

- z. B. charmant, charakteristisch …

2 Formulieren Sie für folgende Angriffe je eine Frage als Replik. Nehmen Sie sich jeweils eine Minute Zeit.

- Sie sind ja doch eine dieser hysterischen Frauen.
- Sie sind ganz schön pingelig, aber nie da, wo's drauf ankommt.
- Mann, haben Sie eine lange Leitung.
- Wo haben Sie denn Autofahren gelernt?
- Deine Schuhe sehen ganz schön billig aus.

3 Finden Sie Synonyme für »sterben«. Sie haben 5 Minuten Zeit.

- z. B. Löffel abgeben, Radieschen von unten anschauen, flöten gehen, ins Gras beißen …

4 Denksport des Tages:

Diese Folge ist vorgegeben:

1
11
21
1211
111221
312211

- Wie lautet die nächste Zeile?

Tipp: Nehmen Sie diese Übung nicht mathematisch. Schauen Sie genau hin, was in den einzelnen Zeilen steht. Was steht in Zeile 1? Was steht in Zeile 2? …

5 Der Angriff des Tages: »Sie glauben wohl, Sie sind perfekt!« (▶ S. 130)

Ihre zwei Antworten:

....

....

8. Übungstag

1 Finden Sie Anwendungsmöglichkeiten für einen Kochlöffel. Lassen Sie sich 7 Minuten Zeit.
- z. B. kochen, basteln, verbrennen …

2 Für die Ladies:
Finden Sie Aussagen, die Sie einem/Ihrem Mann nie sagen sollten. Benutzen Sie ruhig alle Klischees, die Sie kennen. Sie haben 3 Minuten Zeit.
- z. B. Frag doch jemanden nach dem Weg.

3 Für die Herren:
Finden Sie Aussagen, die Sie einer/Ihrer Frau nie sagen sollten. Bedienen Sie ruhig alle Klischees, die Ihnen einfallen. Sie haben 3 Minuten Zeit.
- z. B. Hast du zugenommen?

4 Definieren Sie die Begriffe »**Zeitung**« **und** »**Moral**«**.** Dabei sollten Sie die einzelnen Begriffe nicht verwenden. Nehmen Sie sich jeweils 3 Minuten Zeit. Kleiner Test zusätzlich: Erklären Sie es einer anderen Person und lassen Sie die raten, welcher Begriff gemeint ist.

5 Denksport des Tages: Ein Scheich hat eine Kamelherde von 17 Kamelen und drei Söhne. Auf dem Totenbett bestimmt er, dass der älteste die Hälfte der Kamele bekommen soll, der mittlere ein Drittel und der jüngste ein Neuntel. Die Söhne müssen versprechen, kein Tier zu töten und sich bei der Erbteilung nur friedvoller Mittel zu bedienen. Nun ist guter Rat teuer. Wie wird die Erbschaft geteilt? Ein Derwisch, der auf seinem Kamel dahergeritten kommt, hilft ihnen. Aber wie?

6 Der Angriff des Tages: »Gut gemeinter Rat: Schalten Sie Ihr Gehirn ein, bevor Sie sprechen!« (▸ S. 133)
Ihre zwei Antworten:

....

....

9. Übungstag

1 Finden Sie Begriffe, die etwas mit der Zahl »2« zu tun haben. Sie haben 5 Minuten Zeit.

- z. B. Duo, Zwilling, Janus der Zweigesichtige, Dick und Doof…

2 Erfinden Sie eine Geschichte. Nehmen Sie sich 4 Minuten Zeit. Erzählen Sie eine Geschichte, in der die folgenden Substantive genau in dieser Reihenfolge vorkommen:

Rennwagen

Reh

Angel

Stern

Computer

Sauerkraut

3 Finden Sie 15 Begriffe, die alle mit der Vorsilbe »ver-« beginnen. Z. B. verloren, verbergen, verheizen…

4 Denksport des Tages: Sie befinden sich in einem Raum, in dem zwei Seile von der Decke hängen. Die Seile berühren fast den Boden, hängen jedoch so weit voneinander entfernt, dass Sie nicht beide gleichzeitig fassen können. Ihre Aufgabe ist es, die beiden Seile zu verknoten. Im Raum liegen noch ein Schraubenzieher, eine Banane und ein Kleiderbügel.

5 Der Angriff des Tages: »Warum grinsen Sie so blöd?« (▶ S. 134)

Ihre zwei Antworten:

....

....

▶ **Jokerübung**

Erinnern Sie sich an die Anagramme. Welcher Filmtitel versteckt sich in den Worten: integrer Mister Bond?

Und welchen verbirgt: bislang smart?

10. Übungstag

1 Üben Sie Improvisation. Suchen Sie sich dafür eine Partnerin oder einen Partner. Vielleicht möchte Ihr Gegenüber ja gleich mit üben, dann wechseln Sie nach jedem Satz oder nach einer Sequenz ab. Es geht um schnelles Improvisieren. Sie können eine Erweiterung oder eine gegenteilige Aussage anschließen. Nehmen Sie sich 10 Minuten Zeit.

Ihr Gegenüber stellt eine einfache Frage, die Sie mit »Ja, und …« oder mit »Ja, nur …« beantworten, wobei Sie sofort einen Satz anfügen.

- Hast du heute schon die Zeitung gelesen?
  Ja, und Radio gehört habe ich auch.
- Sonst schaust du doch nur Fernsehen?
  Ja, nur heute hatte ich das Autoradio dabei.

Bei der Übung geht es darum, ohne lange Überlegung schnell Antworten zu kreieren, auch wenn Ihnen diese zunächst nicht besonders originell erscheinen. Es ist eine neue Art zu denken, die für Ihre neu gewonnene Schlagfertigkeit nützlich sein kann. Die Antwort muss nicht logisch mit der Frage zusammenhängen. Beispiel:

- Warst du heute schon spazieren?
  Ja, und in meinem Roman habe ich auch schon gelesen.

2 Finden Sie Verben, die mit »b« beginnen und innen ein »h« haben. Lassen Sie sich 5 Minuten Zeit.

- z. B. behandeln, behaupten …

3 Finden Sie zehn Verwendungsmöglichkeiten für ein Mobiltelefon. z. B. telefonieren, werfen, Termine eingeben …

4 Denksport des Tages: Werner ist größer als Sascha, Jens größer als Klaus. Sascha ist kleiner als Peter, jedoch größer als Jens. Peter ist kleiner als Werner.

- Wer steht größenmäßig in der Mitte?

5 Der Angriff des Tages: »Dafür ist keine Zeit!« (▶ S. 136)
Ihre zwei Antworten:

....

....

11. Übungstag

1 Finden Sie Begriffe, die etwas mit der Zahl »3« zu tun haben. Lassen Sie sich 7 Minuten Zeit.
  - z. B. Drei Musketiere, Dreizack, Dreieck …

2 Definieren Sie Wörter.
  - Beschreiben Sie die Begriffe »Brücke« und »Sauna«, ohne die Begriffe selbst zu verwenden. Lassen Sie diese von jemandem erraten.
  - Nun suchen Sie selbst noch drei Begriffe, die Sie beschreiben wollen. Nehmen Sie sich für jeden Begriff 2 Minuten Zeit.

3 Finden Sie Synonyme für »arbeiten«. Sie haben 3 Minuten Zeit.
  - z. B. schuften, produzieren, schaffen …

4 Denksport des Tages: Ein Schäfer will mit einem kleinen Ruderboot einen Fluss überqueren. Dabei hat er ein Schaf, einen Wolf und einen Kohlkopf. Alle drei sollen heil über den Fluss gebracht werden, doch er kann leider immer nur einen davon im Boot mitnehmen, also nur das Schaf, nur den Wolf oder nur den Kohlkopf. Lässt er den Wolf mit dem Schaf alleine, so frisst dieser das Schaf. Das Gleiche gilt für das Schaf und den Kohlkopf. Wie schafft es der Schäfer, alle heil ans andere Ufer zu bekommen?

5 Der Angriff des Tages: »Mein Gott, wenn du nur nicht so dumm wärst!« (▶ S. 235)

Ihre zwei Antworten:

....

....

▶ **Jokerübung**

Stellen Sie sich einen Mann vor, der in einer Baulücke ein schönes Haus gebaut hat. Zum vollkommenen Glück fehlt ihm nun aber das Geld für einen Zaun. Wie kommt der Mann preisgünstig/kostenfrei an einen Zaun?

12. Übungstag

1 Welche Synonyme für »Geld« fallen Ihnen ein? Sie haben 5 Minuten Zeit.

- z. B. Knete, Kohle, Zaster …

2 Beleuchten Sie ein Problem von allen Seiten. Ihr Konto ist jeden Monat überzogen. Finden Sie 7 Minuten lang Möglichkeiten, diesen Zustand zu verändern. Z. B. Geld sparen, tauschen, mehr Geld einnehmen, Bank überfallen …

3 Zurück an den Adressaten. Formulieren Sie für folgende Angriffe je eine Antwort, bei der Sie den Bezug verändern oder die Aussage auf den Sprechenden beziehen.

- Mit Ihnen auf einer einsamen Insel? Ich würde mich aufhängen.
- Im Anzug sehen Sie fast aus wie ein Mann.
- Von einem Spatzenhirn kann man ja nichts erwarten.
- Haben Sie noch Sex oder spielen Sie schon Golf?

4 Denksport des Tages: Ein Spion möchte sich in eine Stadt schleichen. Dazu muss er den Wachen am Stadttor die richtige Parole nennen. Er legt sich also beim Stadttor auf die Lauer und beobachtet: Ein Händler verlangt Einlass. Der Wächter sagt: »28, was ist deine Antwort?«. Der Händler antwortet »14« und wird eingelassen. Zu einem jungen Mädchen sagt der Wächter: »8«. Es antwortet »4« und wird eingelassen. Ein Hirte antwortet auf die Ansage »16« mit »8« und wird eingelassen. Der Spion läuft los. Der Wächter sagt: »10, was ist deine Antwort?«. »Ich sage 5!«, antwortet der Spion und will weiterlaufen, aber sofort zieht der Wächter sein Schwert und tötet den Spion, denn die Antwort ist falsch. Was wäre die richtige Zahl gewesen?

Tipp: Es geht nicht um ein mathematisches Rätsel. Überprüfen Sie die Buchstaben.

5 Der Angriff des Tages: »Das ist nicht mein Problem!« (▶ S. 141)

Ihre zwei Antworten:

....

....

13. Übungstag

1 Bilden Sie drei Sätze aus den Buchstaben des Wortes:
»Laserdrucker«.

2 Suchen Sie Tiernamen. Gehen Sie durch das Alphabet und suchen Sie pro Buchstabe ein Tier, das mit dem jeweiligen Buchstaben beginnt.
- z. B. Ameise, Bär, Chamäleon …

3 Finden Sie Transportmittel. Lassen Sie sich 4 Minuten Zeit.
- z. B. Fähre, ICE, Heißluftballon, Tupperdose …

4 Denksport des Tages: Vier Leute wollen über eine Hängebrücke auf die andere Seite eines Abgrunds. Es können immer nur zwei Personen gleichzeitig über die Brücke. Sie haben nur eine Taschenlampe dabei, die auch jedes Mal mitgenommen werden muss, da sonst der Weg nicht zu erkennen ist. Die Lampe muss auch jedes Mal wieder zurücktransportiert werden. Die Wanderer sind unterschiedlich gut zu Fuß. Einer von ihnen braucht 5 Minuten, einer 10, einer 20 und einer 25 Minuten, um die Brücke zu überqueren. Die Brenndauer der Taschenlampe beträgt genau eine Stunde. Wie können sie die Brücke in nur 60 Minuten überqueren?

Tipp: Lassen Sie immer zwei Personen gleichzeitig laufen und probieren Sie die Varianten aus, die Ihnen zunächst seltsam vorkommen …

5 Der Angriff des Tages: »Was machst du denn für ein Gesicht?« (▶ S. 163)
Ihre zwei Antworten:

....

....

▶ **Jokerübung**
1 2 3 4 5 6 8 9 10 13 14 15 …
Mit welcher Zahl muss die Reihe fortgesetzt werden, damit sie dem Gesetz der Regelmäßigkeit folgt?

14. Übungstag

1 Beantworten Sie folgende Fragen zu dem Gegenstand »Regenschirm«.

- Wofür kann dieser Gegenstand noch verwendet werden (ohne ihn zu verändern)?
- Was könnte man stattdessen benutzen? Was ist diesem Gegenstand ähnlich?
- Wie könnte er für einen anderen Verwendungszweck umgestaltet werden?
- Was wäre, wenn er größer (dicker, schwerer, stärker) wäre?
- Was wäre, wenn er kleiner (dünner, leichter, kürzer) wäre?
- Womit könnte man ihn kombinieren?

Wählen Sie nun einen eigenen Gegenstand und wenden Sie die Fragen noch einmal an.

2 Bilden Sie Assoziationen. Stellen Sie 5 Minuten lang Gedankenverbindungen oder Anwendungsmöglichkeiten für einen Teller her.

- Fragen Sie sich: Was ist auch weiß und rund?
- Was kann man mit einem Teller alles tun? Wofür kann man ihn verwenden?

3 Finden Sie 17 Anagramme basierend auf dem Begriff: »Geschäftsleitung«. z. B. Scheine, lustige Chefs tagen, Seilschaft, Fälschung …

4 Denksport des Tages: Vervollständigen Sie die Reihe:

M – D – M – D – …

- Welcher Buchstabe kommt als nächster?

Tipp: Lassen Sie sich nicht von der Regelmäßigkeit täuschen. Überlegen Sie, wofür die Anfangsbuchstaben stehen könnten?

5 Der Angriff des Tages: »Jetzt mal ehrlich. Das meinen Sie doch nicht ernst, oder?« (▶ S. 146)

Ihre zwei Antworten:

....

....

15. Übungstag

1 Finden Sie Adjektive, die mit »u« beginnen. Lassen Sie sich 5 Minuten Zeit.

- z. B. urig, unangenehm, ultimativ …

Und nun noch 6 Minuten Verben mit »u«:

- z. B. unternehmen, unterschreiben …

2 Filme-Raten. Erzählen Sie den Inhalt eines Filmes, den Sie gut kennen, ohne den Titel zu verwenden. Lassen Sie einen Partner raten, um welchen Film es sich handelt.

3 Finden Sie 11 Argumente, weswegen Ihr Partner den Rasen mähen sollte.

Ein Beispiel: Er bekommt Bewegung und bleibt dadurch fit. Ist an der frischen Luft und bekommt Farbe.

4 Denksport des Tages: Bitte sehen Sie sich die folgende Widmung genau an. Was fällt Ihnen auf?

Füg' ich mich, lass' ich dich ungenannt? Dann
Überleg' ich mir, wie ich dich trotzdem
Rühmen kann – sieh, wo du dich versteckt hältst!
Es sei dein, dies Büchlein, es verdankt Dir
Viel – gefällt es Dir, erkennst du's wieder?
Als ich's schrieb, hast du mich stets geleitet!

5 Der Angriff des Tages: »Ich glaub, du bist für diesen Eisbecher schon zu dick!« (▶ S. 154)

Ihre zwei Antworten:

....

....

▶ **Jokerübung**

Was haben die folgenden Aussagen gemeinsam?

- Erika feuert nur untreue Fakire.
- Tarne nie deinen Rat.

16. Übungstag

1 Finden Sie ungewöhnliche Anwendungsmöglichkeiten. Was könnte eine Firma, die den Namen »Easy hang« trägt, produzieren? Nehmen Sie sich 7 Minuten Zeit.
- z. B. Rollläden, Henkerbedarf, Unterwäsche …

2 Finden Sie eine positive und komische Seite.
- Verregneter Urlaub im Berghotel
- Mobiltelefon gibt den Geist auf
- Unterlagen für wichtige Präsentation zu Hause vergessen

Zum Beispiel: Das Auto springt nicht an. **Positiv:** Gut, dass es hier zu Hause passiert ist. Es hätte auch unterwegs kaputt gehen können. **Komisch:** Würde bestimmt sehr komisch aussehen, wenn ich so bepackt mit meinen Unterlagen und im Anzug per Anhalter fahren müsste.

3 Denken Sie positiv. Formulieren Sie für folgende Angriffe je eine Antwort, bei der Sie den Sachverhalt positiv umdeuten. Nehmen Sie sich pro Antwort so viel Zeit, wie Sie benötigen.
- Sie sind zu langsam.
- Sie sind immer so schnell und hibbelig. Da kann ja an Ihrer Arbeit nichts dran sein.
- Warum schreien Sie denn so?
- Spezialisten wissen nichts vom richtigen Leben.
- Sie sind immer so furchtbar stur.

4 Denksport des Tages: Zwei Affen schauen durch eine Röhre, die zufällig auf der Wiese liegt. Die Röhre ist gerade, nicht besonders lang und auch nicht verstopft. Trotzdem sehen die beiden einander nicht. Warum?

5 Der Angriff des Tages: »Erwischt! Du wirst ja rot wie eine Tomate!« (▶ S. 156)

Ihre zwei Antworten:

....

....

17. Übungstag

1 Suchen Sie Beispiele für heimisches Obst und Gemüse. Lassen Sie sich 5 Minuten Zeit und nehmen Sie das Alphabet als Anhaltspunkt.

- z. B. Apfel, Birne, Chinakohl …

Und nun noch Obst und Gemüse, das importiert wird:

- z. B. Ananas, Banane, Cherimoya …

2 Finden Sie Verben, die mit »q« beginnen. Lassen Sie sich 5 Minuten Zeit.

- z. B. quälen, quasseln, qualmen …

3 Beschreiben Sie eine Orange mit 17 Adjektiven:

- z. B. süß, saftig, orange …

4 Denksport des Tages: Vor Ihnen liegen zehn Rollen mit Ein-Euro-Münzen wobei jede Rolle aus zehn Münzen besteht. Eine der zehn Rollen enthält lauter unechte Münzen. Doch Sie wissen nicht, welche. Die echten Münzen wiegen je 10 Gramm und die unechten entweder 1 Gramm mehr oder 1 Gramm weniger. Welches ist die Mindestzahl von Wägungen auf einer Skalenwaage, um den unechten Münz-Stapel zu identifizieren und zugleich zu bestimmen, ob die unechten Münzen schwerer oder leichter sind als die echten?

5 Der Angriff des Tages: »Du hältst Goethe doch für einen Animateur im Robinson-Club.« (▶ S. 158)

Ihre zwei Antworten:

....

....

▶ **Jokerübung**

Auf einem quadratischen Grundstück sollen vier Bäume so gepflanzt werden, dass die Bäume zueinander den gleichen Abstand haben. Wie werden diese Bäume angepflanzt?

18. Übungstag

1 **Beschreiben Sie einen klaren Wintermorgen.** Finden Sie 25 Begriffe.
   - z. B. Schnee, kalt, klar …

2 **Erzählen Sie eine Geschichte.** Folgende Begriffe sollen, nicht unbedingt in der genannten Reihenfolge, vorkommen: Rennpferd, Sülze, Glatze, fachsimpeln, Prinzessin, durstig, rosarot

3 **Finden Sie Synonyme für »herstellen«.** Lassen Sie sich 3 Minuten lang Zeit.
   - z. B. basteln, anfertigen, produzieren …

4 **Denksport des Tages:** Ein sehr reicher Mann liegt im Sterben. Er hat zwei Söhne, die ihm beide gleich lieb sind. In seiner Familie ist es üblich, dem Ältesten die Ländereien zu hinterlassen, und alle anderen Kinder sind dann auf dessen Großzügigkeit angewiesen. Der Vater will jedoch gerecht sein und durch einen fairen Wettkampf entscheiden lassen, welcher der Söhne die Ländereien erben soll. Er ruft die Söhne zu sich und sagt: »Ich habe nicht mehr lange zu leben. Nun ist es an euch, wer von euch mein Erbe antreten wird. Ein Wettreiten soll darüber entscheiden. Sattelt eure schnellsten Pferde. Derjenige soll mein Nachfolger werden, dessen Pferd als zweites über die Ziellinie geht.«
   Die beiden sind ratlos und gehen ins Dorf, um dort einen Weisen zu befragen. Der hört sich die Geschichte an und gibt ihnen einen Hinweis für die Lösung. Was rät er den beiden Söhnen?

5 **Der Angriff des Tages:** »Und du musst immer das letzte Wort haben!« (▶ S. 162)
   Ihre zwei Antworten:

   ....

   ....

19. Übungstag

1 **Verteidigen Sie Ihr Vorhaben.** Stellen Sie sich vor, Sie sind in der Geschäftsleitung eines großen Konzerns. Sie wollen einen Teil der Produktion ins Ausland verlagern. Suchen Sie sieben Argumente, die für Ihre Vorhaben sprechen.

■ z. B. preiswert, konkurrenzfähig, international …

Nun argumentieren Sie als Betriebsrat: Was spricht dafür, die Produktion im Inland zu lassen und auszubauen? Finden Sie auch hier sieben Argumente:

■ z. B. Arbeitsplätze erhalten, Kaufkraft stärken, Standort aufwerten …

2 **Beschreiben Sie eine andere Welt.** Was wäre, wenn Menschen wie Blumen wachsen würden? Wie sähe die Welt dann aus? Finden Sie 20 Antworten.

■ z. B. bunt, immobil, kein Sex …

3 **Finden Sie Adjektive zur Beschreibung einer Tanne.** Sie haben 5 Minuten Zeit.

■ z. B. grün, blau, weihnachtlich …

4 **Denksport des Tages:** In einer dunklen Höhle leben ein paar Dutzend Zwerge. Etwa die Hälfte von ihnen hat rote, die anderen grüne Mützen. Niemand kennt die Zahl der Zwerge und die Zahl roter und grüner Mützen. Auch die Farbe der eigenen Mütze weiß keiner, und die Farben der anderen Mützen sind im Dunkeln nicht zu sehen.

Nun sollen sie einzeln aus der Höhle kommen und sich so aufstellen, dass rechts die Zwerge mit roten, links die mit grünen Mützen stehen. Dabei dürfen sie nicht sprechen, keine Zeichen geben und sich auch nicht sortieren. Weiterhin bewegen sie sich langsam, dass sie gegenseitig die Farben der Mützen beim Verlassen der Höhle nicht sehen können. Wie schaffen sie nach Verlassen der Höhle Ordnung?

5 **Der Angriff des Tages:** »An dir nagt der Zahn der Zeit auch ganz schön.« (▶ S. 168)

Ihre zwei Antworten:

....

....

20. Übungstag

1 Finden Sie Berufe. Nehmen Sie das Alphabet zu Hilfe und finden Sie mit jedem Anfangsbuchstaben einen Beruf.

- z. B. Architekt, Bäcker …

2 Erzählen Sie eine Geschichte. Folgende Begriffe sollten vorkommen:

Zirkuszelt – fruchtbar – Kanu – fantastisch –
Kanonenkugel – Rhinozeros – Studium – Richtwert

3 Suchen Sie für die folgenden Aussagen bzw. Begriffe jeweils mindestens zwei Bedeutungen.

Nehmen Sie sich pro Antwort so viel Zeit, wie Sie benötigen.

- Ihre Papiere bitte!
- Bankgeheimnis
- Haltestelle
- Hahn
- Leiter

4 Denksport des Tages: Sie wollen eine Zeitspanne von 45 Minuten abmessen. Dazu bekommen Sie ein Feuerzeug und zwei Brennfäden, von denen jeder, an einem Ende angezündet, genau eine Stunde braucht, um abzubrennen. Die Fäden sind unterschiedlich dick und brennen deshalb auch verschieden schnell ab. (Eine Hälfte des Fadens brennt also nicht 1/2 Stunde und somit 3/4 eines Fadens nicht die geforderten 45 Minuten.) Wie können Sie damit die erforderliche Zeitspanne von 45 Minuten abmessen?

Tipp: Denken Sie bei dieser Übung an die zwei Seiten, die jedes Problem haben kann – also auch Brennfäden.

5 Der Angriff des Tages: »Du bist ein Besserwisser!« (▶ S. 169)

Ihre zwei Antworten:

....

....

21. Übungstag

1 **Denken Sie positiv.** Finden Sie positive Formulierungen für negativ belegte Begriffe. Jedes Ding hat zwei Seiten, jeder Begriff mindestens zwei Aspekte: z. B. Verlust – Minuswachstum

Ihre Begriffe:

Stress – Altersstarrsinn – dumm – Rezession – alt – Lüge – stur, engstirnig, eigensinnig – zögerlich, lahm – vorschnell, oberflächlich – Fehlschlag

2 **Suchen Sie Wörter mit bestimmter Buchstabenkombination.** Nehmen Sie sich 5 Minuten Zeit. Suchen Sie Begriffe, die mit »a« beginnen, ein »k« enthalten, jedoch kein »b«.

■ z. B. Anakonda, aufgetakelt, ankommen …

3 **Finden Sie Begriffe, die etwas mit der Zahl »4« zu tun haben.** Lassen Sie sich 7 Minuten Zeit.

■ z. B. Jahreszeiten, Quadrat, Kleeblatt …

4 **Denksport des Tages:** Sie haben einen leeren 5- und einen leeren 3-Liter-Kanister. Ihre Aufgabe ist es, mithilfe der Kanister 4 Liter Wasser abzufüllen.

5 **Der Angriff des Tages:** »Du verstehst überhaupt keinen Spaß!« (▶ S. 172)

Ihre zwei Antworten:

....

....

▶ **Jokerübung**

Nehmen Sie eine normale Kaffeetasse und ein quadratisches Stück Papier von 25 cm Seitenlänge. Schneiden Sie ein kreisförmiges Loch von ca. 3 cm Durchmesser in das Papier. Können Sie die Kaffeetasse durch das Loch schieben?

22. Übungstag

1 Was bedeutet die Abkürzung »DVNKU«? Finden Sie wenigstens fünf Deutungsmöglichkeiten.

- z. B. Deutscher Verein notorischer Kunst-Unterhändler.

2 Seien Sie lösungsorientiert. Sie sind auf einer einsamen Insel gelandet mit nichts als 200 leeren Glasflaschen à 0,5 Liter Füllmenge. Was können Sie damit alles machen, um Ihre Situation zu verbessern? Notieren Sie 7 Minuten lang alle Lösungen.

- z. B. Brennglas für Feuer, als Baumaterial verwenden …

3 Finden Sie Synonyme für »**Vorteil**«. Sie haben 5 Minuten.

- z. B. Oberwasser, Nutzen, Profit, Bonus …

4 Denksport des Tages: Drei Forscher werden von Indianern gefangen. Der Häuptling ist ein Rätselfreund und verspricht ihnen die Freiheit, wenn sie dieses Rätsel lösen können: Es gibt insgesamt drei weiße und zwei schwarze Federn. Die Gefangenen bekommen je eine Feder auf den Kopf, die restlichen zwei sind nicht sichtbar. Sie sitzen hintereinander. Der Hinterste sieht die zwei vor sich, der Mittlere den Vorderen, dieser nichts. Sie können sich nicht umdrehen. Einer der drei soll sagen, welche Farbe die Feder auf seinem Kopf hat. Nach einer längeren Zeit sagt der Vorderste: »Wenn die anderen beiden mitgedacht und entsprechend reagiert haben, dann ist meine Feder auf dem Kopf eine …?« Ja, welche ist es denn und wie kann er das wissen?

Tipp: Wichtig ist der Hinweis, dass der Vorderste eine Weile abwartet, den anderen beiden also Zeit lässt, logische Schlüsse zu ziehen. Beginnen Sie also beim Hintersten mit der Überlegung: Was sieht er?

5 Der Angriff des Tages: »Das ist mal wieder typische Frauenlogik.« (▶ S. 177)

Ihre zwei Antworten:

....

....

23. Übungstag

1 Finden Sie Begriffe, die etwas mit der Zahl »6« zu tun haben. Sie haben dafür 5 Minuten Zeit.

- z. B. Sechs Richtige im Lotto, Sex sells …

2 Erzählen Sie eine Geschichte. Folgende Begriffe sollen darin vorkommen:
Karaoke, Kamillentee, kriegerisch, Marienkäfer, Baumflüsterer, Krokodil, Mord, Inder, reserviert

3 Verbinden Sie zwei Begriffe miteinander und erfinden Sie neue Anwendungsmöglichkeiten dafür. Nehmen Sie sich pro Begriffspaar 3 Minuten Zeit.

- Tischtuch – Steinschleuder: z. B. mit Steinen Tischdecke befestigen …
- Bäcker – Autogramm: z. B. das persönliche Brot mit Signatur …)
- Magnet – Automobil: z. B. Magnetschwebeautos …

4 Denksport des Tages: An einer Weggabelung wissen Sie nicht, ob der linke oder der rechte Weg zum Ziel führt. Zum Glück ist in der Nähe ein Haus, dessen Bewohner Sie fragen können. Dort wohnen drei Brüder, von denen der eine immer die Wahrheit sagt, der andere immer lügt und der dritte mal lügt und mitunter die Wahrheit spricht. Sie dürfen zwei beliebige Fragen stellen, um herauszufinden, welches der richtige Weg für Sie ist, auch zwei Mal den gleichen Bruder befragen. Aber nicht eine Frage an alle drei zugleich stellen. Welche Fragen bringen Sie ans Ziel?

Tipp: Das ist eine ganz verzwickte Aufgabe unter verschärften Bedingungen. Bei der ist es auch vollkommen in Ordnung, wenn Sie bei der Lösung nachschauen. Doch wichtig ist, dass Sie auf dem Weg zu neuen Denkmustern die Logik nachvollziehen können.

5 Der Angriff des Tages: »Du bist immer gleich so emotional.« (▶ S. 181)
Ihre zwei Antworten:

....

....

24. Übungstag

1 Finden Sie pro Begriff mindestens fünf bildhafte Vergleiche. Wie zum Beispiel: Das Leben ist wie …

- … eine Pralinenschachtel, man weiß nie, was man kriegt.
- … eine Achterbahnfahrt.
- … eine wunderschöne Reise.
- … ein Theaterstück.
- … ein Blick in den Sternenhimmel: hell, dunkel und vielfältig.

Jetzt Sie:

- Ein gutes Abendessen einnehmen ist wie …
- Die Wahrheit finden ist wie …
- Unsere Unternehmensstrategie ist wie …
- Der Kunde ist wie …

2 Bilden Sie je 20 Anagramme. Folgende Begriffe stehen Ihnen zur Verfügung:

Supermarktkasse	(kaspert rum, Steak …)
Flachkopfschraube	(Pfusch, Nachbar …)
Torschlusspanik	(klassisch, Not …)

3 Finden Sie je fünf kreative Antworten: Was wäre, wenn …

- … der Tag 25 Stunden hätte?
- … es nur ein Geschlecht gäbe?
- … es drei Geschlechter gäbe?

4 Denksport des Tages: Drei Damen treffen sich in einem Café. Frau Rot, Frau Weiß und Frau Grün. Eine der Damen stellt fest: »Das ist ja lustig. Eine von uns trägt eine rote, eine andere eine weiße und die dritte eine grüne Jacke.« »Das ist wirklich merkwürdig«, sagt darauf die Dame mit der roten Jacke, »denn keine trägt die Farbe, die ihrem Namen entspricht.« »Das stimmt!«, sagt Frau Weiß.

- Welche Dame trägt welche Jackenfarbe?

5 Der Angriff des Tages: »Ach, haben Sie das in einem Managerseminar gelernt?« (▶ S. 187)

Ihre zwei Antworten:

25. Übungstag

1 Finden Sie zu jedem der Adjektive eine positive und eine negative Bedeutung. Z. B. sparsam: vorsichtig – geizig
- verantwortlich ■ selbstsicher ■ stabil
- respektvoll ■ spielerisch ■ leutselig ■ freundlich

2 Finden Sie Wörter mit den jeweils angegebenen Anfangs- und Endbuchstaben.
- R .... T
- A .... R
- U .... H
- M .... A
- F .... F
- A .... M
- H .... U
- R .... A
- T .... R

3 Zustimmen oder Übertreiben. Formulieren Sie für folgende Angriffe je eine Antwort, bei der Sie dem Sachverhalt zustimmen oder ihn sogar übertreiben. Nehmen Sie sich pro Antwort so viel Zeit, wie Sie benötigen.
- Typisch Frau.
- Sie sind sicher auch schon gelifted.
- Wirklich wichtige Menschen brauchen sich nicht ständig selbst zu beweihräuchern.
- Frauen und Technik – zwei Welten begegnen sich.
- Sie sind doch sicher so ein alternativer Grüner.

4 Denksport des Tages: Ein Junge und ein Mädchen unterhalten sich: »Ich bin ein Junge«, sagt das blonde Kind. »Ich bin ein Mädchen«, sagt das schwarzhaarige Kind. Mindestens eines der Kinder lügt. Welche Haarfarbe hat das Mädchen?

5 Der Angriff des Tages: »Bildung ist wohl auch nicht gerade Ihr Hobby?« (▶ S. 191)

Ihre zwei Antworten:

....

....

26. Übungstag

1 Finden Sie Begriffe mit der Zahl »7«. Sie haben 5 Minuten Zeit.

■ z. B. Sieben Zwerge, Sieben Schwaben, Wochentage …

2 Üben Sie mit einem Partner. Ihr Gegenüber wirft Ihnen Angriffe an den Kopf, und Sie antworten mit: »Genau …«, plus Erklärung. Üben Sie mit wenigstens zehn Angriffen.

■ z. B.: Du trinkst ja nur den ganzen Tag Kaffee.
    Genau, das macht die Arbeit so angenehm.

3 Erzählen Sie eine Geschichte. Folgende Begriffe sollten darin vorkommen:

Rose – Faxgerät – kategorisch – Reiter – Giraffe – Ferrari – Lüsterklemme – fensterln – richtig – silbergrau

4 Denksport des Tages: Im Hochsicherheitstrakt eines Gefängnisses soll einer der Häftlinge baden. Hierfür gibt es eine spezielle Zelle. Der Wärter bringt den Gefangenen dorthin, und sie machen aus, dass der Häftling nach 2 Stunden wieder abgeholt wird. Die Zelle ist 3 m breit, 2 m lang und 3 m hoch. Sie hat eine Türe, die 0,90 m breit und 2 m hoch ist. Die Zelle kann absolut wasser- und luftdicht verschlossen werden und hat kein Fenster. In der Mitte der Decke befindet sich eine Öffnung, 0,20 m x 0,20 m groß. Rechts daneben in 0,10 m Abstand hängt eine Lampe an einem 0,10 m langen Kabel. In der Zelle steht eine handelsübliche Badewanne, die 200 l Wasser fasst. Beim Aufdrehen bricht dem Häftling der Griff des Wasserhahns ab, und er kann das Wasser nicht mehr abstellen! Gibt es für ihn eine Möglichkeit, sich vor dem Ertrinken zu retten?

5 Der Angriff des Tages: »Sie haben zu wenig Erfahrung!« (▶ S. 195)

Ihre zwei Antworten:

....

....

27. Übungstag

1 Finden Sie Begriffe mit der Zahl »10«. Sie haben 7 Minuten Zeit.

■ z.B. Zehn kleine Negerlein, Dezimalsystem, die Zehn Gebote …

2 Finden Sie Argumente. Suchen Sie Gründe dafür, dass es unbedingt Telefonhörer für Linkshänder geben muss.

Und nun finden Sie 5 Minuten lang Argumente, die dagegensprechen.

3 Beschreiben Sie eine Schlange mit 22 Eigenschaften. Lassen Sie sich 7 Minuten Zeit.

■ z.B. ohne Fuß, weich, muskulös …

4 Denksport des Tages: In einer großen Firma hält ein Nachtwächter jede Nacht Wache. Eines Nachts schläft er ein und träumt davon, dass am nächsten Tag sein Chef mit einem Flugzeug abstürzen wird. Am nächsten Morgen geht er gleich zum Chef und erzählt ihm ganz aufgeregt von seinem Traum. Er überzeugt ihn wirklich, seinen für diesen Tag gebuchten Flug zu verschieben. Und tatsächlich stürzt das Flugzeug 10 Minuten nach dem Start ab. Überglücklich belohnt der Chef seinen Angestellten mit einer großen Geldsumme. Anschließend kündigt er ihm fristlos. Warum?

5 Der Angriff des Tages: »Sie haben ja nur Ihre Vorteile im Kopf!« (▶ S. 200)

Ihre zwei Antworten:

....

....

▶ **Jokerübung**

Streichen Sie aus der folgenden Reihe zehn Buchstaben, sodass ein Pflanzenname übrig bleibt:

E Z I E N H P N F B L U A C N H Z S E T N A N B A E M N E

28. Übungstag

1 Schaffen Sie aus Altbekanntem etwas Neues. Kombinieren Sie beliebige Begriffe und erklären Sie diese neue Wortschöpfung. Finden Sie drei neue Kombinationen.

- z. B. Schirmklingel: Schirm, der klingelt, wenn man ihn irgendwo stehen lässt; Fahrradklingel mit kleinem Schirm, damit sie nicht rostet; Schirm mit Bewegungsmelder, der klingelt, wenn etwas im Weg steht; …

2 Suchen Sie berühmte Frauen von A bis Z.

- z. B. Prinzessin Ann, Barbra Streisand …

Und wenn Sie es ganz gut machen wollen, dann finden Sie nun auch noch berühmte Männer von A bis Z.

- z. B. Aristoteles, Bach …

3 Finden Sie Synonyme/Metaphern für »begriffsstutzig«. Lassen Sie sich 7 Minuten Zeit.

- z. B. langsam im Denken, steht auf der Leitung …

4 Denksport des Tages: Ein Forscher möchte zu Fuß eine Wüste durchqueren. Die Einheimischen versichern ihm, dass der kürzeste Weg sechs Tagesmärsche weit ist. Für einen Tag braucht er eine Ration Wasser und Verpflegung. Gerne würden ihm die Einheimischen mit Trägern aushelfen, da es völlig unmöglich ist, mehr als vier Tagesrationen alleine zu tragen. Wenn man also davon ausgeht, dass der Forscher für sechs Tage sechs Rationen benötigt und für jeden Träger pro Tag zusätzlich eine Ration, wie viele Träger muss er dann mitnehmen, um sein Vorhaben in die Tat umsetzen zu können?

5 Der Angriff des Tages: »Wollen Sie nicht oder können Sie nicht?« (▶ S. 6)

Ihre zwei Antworten:

....

....

29. Übungstag

1 **Finden Sie möglichst viele Adjektive für die Beschreibung einer Straßenbahn.** Lassen Sie sich 7 Minuten Zeit.

  ■ z. B. laut, geräumig, unbequem …

2 **Erzählen Sie eine Geschichte.** Folgende Begriffe sollen darin vorkommen:
Kinder – Geranie – Winter – Kanalisationsdeckel – Rhetorikkurs – Aufstand – Ausweis – Marihuana – richtig – essen – Kornfeld – Agamemnon

3 **Finden Sie 27 Begriffe, die Sie mit Ihrem Beruf verbinden:**
z. B. Geldverdienen, Verantwortung, Spaß …

4 **Denksport des Tages:** Eine wunderschöne Prinzessin hat sich in einen armen Ritter verliebt, und die beiden wollen heiraten. Der König ist davon nicht begeistert. Er täuscht vor, dem Ritter eine Chance geben zu wollen. Falls der Ritter aus seinem goldenen Beutel von den beiden Kieselsteinen, die er dort hineinstecken will, den weißen zieht, bekommt er die Hand der schönen Esmeralda. Andernfalls muss er sterben. Der König bückt sich und nimmt zwei Steine auf. Die Prinzessin bemerkt rechtzeitig, dass es zwei schwarze Kieselsteine sind. Das flüstert sie auch ihrem Geliebten zu. Wie schaffen es die beiden, doch heiraten zu können?

5 **Der Angriff des Tages:** »Sie glauben wohl, wenn Sie dem Chef nach dem Mund reden, werden Sie hier Karriere machen.« (▶ S. 201)
Ihre zwei Antworten:

  ....

  ....

▶ **Jokerübung**
Wie viele Monate haben 28 Tage?

30. Übungstag

1 Finden Sie das jeweilige Bindungs-Wort. Dieses Wort kann jedem der fünf Begriffe vorangestellt werden, sodass sich jeweils fünf zusammengesetzte Substantive ergeben.

… Nachbar	… Otter
… Tennis	… Fahrt
… Decke	… Zeichen
… Rede	… Ritter
… Bein	… Bein

2 Finden Sie Begriffe mit der Zahl »12«. Nehmen Sie sich 7 Minuten Zeit.

- ■ z. B. Monate, Apostel, 12-teiliges Geschirr …

3 Formulieren Sie für Beleidigungen je eine Zurückweisung. Nehmen Sie sich pro Antwort so viel Zeit, wie Sie benötigen.

- ■ Halten Sie doch den Mund, Sie Vogelscheuche.
- ■ Sie betrügen/belügen Ihre Mitarbeiter.
- ■ Warum sind Sie nur so blöd?
- ■ Was lernt man denn sonst noch auf der Baumschule?
- ■ Eine vorgesetzte Pfeife kann nur heiße Luft produzieren.

4 Denksport des Tages: An einem kalten Wintermorgen stürzt das Baugerüst an einem 40 m hohen Fabrikschornstein ein. Ein Arbeiter kann sich gerade noch auf dem obersten Ende des Schlots in Sicherheit bringen. Die Feuerwehrleiter ist nicht hoch genug, und ein Kran ist auch nicht greifbar. In der Kälte hält er es – trotz seines dicken Strickpullovers – nicht länger als eine Stunde da oben aus. Ein Mädchen kommt auf einen genialen Einfall, und schon eine halbe Stunde später ist er auf dem Boden in Sicherheit. Wie hat sie das gemacht?

5 Der Angriff des Tages: »Welche Beziehungen haben Sie, dass Sie immer noch hier arbeiten?« (▶ S. 203)

Ihre zwei Antworten:

....

....

31. Übungstag

1 Erfinden Sie einen Satz aus elf Worten. Benutzen Sie dazu die Buchstaben des Wortes »Oktoberfest«. Danach bilden Sie auch Anagramme aus dem Wort.
- z. B. Ober, Forst …

2 Überraschungsmomente für den Partner. Was können Sie Ihrem Partner oder Ihrer Partnerin am Valentinstag Gutes tun oder schenken? Finden Sie 22 Varianten.
- z. B. Massage, Essen gehen, Tandemsprung …

3 Bilden Sie Wortpaare: Sie können jeweils mit dem gleichen Begriff am Ende ergänzt werden. Sie haben 3 Minuten Zeit.

Fuß … – Dach …	Wasser … – Wetter …
Sand … – Park …	Bauch … – Fest …
Angst … – Schnee …	Turm … – Taschen …

4 Denksport des Tages: Sie haben 24 Socken in einer Schublade – je sechs braune, schwarze, weiße und rote. Es ist Nacht, und der Strom ist ausgefallen. Wie viele Socken müssen Sie mindestens aus der Schublade holen, um wenigstens ein Paar einer beliebigen Farbe zu haben?

5 Der Angriff des Tages: »Wer hat Ihnen denn den Blödsinn erzählt?« (▶ S. 226)
Ihre zwei Antworten:

....

....

▶ **Jokerübung**
Welches der nummerierten Wörter ist eine logische Fortsetzung der folgenden Sequenz?
- Elefant – Franzose – Gelegenheit – Hund – Igel
  1. Frau 2. Helmut 3. Auto 4. Meer 5. Jodler

Lösungen der Denksportaufgaben

1. Übungstag

4 Es handelt sich um Großvater, Vater und Sohn. (Großvater ist auch Vater und Vater ist auch Sohn.)

2. Übungstag

4 Auf jede Seite der Waage drei Kugeln legen. Sind die gleich schwer, ist die leichtere Kugel in den übrigen dreien. Geht eine Seite hoch, ist die leichtere Kugel unter den dreien. Damit ist nun klar, in welcher Dreiergruppe die leichtere Kugel ist. Von dieser werden nun je eine auf die zwei Seiten der Waage gelegt. Geht eine Seite hoch – BINGO. Sind beide in Balance, so ist die übrige Kugel die gesuchte.

3. Übungstag

4 Schalten Sie den ersten ein, warten 5 Minuten und machen ihn wieder aus. Schalten Sie dann den zweiten ein und gehen in den Keller. Ist die Glühbirne an, ist es der zweite Schalter. Ist sie aus und warm, ist es der erste, ansonsten der dritte.

4. Übungstag

4 Am Anfang: Schalter 1 und 2 an. Nach ein paar Minuten: 1 aus und 3 an. Dann prüfen: Die Lampe, die brennt und warm ist: Schalter 2. Die Lampe, die brennt und nicht warm ist: Schalter 3. Die Lampe, die nicht brennt und warm ist: Schalter 1. Die Lampe, die nicht brennt und nicht warm ist: Schalter 4.

Jokerlösung: Sie sind der Busfahrer! Ihr Alter wissen Sie.

5. Übungstag

4 Wir benennen die Kugeln mit K1–K12 und teilen sie in drei Gruppen à vier Kugeln.

1. Wägung: K1–K4 und K5–K8. Bei Gleichgewicht ist die abweichende eine der Kugeln K9–K12. In dem Fall wiegen wir in der 2. Wägung K9 und K10 gegen zwei normale Kugeln. Das grenzt die falsche auf zwei ein. Eine davon dann wieder gegen eine normale in der 3. Wägung, und die falsche ist gefunden. Ist die linke Schale schwerer (oder bei der rechten Schale umgekehrt vorgehen): Jetzt ist eine von K1–K4 schwerer oder eine von K5–K8 leichter.

2. Wägung: K1, K2, K3, K5 und K4 + drei normale aus K9–K12. Links runter: K1 oder K2 oder K3 ist schwerer, rechts runter: K4 ist schwerer oder K5 ist leichter, Gleichgewicht: K6 oder K7 oder K8 ist schwerer. In allen Fällen hat man maximal drei mögliche falsche,

von denen man auch die Richtung der Abweichung kennt. Die
3. Wägung bringt hier sofort das Ergebnis, indem man im ersten
oder letzten Fall zwei der drei gegeneinander wägt, oder im zweiten
Fall eine der beiden gegen eine normale.

Jokerlösung: Gar nichts, wenn Sie nicht auch gleichzeitig hineinbla-
sen. Das ist eine gute Übung für das genaue Hinhören oder Lesen.

6. Übungstag

4 Fragen Sie einen: Welchen Weg würde mir der andere Wächter in
die Stadt weisen? Durch seine Antwort bekommen Sie immer den
falschen Weg genannt und wählen einfach den anderen.

7. Übungstag

2 Was genau verstehen Sie unter dem Begriff »hysterisch«?
Wo kommt es Ihrer Meinung nach auf mehr Genauigkeit an?
Aus welchen Gründen stört es Sie, wenn ich so genau nachfrage?
Wollen Sie Ihre Fahrkenntnisse auffrischen?
Was bezweckst du mit dieser Aussage?

4 Die nächste Zeile lautet: 13112221
Jede Zeile beschreibt die vorhergehende verbal.
In der ersten Zeile sehen Sie eine Eins. Zeile 2 = 11 ist nicht elf, son-
dern eine Eins! Nun sehen Sie in der zweiten Zeile zwei Einsen, also
Zeile: 3 = 21 etc.

8. Übungstag

4 Der Derwisch leiht den dreien sein Kamel. Somit sind es jetzt ins-
gesamt 18 Kamele, die restfrei geteilt werden können.
Der Älteste kriegt die Hälfte, also neun, der Mittlere kriegt ein
Drittel, also sechs, der Jüngste bekommt ein Neuntel, also zwei.
Und wunderbarerweise bleibt das Kamel des Derwischs übrig.
So sind alle glücklich.

9. Übungstag

4 Sie können z. B. den Schraubenzieher als Gewicht am einen Seil
befestigen und es dann schwingen. Halten Sie das andere Seil fest
und ergreifen Sie dann das schwingende. Nun können Sie den
Gegenstand lösen und die beiden Seilenden verknoten.
Oder: Je nach Distanz das eine Seil festhalten und mit dem Kleiderbügel nach dem anderen Seil angeln.
Noch eine Variante: Schwingen Sie sich wie Tarzan mit dem einen
Seil in Richtung des anderen. Stellen Sie sich vor, es wären Lianen
im Urwald.

Jokerlösung: Der Morgen stirbt nie. Stirb langsam.

10. Übungstag

4 Klaus – Jens – Sascha – Peter – Werner   Sascha steht in der Mitte!

11. Übungstag

4 1. Schäfer und Schaf auf die andere Seite
2. Schäfer rudert alleine zurück
3. Schäfer und Wolf auf die andere Seite
4. Schäfer und Schaf zurück
5. Schäfer und Kohlkopf auf die andere Seite
6. Schäfer rudert alleine zurück
7. Schäfer und Schaf auf die andere Seite
BINGO – alle sind auf der anderen Seite angelangt, ohne dass sich
irgendjemand an einem anderen vergriffen hat.

Jokerlösung: Er stellt im Garten eine große Hundehütte auf. Als er
vier Wochen später einzieht, haben seine Nachbarn ihre Grund-
stücke freundlicherweise schon eingezäunt, und er muss nur noch
vorne seinen Eingang ergänzen.
Eine andere Möglichkeit: Er zäunt sein Grundstück mit dem häss-
lichsten Elektrozaun ein, den er finden kann. Und dann fragt er
seine Nachbarn, inwiefern sie bereit sind, sich an den Stromkosten
zu beteiligen.

12. Übungstag

3 Dann kann ich nur hoffen, dass Sie auch auf eine angemessene
Palme zurückgreifen können.
Sie auch.
Interessant. Begnügen Sie sich immer noch mit dem Spatz in der
Hand?
Wie lange ist es her, dass Sie begonnen haben, Golf zu spielen?

4 Der Spion meinte, es sei immer die Hälfte der Zahl. Richtig ist
jedoch, dass die Antwort die Anzahl der Buchstaben der Zahl ist,
die der Wächter nennt. »4« wäre die richtige Antwort gewesen,
denn »10« hat vier Buchstaben.

13. Übungstag

4 Der Trick liegt darin, dass die beiden Langsamsten zusammen gehen müssen. Werden die beiden Langsamen getrennt, so reicht die Stunde Energie, die die Taschenlampe hat, in keiner Kombination aus, um alle sicher hinüberzubringen. Nennen wir den schnellsten A, den zweitschnellsten B, die anderen C und D, dann laufen sie am besten so: Erst laufen A und B (10 Min.). A zurück (5 Min., Summe 15 Min.), C und D zusammen rüber (25 Min., Summe 40 Min.), B zurück (10 Min., Summe 50 Min.), A und B wieder rüber (10 Min., Summe 60 Min.). Alle haben nach insgesamt 60 Min. die gegenüberliegende Seite erreicht.

Jokerlösung: Es wurden immer Dreiergruppen von aufeinanderfolgenden Zahlen gebildet. Nach der ersten Dreiergruppe fehlt keine Zahl, nach der zweiten Gruppe fehlt eine Zahl und nach der nächsten fehlen zwei Zahlen. Demzufolge müssen nach der nächsten Gruppe drei Zahlen fehlen, sodass die Reihe mit der Zahl 19 fortgesetzt wird.

14. Übungstag

4 Der nächste Buchstabe ist ein F. Gesucht werden nämlich die Anfangsbuchstaben der Wochentage.

15. Übungstag

4 Das Buch ist »Eva« gewidmet. Die Anfangsbuchstaben der Zeilen, senkrecht gelesen, ergeben: »Für Eva«.

Jokerlösung: Es handelt sich um Palindrome, die sich vorwärts und rückwärts gleich lesen lassen.

16. Übungstag

2 Verregneter Urlaub in Berghotel
   Positiv: Es könnte schlimmer sein. Z. B. in einem Zelt.
   Komisch: Sähe bestimmt komisch aus, wenn ich mit meinem Buch in der Hand im Regen rumlaufen würde. Da bleib ich doch lieber hier im Trocknen.
   Mobiltelefon gibt den Geist auf
   Positiv: Werde ich nicht ständig von der Arbeit abgehalten.
   Komisch: Sieht bestimmt lustig aus, wie ich hier so verzweifelt an diesem Gerät herumdrücke und es schüttle.
   Unterlagen für wichtige Präsentation zu Hause vergessen
   Positiv: So kann ich zeigen, wie flexibel ich bin.
   Komisch: Und gestern habe ich dem Maier noch gesagt, dass mir so was nie passiert.

3 Wenn langsam bedeutet, dass ich meine Arbeit exakt erledige, dann vielen Dank für die Rückmeldung.

Sie meinen, ich habe ein gutes Zeitmanagement und mache keine unnötigen Pausen.

Richtig, ich spreche laut und deutlich.

Schön, dass Ihnen aufgefallen ist, dass ich auf meinem Spezialgebiet gut bin.

Ich bin nur mit guten Argumenten zu überzeugen.

4 Die beiden Affen gucken nicht gleichzeitig durch die Röhre.

Es ist dunkel. Die beiden Affen gucken von der gleichen Seite hinein. Haben Sie weitere Ideen?

17. Übungstag

4 Es ist genau eine Wägung notwendig. Schreiben Sie auf die Rollen die Zahlen 1–10. Nun nehmen Sie aus Rolle 1 eine Münze, aus Rolle 2 zwei, aus Nr. 3 drei usw. Das sind dann insgesamt 55 Münzen. Legen Sie alle auf die Waage. Wenn die Münzen alle echt wären, wögen sie 55 x 10 Gramm, also 550 Gramm. Die Abweichung in Gramm nach oben oder unten sagt Ihnen die Nummer der Rolle, die schwerer oder leichter ist. Sind es also z. B. 556 Gramm, so ist die 6. Rolle die mit den falschen Münzen, und diese sind schwerer.

Jokerlösung: Setzen Sie drei Bäume im Dreieck und in der Mitte – auf einen Hügel – den vierten im selben Abstand.

18. Übungstag

4 Die beiden tauschen ihre Pferde und reiten mit dem Pferd des jeweils anderen, so schnell sie können, ihrem Sieg entgegen, was bedeutet, dass ihr eigenes Pferd als zweites ins Ziel kommt.

19. Übungstag

4 Der erste Zwerg verlässt die Höhle und stellt sich hin. Der zweite kommt raus und stellt sich links daneben, wenn er eine rote Mütze sieht, und wenn er grün sieht, stellt er sich nach rechts. Der dritte sieht entweder zwei rote und stellt sich nach links, oder zwei grüne und stellt sich nach rechts. Bei einer roten und einer grünen stellt er sich in die Mitte. Jeder weitere macht es dann genauso.

Die Pointe besteht darin, dass sich – ab dem Zeitpunkt, da zwei Farbgruppen sichtbar sind – jeder hinzukommende Zwerg in der Mitte reindrängelt, also genau an der Grenze von rot und grün. Und der nächste sortiert dann immer den vorherigen ein.

20. Übungstag

3　Ihre Papiere bitte! – Zollbeamter oder Aufschrift Mülleimer
Bankgeheimnis – Kreditinstitut oder Parkbank
Haltestelle – Warten auf den Bus oder Festhaltegriff im Bus
Hahn – Wasser oder Tier
Leiter – zum Klettern oder Leitungsstelle

4　Zünden Sie eine Zündschnur an einer Seite an und die andere an
beiden Seiten. Wenn Letztere abgebrannt ist (Dauer 30 Min.), zünden Sie die zweite Seite der anderen Schnur auch an. Die brennt
dann nochmals 15 Min. Gesamtzeit = 45 Min.

21. Übungstag

1　Stress – erhöhte Ereignisdichte
Altersstarrsinn – meinungstreu
dumm – mental herausgefordert
Rezession – Wachstumspause
alt – erfahren, fortgeschrittene Jugend
Lüge – Erfindung, phantasiereich, verbal unrichtig
stur, engstirnig, eigensinnig – konsequent, gradlinig, zielbewusst
zögerlich, lahm – überlegt, reflektiert, der Konsequenzen bewusst
vorschnell, oberflächlich – spontan, zupackend, risikofreudig
Fehlschlag – kreativer Unfall

4　Den 3er Behälter auffüllen und in den leeren 5-Liter-Behälter
gießen. Dann den 3er nochmals vollmachen und in den 5-Liter-
Behälter gießen. Es bleibt ein Liter im 3er Behälter übrig. Die
5 Liter ausschütten. Den einen Liter wieder in den 5er rein, dann
den 3er noch mal ganz füllen und in den 5er gießen. Nun sind
im 5-Liter-Kanister genau 4 Liter Wasser. Oder: 5er in den 3er
schütten, bis dieser voll ist, dann sind im 5er noch 2 Liter. 3er
ausleeren und die 2 Liter vom 5er in den 3er. 5er wieder auffüllen
und so lange in den 3er kippen, bis dieser voll ist. Dann sind im
5-Liter-Kanister 4 Liter.
Das Rätsel ist auch bekannt unter dem Namen: Bruce-Willis-Pro-
blem, da es in einem »Stirb-langsam«-Film vorkommt.

Jokerlösung: Ja. Stecken Sie einfach Ihren Finger durch das Loch.
Nun können Sie die Tasse schieben.

22. Übungstag

4 Der Forscher ganz vorne denkt: Wenn der Hinterste zwei schwarze Federn sehen würde, wüsste er sofort, dass er selber eine weiße hat. Da der nicht sofort geschrien hat, sieht er also entweder zwei weiße oder eine weiße und eine schwarze. Wenn der Mittlere eine schwarze Feder sehen würde, und da der Hintere keine zwei schwarzen sieht, sonst hätte er sich ja gleich gemeldet, wüsste der nach kurzer Zeit, dass er selber eine weiße Feder trägt. Da der Mittlere auch nichts sagt, sieht der also eine weiße Feder. Deshalb sagt der Vorderste nach einer Weile: Ich habe eine weiße!

23. Übungstag

4 Die erste Frage an einen beliebigen der drei Brüder lautet: »Welcher von deinen Brüdern sagt prinzipiell häufiger die Wahrheit?« Gerät man an den Wahrheitsliebenden, so zeigt er einem den Wankelmütigen. Der Lügner zeigt einem auch den Wankelmütigen. Der Wankelmütige zeigt je nach Laune einen der beiden anderen. In allen drei Fällen aber ist der, den man weder gefragt hat noch den man gezeigt bekommen hat, NICHT der Wankelmütige. Diesem stellt man nun die Frage: »Welchen Weg würde mir dein Bruder zeigen?« Die Antwort ist auf jeden Fall der falsche Weg. Der Wahrheitsliebende würde wahrheitsgemäß auf den falschen Weg zeigen, und der Lügner würde lügen und auch auf den falschen Weg zeigen. Also ist der andere Weg der, der Sie zu Ihrem Ziel führt.

24. Übungstag

4 Frau Weiß antwortet auf die Aussage der Dame in der roten Jacke, also hat sie selbst die grüne an. Damit bleibt für Frau Rot die weiße Jacke und für Frau Grün die rote.

25. Übungstag

1 verantwortlich – stabil, rigide
   selbstsicher – überzeugt, unverschämt
   stabil – verlässlich, langweilig
   respektvoll – rücksichtsvoll, nachgiebig
   spielerisch – flexibel, unaufrichtig
   leutselig – überschwänglich, anbiedernd
   freundlich – nett, naiv

3 Ja, ich finde es auch gut, eine Frau zu sein.
   Gut geworden, nicht?
   Genau. Heute Morgen hat mich sogar mein Fön angegriffen.
   Richtig, mir liegen die Umwelt und die Zukunft unserer Kinder
   am Herzen.

4 Das Mädchen ist blond. Wenn der Junge die Wahrheit sagt, ist er
   blond. Dann würde das Mädchen auch die Wahrheit sagen, dass es
   schwarzhaarig sei. Wenn beide die Wahrheit sagen, so ist das ein
   Widerspruch zur Bedingung, dass mindestens eines der beiden
   Kinder lügt. Nehmen wir an, der Junge lügt, dann ist er schwarzhaarig. Das Mädchen behauptet, schwarzhaarig zu sein, ist aber
   blond, lügt also auch. Da in diesem Fall beide Kinder lügen, ist die
   Bedingung, dass »mindestens eines der beiden Kinder lügt«, erfüllt.

26. Übungstag

4 Er zieht den Stöpsel aus der Wanne.

27. Übungstag

4 Weil ein Nachtwächter nachts wachen und nicht schlafen soll.
Jokerlösung:
E(Z)I(E)N(H)P(N)F(B)L(U)A(C)N(H)Z(S)E(T)N(A)N(B)A(E)M(N)E
Bei der Aufgabe ist es nur notwendig, genau das zu tun, was da-
steht. Dass uns das so schwerfällt, ist ein Zeichen dafür, dass wir
sehr schnell interpretieren, statt genau hinzuhören und aufmerksam hinzuschauen.

28. Übungstag

4 Es reichen zwei Träger aus. Ein Träger geht einen Tagesmarsch weit,
   gibt dem zweiten Träger eine Ration und dem Reisenden eine weitere und kehrt wieder um. Der zweite geht zwei Tagesmärsche weit,
   nimmt am ersten Tag eine Tagesration des ersten Trägers auf, gibt
   dem Reisenden am zweiten Tag eine Ration und kehrt wieder um.
   Der Reisende verbraucht am ersten Tag eine Ration, bekommt aber
   vom ersten Träger eine Ration, sodass er wieder vier hat. Am zwei-

ten Tag verbraucht er eine Ration und nimmt eine des zweiten Trägers auf, damit hat er wieder vier Rationen. Die reichen für die restlichen vier Tage der Durchquerung.

29. Übungstag

4 Unser Ritter zieht einen Stein aus dem Beutel und lässt ihn fallen (ganz aus Versehen natürlich). Dadurch gibt es als Referenz nur noch den Kieselstein im Beutel. Da dieser schwarz ist, muss der, den er gezogen hat, logischerweise der weiße gewesen sein. Und das bedeutet die Hand von Esmeralda.

Jokerlösung: Alle 12 Monate haben 28 Tage.

30. Übungstag

1 Tisch, Kreuz

3 Diese Behandlung von Ihnen habe ich nicht verdient. Ich erwarte eine Entschuldigung.
Ich verbitte mir solche Unterstellungen. Erklären Sie mir, was Sie zu dieser unhaltbaren Aussage veranlasst hat. Oder:
Unterlassen Sie es, Unwahrheiten zu verbreiten! Ich erwarte auf der Stelle eine Erklärung.
Ihre Aussage ist taktlos. Ich schließe daraus, dass Ihnen die sachlichen Argumente fehlen.
Wie kommen Sie dazu, so mit mir zu kommunizieren?
Ihre Aussage macht mich betroffen/enttäuscht mich. Was veranlasst Sie, so mit mir umzugehen?

4 Das Mädchen zeigt dem Arbeiter an seinem eigenen Wollsocken, wie er seinen Pullover auftrennen soll. Dann bindet es einen Gegenstand an den Faden und trennt so lange weiter, bis der Faden den Boden berührt. Der Arbeiter macht das nach, bindet seinen Schlüssel an den Faden und als der den Boden berührt, wird die Rettungsaktion einfach. An den Faden wird eine kräftige Schnur gebunden, der Arbeiter zieht die hoch, bindet sie am Schornstein fest und klettert – zwar langsam und mühsam, aber erfolgreich – am Seil den Schornstein hinunter.

31. Übungstag

3 Fußboden/Dachboden   Wasserhahn/Wetterhahn
Sandbank/Parkbank   Bauchredner/Festredner
Angsthase/Schneehase   Turmuhr/Taschenuhr

4 Sie müssen fünf Socken herausnehmen, um auf jeden Fall ein Paar zu haben. Eine mehr, als Farben in der Schublade sind.

Jokerlösung: Die Lösung ist: 5. Jodler. Die Begriffe sind alphabetisch sortiert.

Parieren Sie den Angriff

»Notfall-Übungen« für den Verbalangriff.
111 Dialogkiller mit unzähligen Antwort-
modellen verhelfen zu mehr Sicherheit,
so ziemlich in jeder Situation. Ob das nun
im engen Freundes- oder Familienkreis ist,
in der Partnerschaft oder im stressigen
Berufsalltag. Auf 111 Seiten hebeln
pfiffige, erstaunte, sachorientierte
oder ironische Antworten jedes verzwickte Gespräch aus den Angeln und
lenken es in neue Bahnen.

Ihre Antworten auf 111 Dialogkiller

Reaktions- und Abwehrmuster

Schlagfertig wird in erster Linie derjenige, welcher viel übt, Humor mitbringt und ein gutes Repertoire an Antworten sammelt. Die Art zu denken, das Assoziationsvermögen und der schnelle Zugriff auf pfiffige Antworten können genauso trainiert werden wie unsere Muskeln. Dabei ist die Regelmäßigkeit wichtig. Sie können überall und in jeder Situation trainieren, auch im alltäglichen Gespräch mit Kollegen und Freunden. Wichtig ist, Assoziationen und Kreativität selbstverständlich werden zu lassen. Die elegante Schlagfertigkeit ist nicht alleine das Einüben von Reaktionen, sondern vielmehr eine Lebenseinstellung, die es Ihnen zunehmend ermöglichen soll, einen größeren sprachlichen Aktionsraum zu bekommen. Also, nicht lange zaudern! Wichtig ist, dass Ihnen schnell eine Entgegnung einfällt. Ob Sie die dann überhaupt loswerden möchten, bleibt ganz alleine Ihnen überlassen. Die Entgegnung im Kopf allein hilft manchmal schon, den nötigen Abstand aufzubauen. Und im Zweifel funktioniert es immer, erst einmal eine Frage zu stellen. Denken Sie daran: Suchen Sie die Komik in den Situationen.

Üben Sie regelmäßig!

Nutzen Sie diesen Teil des Buches regelmäßig, Wie wäre es, wenn Sie sich eine feste Zeit am Tag dafür reservieren würden? Zum Beispiel immer gleich morgens während der ersten Tasse Kaffee im Büro. Je spielerischer Sie an das Üben gehen, desto effektiver wird es. Und je öfter Sie sich mit unangenehmen Alltagssituationen beschäftigen, umso weniger wird es Sie erschrecken, wenn Sie dann tatsächlich ein Angriff trifft.

Vorbereitung für den »Notfall«

Die Angriffe, mit denen Sie hier üben, sind alles gesammelte Erfahrungen aus dem Alltag und meinen Seminaren – keiner davon ist erfunden. Manche klingen sehr heftig und werden ausgeteilt, um ein Gespräch zu blockieren oder schlichtweg zu verletzen. Wenn Ihnen so etwas noch nie begegnet ist, dann freuen Sie sich darüber. Nehmen Sie sich trotzdem auch die ganz gemeinen Angriffe vor. Erfahrungsgemäß wird es dann generell einfacher zu reagieren, da Sie auch auf den »Notfall« vorbereitet sind. Die Vorgehensweise ist vergleichbar mit dem Training von Schwimmern oder Läufern. Die machen das Trainingsprogramm mit zusätzlichen Gewichten schwerer, um dann in der Wettbewerbssituation gewappnet zu sein. Machen Sie es Ihnen nach!

Ihr persönliches Schlagfertigkeitstraining

Decken Sie die Antwortmöglichkeiten ab, damit Ihre Augen nicht sofort nach den vorgegebenen Lösungen suchen. Finden Sie zuerst eigene Entgegnungen und kreative Einfälle. Schreiben Sie diese spontan auf.

Oft ist es sinnvoll, erst eine »spitze« Bemerkung zu machen, um dem anderen die eigene Grenze aufzuzeigen. Damit bekommen Sie den nötigen Schwung und Spaß am kontroversen Wortwechsel. Im zweiten Schritt bietet Ihnen die Sachebene eine sichere Sprachposition an, mit deren Hilfe Sie Ihre Emotionen besser kontrollieren können. Wenn es Ihrem Charakter eher entspricht, gehen Sie sofort auf diese inhaltsbezogene Ebene.

Schlagfertigkeit als Lebenseinstellung

Die aufgeführten Antworten müssen Ihnen nicht alle angenehm oder nützlich sein. Sie sind genauso individuell wie die Persönlichkeiten, die sie kreiert haben. Entscheiden Sie selbst! Nehmen Sie diejenige, die Ihnen am ehesten entspricht.

Bitte denken Sie auch daran, dass der überspitzte verbale Schlag zurück zwar ein guter Einstieg, nie aber das Mittel der ersten Wahl sein sollte. Oft ist die zweite Antwort die bessere. Es bietet sich an, auch die Standards zum Zeitgewinnen wieder mitzuüben.

Alltag

1. Nicht vordrängeln!

Situation: In der Schlange an der Supermarktkasse drängt sich jemand vor. Dabei haben Sie es eh eilig! Sie bitten die Person höflich, sich hinten anzustellen. Doch diese entgegnet:
»**Wer hat Sie denn nach Ihrer Meinung gefragt?**«
Ihre Antwort: ....

Gelungene Abwehrtechniken

■ **Da Sie sich über mich hinwegsetzen, bin ich gefragt!** – Sie stehen selbstbewusst für sich ein und bleiben höflich.

■ **Stimmt. Sie haben mich nicht gefragt, ob ich Sie freundlicherweise vorlasse!** – Sie beziehen einen Teil der Aussage auf den Sprecher. Damit wird der ins Unrecht gesetzt.

■ **Ich sage meine Meinung auch ohne Aufforderung! Also dürfte ich Sie nun bitten …** – Sie gehen hier direkt auf die Frage der Person ein und verstärken Ihre Bitte.

■ **Sie haben dann sicher nichts dagegen, wenn ich mich nun wieder vor Sie stelle.** – Sie gehen hiermit überhaupt nicht auf den Angriff der Person ein, sondern stellen die Ursprungssituation wieder her. Besonders wirkungsvoll, wenn Sie das Gesagte direkt in die Tat umsetzen. Sie schaffen dadurch Tatsachen. Ihr Gegenüber muss Sie ernst nehmen.

■ **Ich bin Ihnen gern beim Verfeinern Ihrer Manieren behilflich.** – Frech, doch der andere hat nun mal angefangen.

■ **Wenn Sie das Ende der Schlange suchen, das ist direkt hinter mir!** – Sie überhören den Angriff und geben eine pfiffige Antwort, die wieder auf die Tatsache des Vordrängelns verweist.

TIPP

Durch Nachgeben können Sie auch gewinnen: »Ich sehe schon, es ist besser, wenn Sie schnell bedient werden. Also lasse ich Ihnen ausnahmsweise gern den Vortritt.«

2. Warten, bis der Arzt kommt

Situation: Sie warten beim Arzt – trotz Termin – nun schon fast eine Stunde. Sie begeben sich zur Anmeldung, an der schon wieder einige Personen stehen. Sie sprechen direkt die Arzthelferin an, dass Sie nun schon eine Stunde warten. Darauf sagt die zu Ihnen:

»Ich glaub, Ihnen geht's zu gut!«

Ihre Antwort: ....

Gelungene Abwehrtechniken

■ **Noch nicht ganz, aber wenn es soweit ist, sag ich Ihnen gerne Bescheid. Wann kann ich nun Dr. Linke sehen?** – Sie wirken selbstbewusst und lassen sich nicht abwimmeln. Dabei bleiben Sie höflich.

■ **Wie bitte? Ich habe Ihre Auskunft nicht verstanden.** – Sie bleiben freundlich bestimmt. Dieser Standardsatz passt häufig und klingt immer gut.

■ **Mir fehlt jetzt nur noch ein Gläschen Champagner und Ihre Auskunft.** – Sie nehmen es mit Humor. Lächeln Sie dabei.

■ **Wenn Sie das sagen. Und was genau meinen Sie nun damit?** – Sie gehen hier direkt auf die Frage der Person ein und erwarten eine Erklärung.

■ **Was bitte heißt »zu gut«? Kann es einem Menschen wirklich »zu« gut gehen oder geht es eher Ihnen »zu schlecht«?** – Haben Sie eine philosophische Ader? Dann passt diese Antwort.

■ **Wenn es mir gut ginge, dann wäre ich nicht beim Arzt.** – Sie gehen hier zum Gegenangriff über. Wenn Sie wollen, können Sie das mit einem charmanten Lächeln abschwächen.

■ **Ich verbitte es mir, so von Ihnen angesprochen zu werden!** – Sie setzen eine klare Grenze.

■ **Danke der Nachfrage. Mir geht es hoffentlich bald wieder richtig gut. Und jetzt zu Ihnen. Was genau wollten Sie mir damit sagen?** – Charmant, charmant. So machen Sie sich auch in Ihrer Arztpraxis Freunde. Angriffe zu überhören ist eine wunderbare Möglichkeit, den anderen ins Leere laufen zu lassen.

3. Probleme mit PC und Fachverkäufern

Situation: Wegen Problemen mit Ihrem neuen PC fragen Sie beim Händler nach der Fehlermeldung, die Ihr Gerät produziert, und bekommen vom Fachverkäufer zur Antwort:
»**Das verstehen Sie sowieso nicht!**«
Ihre Antwort: ....

Gelungene Abwehrtechniken

- **Wenn Sie Ihre Einstellung damit meinen, dann gebe ich Ihnen recht.** – Sie beziehen die Aussage auf den Sprecher und machen deutlich, was Sie von der Antwort halten.
- **Tut mir leid, an dem Tag habe ich in der Schule gefehlt. Vielleicht sind Sie ja so großzügig und opfern mir Ihre kostbare Zeit.** – Die Reaktion ist sehr ironisch. Vorsicht. Nicht jeder versteht Ironie.
- **Haben Sie auch Schwierigkeiten mit diesen Fehlermeldungen? Mir scheint es so, denn sonst könnten Sie sie mir ja leicht verständlich erklären.** – Sie kehren den Angriff um.
- **Ich gebe Ihnen noch eine Chance für Ihre Antwort.** – Humorvoll. Allerdings müssen Sie sehr selbstbewusst auftreten.
- **Stimmt. Ich bräuchte jemanden, der es »gescheit« erklären kann.** – Gegenangriff. Der kann entschärft werden mit einem Zusatz wie: »Sind Sie die Person, die mir dabei weiterhelfen wird?«
- **Sie sind der Fachmann. Doch bitte gestehen Sie mir auch Sachverstand zu.** – Sachliche Darstellung.
- **Wie kommen Sie auf solch eine unqualifizierte Äußerung?** – Im Zweifelsfall ist die Frage immer eine gute Wahl!

> **TIPP**
>
> Nichts geht über einen gezielten Gegenschlag. Doch wer Wind sät, wird Sturm ernten. Lassen Sie sich nur auf ein Wortgefecht ein, das Sie gewinnen können. Niemand zwingt Sie, auf den Angriff einzugehen. Es reicht doch schon, wenn der andere die Sachebene verlässt.

4. Nicht so dicht aufrücken

Situation: Sie stehen vor der Stadtbücherei und warten darauf, dass geöffnet wird. Ein Mann stellt sich ganz dicht neben Sie. Sie bitten ihn, etwas mehr Abstand zu halten. Darauf schnauzt er Sie an:

»Haben Sie eigentlich Freunde?«

Ihre Antwort: ....

Gelungene Abwehrtechniken

- **Wieso? Wollen Sie einen von meinen abhaben?** – Schlagfertige Retourkutsche.
- **Nein, aber ich habe Kollegen. Die reichen mir vollkommen aus, wenn es darum geht, blöde Fragen gestellt zu bekommen.** – Sie assoziieren von Freunden auf Kollegen. Mit den »blöden Fragen« geben Sie den Druck indirekt zurück.
- **Wieso, brauchen Sie welche?** – Schöne Anwendung des Grundmusters, die Aussage auf den anderen zu beziehen.
- **Wie hat Plutarch mal so schön gesagt: »Es ist schlimm, erst dann zu merken, dass man keine Freunde hat, wenn man wirklich Freunde nötig hat.«** – Ein philosophisches Zitat kann sehr wirkungsvoll sein, wie in dem Beispiel.
- **Jeder will einen Freund haben, aber niemand gibt sich die Mühe, einer zu sein. Wie sehen Sie das?** – Sie überhören den Ton und den Angriff und beginnen ein Gespräch zum Thema »Freund«. Eine raffinierte Variante der Ablenkung.
- **Es gibt nur ein Problem, das schwieriger ist als Freunde zu gewinnen, nämlich, sie wieder loszuwerden.** – Dabei benutzen Sie den »Eiszapfen-Blick« von oben nach unten. Eine schöne Variante, die auch den gewünschten Abstand nochmals zur Sprache bringt.
- **Das sage ich Ihnen gerne, wenn Sie mir im Gegenzug erklären können, was meine Freunde mit unserem Problem, dass Sie mir so nah auf die Pelle rücken, zu tun haben.** – Sachliche Klarstellung.
- **Diese Frage sollten Sie sich lieber stellen!** – Bestimmter Tonfall und bestimmter Blick: So setzen Sie eine klare Grenze.

5. Auf den Fuß getreten

Situation: Sie weichen im Baumarkt einem Gabelstapler aus, gehen dabei etwas rückwärts und treten einem Herrn auf den Fuß. Noch bevor Sie sich entschuldigen können, sagt der:
»Sie Trampel!«
Ihre Antwort: ....

Gelungene Abwehrtechniken

- **Danke für das Kompliment, das ich gar nicht verdient habe!** – Sie bleiben selbstbewusst und höflich. Mit dem zweiten Halbsatz weisen Sie den Angriff elegant zurück.
- **Sind Sie immer so nett zu Ihren Mitmenschen?** – Fragen veranlassen den anderen stets dazu, über eine Antwort zumindest nachzudenken.
- **Oh, sind Sie heute mit dem falschen Fuß aufgestanden? Oder: Wer hat Sie denn heute schon geärgert?** – Sie gehen in die Offensive und sprechen die Art der Reaktion an. Das ist auch ein Gegenangriff.
- **Ich hinterlasse wenigstens Spuren. Und die nicht nur im Sand.** – Humorvolle Definition und Assoziation zum Thema Trampel. Wenn Sie genügend Abstand für sich selbst haben, ist das eine schöne Reaktion.
- **Seien Sie froh, dass ich nur einen Fuß erwischt habe.** – Zustimmen und eins draufsetzen. So zeigen Sie sich überlegen.
- **Und Sie sind ein Gentleman. Vielleicht irren wir uns beide!** – Durch diese souveräne Antwort zeigen Sie sich überlegen und bleiben freundlich. Der zweite Satz zeigt sehr deutlich, wie daneben die Äußerung der anderen Person war.

TIPP

Die letzte Antwort funktioniert bei allen Beschimpfungen und lässt Sie als moralischen Sieger aus solch einem Disput hervorgehen, da Sie höflich und freundlich bleiben. Niemand kann Sie zwingen, sich auf das Niveau des anderen zu begeben. Das ist elegant schlagfertig!

6. Jute statt Plastik

Situation: Im Supermarkt sind Sie ein bisschen genervt, nachdem der Mann vor Ihnen »etwas länger« zum Einkaufen und Einpacken braucht. Beim Loslaufen reißt ihm die Plastiktüte, und Sie lassen sich zu dem Kommentar hinreißen: »Mit einer Stofftasche wäre Ihnen das nicht passiert.« Darauf antwortet er unfreundlich:

»Sie glauben wohl, Sie sind perfekt?«

Ihre Antwort: ....

Gelungene Abwehrtechniken

- **Nein, so weit würde ich wohl nicht gehen.** – Sie antworten direkt auf die Frage und überhören dabei die Bosheit.
- **Nein, aber ich verbessere mich jeden Tag.** – Wenn Sie das »ich« besonders betonen, beziehen Sie einen Teil der Aussage auf den Sprecher. Damit wird er ins Unrecht gesetzt.
- **Ich glaube das zwar nicht, aber wenn Sie mich als perfekt einschätzen, bedanke ich mich recht herzlich für das Kompliment.** – Sie nehmen die Aussage positiv und übertreiben Ihrerseits. Dadurch irritieren Sie Ihr Gegenüber.
- **Glauben heißt nicht wissen. Was genau wollen Sie mir damit sagen?** – Sie gehen kurz auf die Unverschämtheit ein und geben ihr eine witzige Wendung. Durch die Frage ist der Ball wieder beim anderen. Das ist nur empfehlenswert, wenn Sie eine weitere Konversation wünschen.
- **Nein, aber ich bemühe mich (im Gegensatz zu Ihnen), so zu leben, dass andere nicht gestört werden.** – Raffinierte Wendung und milder Gegenangriff
- **Ja natürlich, genauso perfekt wie jeder andere von uns!** – Sie geben eine direkte Antwort auf die Frage. Das klingt sehr souverän.
- **Vielen Dank für das Kompliment.**

7. Störung im Konzert

Situation: Im Konzert piept hinter Ihnen ein Mobiltelefon, und die »Dame« nimmt das Gespräch entgegen. Die Unterhaltung beginnt mit: »Ich bin gerade im Konzert. Wie geht es euch?« Darauf drehen Sie sich um und bitten, das Gespräch zu beenden. Die Dame reagiert gereizt:

»Ich kann telefonieren, solange es mir passt.«

Ihre Antwort: ....

Gelungene Abwehrtechniken

- **Das sind ja interessante Umgangsformen, die Sie hier pflegen. Bitte pflegen Sie die doch draußen weiter.** – Sie bleiben höflich, sprechen die Vorgehensweise an und verstärken Ihre Bitte. Sehr souverän.
- **Nein. Nicht im Konzert!**
- **Was halten Sie davon, wenn Sie auch gleich noch mitsingen? Da freuen sich die Darsteller bestimmt sehr.**
- **Schalten Sie lieber Ihr Telefon aus, sonst rufe ich einen Saalordner.** – Direkte Antwort auf die Unverschämtheit und Androhung von Sanktionen. Eine angemesse Reaktion auf solch eine Frechheit.
- **Sie haben dann sicher nichts dagegen, wenn ich das Telefon für Sie ausschalte.** – Sie gehen hiermit überhaupt nicht auf den Angriff der Person ein, sondern stellen die Ursprungssituation wieder her.
- **Falls Sie es noch nicht bemerkt haben sollten: Sie befinden sich in einem Konzert. Ich würde jetzt gerne weiter zuhören. Also unterlassen Sie das Telefonieren.** – Sie pampen zurück und wiederholen Ihre Aufforderung. Das wirkt bestimmt und führt vermutlich zum Ziel, kann jedoch auch zum Streit ausarten.
- **Oh, ich wusste nicht, dass Sie Ärztin im Dienst sind. Ich rufe Ihnen gleich einen Saalordner, damit er Sie zu Ihrem Hubschrauber bringen kann.** – Sie nehmen an, dass die andere Person einen triftigen Grund hat, das Konzert zu stören, und bieten Ihre Hilfe an. Das ist sehr ironisch.

8. »Spitzen« beim Empfang

Situation: Sie sind als Vertreterin des ortsansässigen Sportvereins beim Neujahrsempfang der Oberbürgermeisterin. Als Sie sich eben ein Glas Sekt holen, steht neben Ihnen die Ehefrau des Ortschaftsvertreters Ihrer Teilgemeinde. Die schaut Sie erstaunt an und sagt spitz:

»Ach, sind Sie hier auch eingeladen.«

Ihre Antwort: ....

Gelungene Abwehrtechniken

- **Nein, ich bediene mich nur am Buffet!** – Negieren und übertreiben. Zeigt, dass Sie über der Sache stehen und sich nicht aus der Ruhe bringen lassen.
- **Ja, ich wurde engagiert, um das Niveau zu steigern.** – Der Gegenangriff ist nur sinnvoll, wenn Sie die Dame oder ihren Gatten nicht weiter brauchen.
- **Sie hier? Ich dachte, Sie verbringen die Winter immer in der Südsee.** – Wenn der Tonfall dabei ehrlich erstaunt ist, nehmen Sie der Dame den Wind aus den Segeln und können in sich hinein schmunzeln.
- **Ja, ich bin persönlich eingeladen worden. Und Sie?** – Sachliche Erklärung. Die anschließende Frage regt den Antwortreflex an und bietet die Chance zum Smalltalk – wenn Sie das wollen.
- **So hat halt jede ihre Verpflichtungen. Die eine angeheiratete, die andere selbst.** – Die Retourkutsche, mit der Sie sich selbst auf- und die Dame abwerten. Solche Bemerkungen bitte stets bewusst einsetzen. Die können Folgen haben.
- **Hatten Sie keine Einsicht in die Gästeliste?** – Durch die Frage werten Sie die Dame ironisch auf und konterkarieren dadurch die Situation. Klingt sehr raffiniert.
- **Ja.** – Die einfache Zustimmung. Hier vielleicht die eleganteste Antwort. Und so sachlich!

9. Unentschlossener Einkauf am Obststand

Situation: Sie sind auf dem Wochenmarkt und wollen Obst kaufen. Als Sie an einem Stand überraschenderweise schon nach kurzer Zeit drankommen, sagen Sie: »Drei Kilo Jonagold bitte, (kurze Pause) nein, doch lieber drei Kilo Glockenäpfel. (kurze Pause) Nein, stopp, ich nehme ein Kilo Birnen und ein Kilo Braeburn. Ja genau.« Als Sie gerade gehen wollen, sagt der Mann hinter Ihnen:

»Gut gemeinter Rat: Schalten Sie Ihr Gehirn ein, bevor Sie sprechen!«

Ihre Antwort: ....

Gelungene Abwehrtechniken

- **Beherzigen Sie Ihren eigenen Rat und schweigen Sie!** – Sie wirken bestimmt bis aggressiv, doch bei solch einem unverfrorenen Verhalten ist das angemessen.
- **Wenn Sie das gut meinen, dann möchte ich Sie einmal hören, wenn Sie böse sind.** – Wenn Ihnen noch nach Witzen zumute ist, dann nehmen Sie diese Variante.
- **Das sind ja interessante Umgangsformen, die Sie hier pflegen. Bitte pflegen Sie die doch zu Hause weiter.** – Sie bleiben höflich und sprechen die Verhaltensweise an.
- **Ich hatte Sie nicht um Ihre Meinung gebeten.** – Nur Sie entscheiden, wer Ihnen Feedback geben darf. Die Reaktion klingt souverän.
- **Es tut mir leid, dass Sie meinetwegen warten mussten. Kaufen Sie jetzt ganz schnell ein, damit Sie die Zeit wieder reinholen.**
- **Das ist ja mal eine interessante Art der Anmache. Schade, dass Sie nicht mein Typ sind.**
- **Jetzt bin ich aber gespannt, wie gut Sie auf Ihren Einkauf vorbereitet sind.**
- **Unterlassen Sie solche Unverschämtheiten. So können Sie mit Ihren Freunden umgehen, aber nicht mit mir.**

10. Lächeln und »Zähne zeigen«

Situation: Sie stehen an der Kasse im Supermarkt, und der nette junge Mann vor Ihnen legt zwei Sektflaschen und eine große Packung Kondome auf das Laufband. Sie lächeln in sich hinein, darauf meint dieser unfreundlich:

»Warum grinsen Sie so blöd?«

Ihre Antwort: ....

Gelungene Abwehrtechniken

- Ach wissen Sie, ich habe gute Laune und das Leben ist herrlich!
- Sind Sie sicher, dass die ausreichen für einen ganzen Abend?
- Ich bin halt ein freundlicher Mensch.
- Oh, ich dachte, ich mach Ihnen eine Freude. – Die vier Vorschläge funktionieren alle ähnlich. Sie nehmen es humorvoll und überhören die Spitze. Das ist eine sinnvolle Variante, wenn Sie sich nicht auf einen Streit einlassen wollen.
- Wenn Sie ein positiv gemeintes Lächeln so negativ interpretieren, sollten Sie das doch besser für sich behalten.
- Weil ich mal so grinsen wollte, wie Sie fragen!
- Ich grinse nicht, ich freue mich. Es gibt Menschen außer Ihnen, die können grundlos fröhlich sein.
- Ich lächle Sie freundlich an. – Sie definieren, was Sie tun – nämlich freundlich lächeln. Definieren ist oft eine gute Reaktionsmöglichkeit.
- »Was nennen die Menschen am liebsten dumm? Das Gescheite, das sie nicht verstehen.« (Marie von Ebner-Eschenbach)
- Wenn ich Sie so ansehe, wäre mir tatsächlich eher zum Weinen zumute. – Sie gehen hier zum Gegenangriff über. Es ist pfiffig formuliert und wenn Sie sicher sind, diesem Menschen nie mehr wieder zu begegnen, durchaus eine mögliche Antwort.

11. Keine Angst vor Fragen

Situation: Sie besuchen einen Volkshochschulkurs. Während der Ausführungen der Dozentin erfragen Sie einen Fachbegriff und hören darauf von Ihrer Sitznachbarin:

»**Das weiß doch jeder!**«

Ihre Antwort: ....

Gelungene Abwehrtechniken

- **Ich bin aber nicht jeder.**
- **Ich noch nicht, sorry.**
- **Ich nicht. Bin ich enthert?** – Sie stehen zu sich und antworten direkt. Ob als Zusatz »sorry« oder »Bin ich enthert?« kommt, hängt von Ihrer Laune und der Person ab, der Sie antworten. Letzteres ist witziger, passt jedoch nicht immer.
- **Die Erfahrung zeigt, dass man es nicht oft genug wiederholen kann.** – Sie antworten rein sachlich. Niemand zwingt Sie, auf Bosheiten einzugehen. Solch eine Antwort lässt Sie sehr souverän wirken.
- **Schön, dass Sie das wissen. Dann können wir uns die Unterweisung sparen und gleich in die Diskussion gehen. Was halten Sie von …** – Sie geben den Ball geschickt zurück. Sie loben Ihr Gegenüber und gehen sofort in Richtung Diskussion. Die Reaktion wirkt sehr souverän und überlegen.
- **Ach was. Und Ihr Name ist sicher – lassen Sie mich raten – Albert Einstein.** – Ironie wirkt gut, wenn die andere Person sie auch versteht und Sinn dafür hat. Hier kommt es sehr auf den Tonfall an, ob danach wieder ein sachlicher Diskurs möglich ist oder nicht. Sie sollten überlegen, wie viel Ihnen an der Beziehung liegt.
- **Haben Sie schon mal darüber nachgedacht, Ihre Menschenkenntnis zu verbessern?** – Gegenangriffe erzeugen immer eine Missstimmung, auch wenn der andere angefangen hat.
- **Man lernt nie aus.**
- **Egal was passiert – es gibt immer einen, der es besser weiß.**
- **Schon mancher ist als Löwe gesprungen und als Bettvorleger gelandet.**

12. So viel Zeit muss sein

Situation: An der Fleischtheke ist viel los, und Sie stellen sich hinten an und warten geduldig. Als Sie an der Reihe sind, bitten Sie den Metzger höflich, Ihnen den Braten gleich zu spicken. Der Verkäufer mit demonstrativem Blick auf die Uhr:

»Dafür ist keine Zeit mehr!«

Ihre Antwort: ....

Gelungene Abwehrtechniken

- **Sie haben »zu verlieren« vergessen.** – Souveräne Antwort, indem Sie den Satz in Ihrem Sinne weiterführen.
- **Wenn man möchte, dann doch.**
- **Wenn wir nicht so lange reden würden, hätten wir die Zeit.** (Dabei auf die Uhr schauen.) – Sie bleiben hartnäckig, wirken jedoch schon leicht säuerlich, was der Situation durchaus entspricht. Wenn Sie nun Ihre Bitte wiederholen, bleibt dem Herrn kaum eine Wahl, als diese zu erfüllen.
- **Wer nicht mit der Zeit geht, muss mit der Zeit gehen.** – Ein schönes Wortspiel – bei richtiger Betonung. Ihr Gegenüber wird die unterschwellige Drohung dann sofort verstehen.
- **Richtig, es heißt ja auch »no time – no money«, nicht wahr?**
- **Wenn Sie gleich damit angefangen hätten, wären wir schon weiter.** Oder: **Wenn jetzt nicht, wann dann?**
- **Langfristig spart es mir Zeit.**
- **… sagte der Abteilungsleiter und machte den größten Fehler seines Lebens.**
- **»Es ist nie zu wenig Zeit, die wir haben, sondern es ist viel Zeit, die wir nicht nutzen.«** (Seneca)

> **TIPP**
>
> Wird diese Killerphrase im Büro von einem Kollegen verwendet, wählen Sie unter den Antworten: »Wir haben immer Zeit, es noch einmal zu machen, aber nie Zeit, es gleich beim ersten Mal richtig zu machen.« – »Langfristig spart es uns Zeit.« – »Zeit ist nur das Leben der Uhr.«

13. Ungestylt unterwegs

Situation: Sie müssen Ihr Kind vom Kindergarten abholen und haben gerade Sauerkraut auf dem Herd. Die Küche ist voller Dampf, und Ihre Kleidung und die Haare haben entsprechend gelitten. So stehen Sie abgehetzt vor dem Kindergarten, und eine andere Mutter sagt schnippisch:

»Shampoo ist bei Ihnen wohl knapp!«

Ihre Antwort: ....

Gelungene Abwehrtechniken

■ Wieso, wollen Sie sich welches bei mir borgen? – Eine raffinierte Variante. Sie beziehen den Angriff/die Spitze nicht auf sich, sondern auf die Sprecherin.

■ Wieso, kann ich mir bei Ihnen welches ausleihen?

■ Klar, der Gesundheit zuliebe verdünne ich es mit Wasser.

■ Nö, aber ich wusste, ich kann Ihnen eine Freude machen, wenn ich mit ungewaschenen Haaren komme.

■ Haben Sie keinen Frisör, der Ihnen zuhört?

■ Ich habe das leider nicht richtig verstanden. Was möchten Sie mir mit dieser Andeutung mitteilen? – Eine Standardantwort für viele Situationen.

■ Wenn ich Sie so anschaue, bin ich froh, dass es bei mir nur das Shampoo ist.

■ Seife und Deo auch, ist Ihnen das noch nicht aufgefallen? Durch eine Übertreibung zeigen Sie dem anderen wunderbar, dass Sie über den Dingen stehen.

■ »In der Wahl seiner Feinde kann man nicht vorsichtig genug sein.« (Oscar Wilde)

■ Das ist der neue Look: »Wash and wear!« – Auch eine gute Variante: Zustimmung bei gleichzeitigem Überhören der tatsächlichen Spitze.

■ Schade, wenn Ihnen meine Frisur nicht gefällt. Trotzdem haben Sie nicht das Recht, so mit mir zu sprechen.

■ »Würde Hirnlosigkeit vor Kopfschmerzen schützen, könnten die Aspirin-Produzenten ihre Läden schließen.« (Gabriel Laub)

14. Vorurteile

Situation: Sie setzen sich beim Elternabend vehement für das Schulessen ein. Ihrer Meinung nach soll die Mensa möglichst schnell in Betrieb gehen. Sie haben drei Kinder in dieser Schule und brauchen die durchgängige Versorgung. Nun hören Sie die freundlich-süße Stimme Ihrer Vorsitzenden:

»**Wer geschieden ist, kann darüber so denken, aber …**«

Ihre Antwort: ....

Gelungene Abwehrtechniken

- Nicht, wer geschieden ist, sondern jemand, der flexibel ist in seinem Denken, der kann so darüber denken.
- Aber als Nichtverheiratete sehe ich das ganz anders. – Durch das Umdefinieren erhalten Sie Ihren Abstand und weisen den Sprechenden darauf direkt hin.
- Da, wie Sie ja wissen, ein Großteil der Bevölkerung bereits mindestens einmal geschieden ist, können Sie davon ausgehen, dass dieser Gedanke sehr realitätsnah ist. – Sie gehen rein sachlich auf die Aussage ein, ohne auf die spitze Bemerkung Bezug zu nehmen. Das kann sehr souverän wirken.
- Oh, interessanter Standpunkt – wie kommen Sie darauf?
- Entschuldigen Sie bitte, wenn ich Sie mit meinen Äußerungen überfordert habe.
- Die Betonung liegt auf »kann«, er »kann« demnach auch anders denken. – Sie nehmen ein Wort heraus und reagieren darauf. Auch das ist eine gute Variante, um Ihren eigenen Abstand beizubehalten und sich nicht getroffen zu fühlen.
- Wer geschieden ist, ist nur nicht mehr verheiratet, sein Denken ist davon nicht beeinträchtigt.

TIPP

Wenn Sie das Gefühl haben, Ihnen tritt jemand zu nahe, wirkt eine Antwort wie die folgende immer souverän: »Meine persönliche Situation hat nichts mit dieser Angelegenheit zu tun. Bitte bleiben Sie bei der Sache.«

15. Meinungsstreit beim Elternabend

Situation: Beim Elternabend im Kindergarten wird Ihnen eröffnet, dass die Beiträge sich entsprechend dem Einkommen der Eltern anpassen. Da Sie zwei Kinder in diesem Kindergarten haben, würde sich durch diese Maßnahme Ihr Beitrag verdoppeln. Sie vertreten eine Beibehaltung der bisherigen Gebühren. Darauf meint der Vorstand:

»**Wir wollen soziale Gerechtigkeit. Deshalb liegt nahe …**«
Ihre Antwort: ....

Gelungene Abwehrtechniken

- Soziale Gerechtigkeit ist eine abgedroschene Phrase.
- Was genau verstehen Sie in diesem Zusammenhang unter: »soziale Gerechtigkeit«? – Die Reaktion ist bei dieser Variante eine Frage. Fragen sind immer eine gute Möglichkeit, um den anderen zum Nachdenken zu bringen und aus dem Reiz-Reaktions-Schema zu holen.
- Soziale Gerechtigkeit ist doch nur ein Schlagwort, unter dessen Fahne viele versuchen, ihre eigenen Interessen durchzuboxen.
- Wir verfolgen also dieselben Ziele, wir wollen auch »soziale Gerechtigkeit«! Aber unseres Erachtens ist sie anders besser zu erreichen. – Sie stimmen dem zu, indem Sie beide sich einig sind, und erweitern dann rein sachlich Ihre Argumentation. Dabei bleiben Sie höflich und bestimmt.
- … zu fragen, was für uns »soziale Gerechtigkeit« bedeutet.
- Wir wollen eine Lösung für alle und genau deshalb ist es notwendig, dass wir in der Richtung weiterdenken.
- Bei uns herrscht Meinungsfreiheit. Da darf sogar der seine Meinung sagen, der gar keine hat.
- Wollen Sie durch einen Gemeinplatz vom Thema ablenken? Wir sprachen über …
- Jeden gleich zu behandeln ist das Ungerechteste, was wir tun können. Stellen Sie sich vor, man würde seinen Garten ganz gerecht gleich gießen und düngen. Da würde bald alles drunter und drüber gehen. Das wollen wir nicht. Also …

16. Gerüchten auf den Grund gehen

Situation: Sie wissen aus sicherer Quelle, dass in unmittelbarer Nähe Ihres Grundstücks ein Tennisplatz gebaut werden soll. Nun gehen Sie ins Rathaus, um Einspruch einzulegen. Darauf bekommen Sie von dem Sachbearbeiter die pampige Auskunft: **»Das sind doch alles Gerüchte und Erfindungen!«**

Ihre Antwort: ....

Gelungene Abwehrtechniken

- **Woher kommt bei Ihnen die Annahme, dass ich hierfür keine Fakten vorliegen habe?**
- **Meine Anfragen basieren grundsätzlich auf einer guten Recherche. Ich kann Ihnen gerne die Unterlagen mit den Fakten zeigen, die dies belegen, wenn Sie meinen Ausführungen keinen Glauben schenken wollen.** – Beide Antworten gehen nur auf die Sache und nicht auf den Ton oder den versteckten Angriff ein. Damit bleiben Sie souverän und lassen sich nicht dazu verleiten, auf die gleiche Ebene zu wechseln.
- **… war die Meinung führender Wissenschaftler zu den Theorien eines Bibliothekars namens Albert Einstein.**
- **An jedem Gerücht ist ein bisschen was Wahres – und Erfindungen bringen die Menschheit weiter.**
- **Wo Rauch ist, ist auch Feuer. Gerüchte sind die Rauchfahnen der Wahrheit.** – Sprichwörter und Klischees sind wunderbare Antwortgeneratoren. Sie bedienen sich hier eines Sprichwortes und beweisen dadurch Ihr Assoziationsvermögen. Wenn Sie nun eine Frage anschließen, geht der andere auf die Sachebene – also dahin, wo Sie ihn haben wollen.
- **Danke für den Begriff »Erfindungen«. Immerhin leben wir im Lande der Dichter und Denker. Erfindung bedeutet Fortschritt. Wie ist Ihre Meinung?**
- **Ihr Optimismus freut mich, ich kann ihn aber nicht bestätigen.** – Sie fassen die Aussage als positiv und konstruktiv auf. Nun kann der andere kaum in der »Angriffsrinne« bleiben. Sie haben nun die Möglichkeit, durch gezielte Fragen oder Aussagen das Gespräch in positive Bahnen zu lenken.

17. Probleme beim Umtausch

Situation: Bei einem neuen Kleid stellen Sie – leider erst nach der ersten Wäsche – fest, dass es einen doch recht auffälligen Webfehler hat. Sie gehen zurück ins Geschäft, um den Fehler zu reklamieren, und hören von der Verkäuferin:

»**Das ist nicht mein Problem.**«

Ihre Antwort: ....

Gelungene Abwehrtechniken

- **Wird es aber werden, wenn Sie sich nicht darum kümmern.**
- **Aber das kann ganz schnell Ihr Problem werden, wenn ich mich sofort zu Ihrem Vorgesetzten begebe.** – So eine schnelle Drohung liegt uns auf der Zunge, wenn uns im Kundenservice jemand so unprofessionell begegnet. Wenn Sie drohen, müssen Sie auch bereit sein, zur Tat zu schreiten.
- »**Ungelöste Probleme sind die Evergreens der Politiker.**« (David Frost)
- **Problem ist so ein hässliches Wort. Jetzt nehmen wir einmal an, es wäre eine Herausforderung für Sie. Wie würden Sie dann dazu stehen?** – Sie bleiben konstruktiv und beziehen sich nur auf ein Wort. Dadurch bleiben Sie handlungsfähig und gehen nicht zum Gegenangriff über.
- **Ich sehe schon, Ihre Anwesenheit hat nur dekorative Bedeutung.** – Mit der Bemerkung heben Sie den Fehdehandschuh auf und gehen zum Angriff über. Ob das eine günstige Strategie ist, um zu einem Umtausch zu kommen, ist fraglich. Doch es ist auf jeden Fall eine Genugtuung für Sie.

TIPP

Wägen Sie ab, wie viel Ihnen dieses Geschäft und der Vorgang wert sind. Wollen Sie hier eine adäquate Lösung oder allgemeine Genugtuung? Stehen Sie jedenfalls für sich ein und lassen Sie sich nicht abwerten. Noch zwei Fragen: »Ist das Ihre Vorstellung von Kundenservice?« »Wollen oder können Sie mir nicht klar antworten?«

18. Gewagte Garderobe

Situation: Sie sind im August auf einem Gartenfest eingeladen. Das Wetter ist wunderschön, und Sie haben Freude daran, sich einmal wieder so richtig schön anzuziehen. Sie wählen ein gewagtes Oberteil, in dem Ihre gute Figur zur Geltung kommt. Sie amüsieren sich ausgezeichnet, doch gerade als Sie sich noch einmal Bowle nachschenken wollen, kommen Sie an drei Damen vorbei, die in Ihre Richtung sehen und miteinander tuscheln. Sie vernehmen den Satz:
»Na die hat's nötig.«
Ihre Antwort: ....

Gelungene Abwehrtechniken

- **Das habe ich gehört!** – Sagen Sie das bedeutungsvoll, schauen Sie die Damen dabei direkt an und gehen Sie dann weiter. Damit lassen Sie die drei souverän im Regen stehen. Und Sie lassen sich auf das Spiel nicht ein, sondern bestimmen die Regeln selbst.
- **Es wird ja immer nur der angegriffen, der den Ball hat. Also – danke für das Kompliment.**
- **Schön, dass ich zu Ihrer Unterhaltung beitragen konnte.** – Sie nehmen es humorvoll und zeigen durch diese Bemerkung, dass Sie über den Dingen stehen. Und – Sie lassen sich die Laune nicht verderben.
- **Was meinen Sie denn mit »nötig«?**
- **Ich finde es auch schön, Sie hier zu sehen!** – Die ironische Variante. Sie nehmen das Gegenteil und setzen die Übertreibung drauf. Eine gelungene Antwort, wenn Sie sich auf das Spiel einlassen wollen.
- **Sie haben es richtig erkannt. Es hat mir heute Freude gemacht, mich für diesen Anlass besonders anzuziehen.**
- **Wenn ich Sie so ansehe, würde Ihnen ein bisschen Pep auch nicht schaden.** – Sie gehen hier zum Gegenangriff über. Damit zeigen Sie jedoch auch, dass Sie sich angegriffen fühlen. Wenn Sie sich die Laune verderben lassen wollen, dann ist das die richtige Reaktion dafür.

19. Ruhestörung

Situation: Sie wollen es sich gerade in der Badewanne gemütlich machen, da hören Sie plötzlich aus der Nebenwohnung laute Musik. Es ist zwar nicht die Zeit der Mittagsruhe, doch es stört Sie erheblich. Sie gehen zu Ihrer Nachbarin und bitten diese, die Musik leiser zu stellen. Darauf sagt die:

»Kümmern Sie sich um Ihren eigenen Kram!«

Ihre Antwort: ....

Gelungene Abwehrtechniken

■ **Bitte lenken Sie nicht ab, Frau Müller, und machen Sie nun Ihre Musik leiser.** – Sie überhören den Angriff souverän und wiederholen Ihre Bitte. Damit verleihen Sie dieser Nachdruck.

■ **Das würde ich ja gerne, doch leider stört mich die Musik dabei sehr.** (Pause) – Sie zeigen sich offen und weiter gesprächsbereit. Wer die Pause länger aushält, hat die bessere Wirkung. Halten Sie dabei den Blickkontakt aufrecht.

■ **Soll unsere gute Nachbarschaft dadurch wirklich leiden?** – Die Frage ist nur dann angemessen, wenn es sich tatsächlich um eine Ausnahme handelt. Wenn Sie schon »Intim-Feinde« sind, dann wählen Sie eine der anderen Reaktionen. Ist die Nachbarschaft sonst gut, kann die Frage die Situation entschärfen, da sie auf die Meta-Ebene verzweigt.

■ **Was Sie mit Ihrer Musik machen ist ruhestörender Lärm. Unterlassen Sie das, oder ich werde rechtliche Schritte einleiten.** – Der klassische Gegenangriff. Wenn Sie so weit sind, diese Reaktion als angemessen zu betrachten, dann besteht bereits ein grundsätzliches Problem. Überlegen Sie, wie Sie wieder eine friedliche Koexistenz hinbekommen.

■ **Wenn die Lautstärke nicht verhandelbar ist, können wir dann wenigstens die Musikrichtung gemeinsam festlegen?** Ironischer Kommentar, der einlenkt.

■ **Okay, am besten fangen wir noch mal von vorne an. Wir gehen beide noch mal in unsere Wohnungen. Dann komme ich noch mal und klingle.**

20. Spaßbremse auf der Parkbank

Situation: Sie sitzen mit einer Freundin auf einer Parkbank und unterhalten sich angeregt. Dabei haben Sie viel Spaß und lachen herzhaft. Auf der Parkbank daneben sitzt ein Herr und liest Zeitung. Auf einmal schaut er auf und sagt ganz unvermittelt:

»Ihr Lachen verursacht mir eine Gänsehaut.«

Ihre Antwort: ....

Gelungene Abwehrtechniken

■ **Dann schaudern Sie doch in sich hinein und bleiben in Ihrer trüben Stimmung.** – Sie verwenden eine Assoziation zum Thema »Gänsehaut« und setzen eins drauf. So machen Sie sich zwar keine Freunde, doch der Angriff war auch nicht freundlich, deshalb ist das angemessen.

■ **Sie lassen sich aber leicht verunsichern!** – Ich hab ja eine Theorie, warum das so ist, behalte sie aber für mich.

■ **Wie schön, ich hatte schon befürchtet, Sie damit schockiert zu haben!** – Zustimmen und eins draufsetzen. Sie bleiben souverän und fühlen sich so auch nicht angegriffen. Wahrscheinlich sagt der andere darauf nichts mehr.

■ **Wenigstens zeigen Sie Gefühle.**

■ **Haben Sie sich schon mal überlegt, zur Gerichtsmedizin zu wechseln? Die sind genauso lustig.**

■ **Ja, ist es so ansteckend?** – Damit eröffnen Sie eine weitere Runde. Denn solch eine Frage reizt dazu, noch mal nachzulegen. Wenn Sie in der Stimmung sind, Ihre Schlagfertigkeit zu trainieren, dann tun Sie das gerne.

■ **Vielleicht sollte ich es mir patentieren lassen?**

■ **Wenn ich Sie so sehe, ist mir allerdings auch eher zum Heulen zumute.**

■ **Wie wär's bei Ihnen mal mit:** »Hören statt stören!« – Witzig, jedoch auch heftig. Machen Sie diese Reaktion davon abhängig, wie der Ton Ihres Gegenübers war. Bei einem aggressiven Tonfall ist die Reaktion angemessen. War er eher leidend, dann wählen Sie ein anderes Muster.

21. Gewissensfrage

Situation: Sie arbeiten als Chemiker bei einem großen Test-labor für Kosmetik und befinden sich gerade auf einer Party bei Freunden. Im Laufe des Smalltalk haben Sie auch von Ihrer beruflichen Beschäftigung erzählt. Auf einmal sagt eine Ihrer Gesprächspartnerinnen konsterniert:

»Macht Ihnen Ihr Beruf eigentlich kein schlechtes Gewissen?«
Ihre Antwort: ....

Gelungene Abwehrtechniken

- **Nein. Bedenken Sie, was es alles ohne Chemie nicht gäbe.**
- **Da ich mir meiner Verantwortung bewusst bin, sehe ich keinen Grund dazu. Welche Erfahrungen haben Sie in diesem Punkt?** – Die rein sachliche Antwort mit anschließender Erklärung lässt Sie souverän erscheinen. Allerdings können Sie dadurch auch zum Spielverderber werden, wenn es eine Aufforderung zum unterhaltsamen Streitgespräch sein sollte.
- **Benutzen Sie keine Kosmetik?**
- **Warum?**
- **Nein!** ... Pause ... **Was konkret wollen Sie mit dieser Äußerung erreichen?**
- **Es ist unfair, dass 95 % meines Berufsstandes allen anderen einen so schlechten Ruf eintragen.** – Eine witzige Antwort, die den anderen zum Nachdenken veranlasst. Die inhärente Bestätigung wird er erst auf den zweiten Blick erkennen. Damit gewinnen Sie Zeit und irritieren Ihr Gegenüber.
- **Meine Eltern wollten ja, dass ich Banker werde, aber so richte ich weniger Unheil an.**
- **Das ist die Wetterseite meines Gewissens. Da kann ich was aushalten.**
- **Machen Ihnen solche Fragen kein schlechtes Gewissen?**
- **Was für ein Gewissen?** – **Mein Gewissen entzieht sich Ihrem Wissen.** Sie nehmen den Klang des Wortes mit einem sich darauf reimenden Wort auf und irritieren damit Ihr Gegenüber. So verschaffen Sie sich eine kleine Denkpause und können sich in Ruhe eine gute Argumentation zurechtlegen.

22. Öffentliche Anhörung

Situation: Sie befinden sich bei der öffentlichen Anhörung für einen neuen Tunnelbau. Dieser Bau wird Ihre Ruhe und Wohnqualität sehr beeinträchtigen. Sie wehren sich vehement und habe viele gute Argumente. Plötzlich werden Sie durch einen Zwischenruf aus dem Publikum unterbrochen:

»Jetzt mal ehrlich! Das meinen Sie doch nicht ernst, oder?«

Ihre Antwort: ....

Gelungene Abwehrtechniken

- **Wollen Sie meine Unterschrift?**
- **Jetzt einmal ganz offen: Warum fragen Sie?** – Sie verwenden denselben Einstieg wie der Zwischenrufer. Das nimmt den anderen in die Pflicht und verschafft Ihnen Zeit zum Nachdenken.
- **Sie haben anscheinend ein paar kritische Anmerkungen. Da wir uns heute getroffen haben, um genau über diese Punkte zu sprechen, bitte ich Sie, mir Ihre Gedanken etwas genauer zu erklären, um so gegebenenfalls noch Änderungen vornehmen zu können.**
- **Mensch, wie haben Sie das denn jetzt gemerkt?**
- **Ist der Papst katholisch?** – Witzig, doch hier kommt es darauf an, ob Sie es sich mit dem Zwischenrufer wirklich verderben wollen oder ob Sie eine Chance sehen, ihn in Ihr Boot zu holen. Dann wäre es besser, diese Antworten für die eigene Erheiterung zu nutzen und etwas anderes zu sagen.
- **Es ist meine volle Überzeugung, und ich stehe dazu. Was genau halten Sie daran für unpraktikabel/nicht durchführbar/unverständlich?** – Die rein sachliche Antwort mit anschließender Erklärung lässt Sie wieder sehr souverän wirken. Durch die Frage unterstreichen Sie die Ernsthaftigkeit Ihres Anliegens.
- **Was klingt an meiner Aussage unplausibel? Was ist unklar?**
- **Warum nicht? Haben Sie es nicht verstanden, oder warum fragen Sie jetzt nach?**
- **Natürlich, und ich erkläre nochmals, warum ich so denke.**

23. Ungeliebte Vorschläge

Situation: Sie sind Mitglied im Schwimmverein. Zum Dorffest wird geplant, einen Stand mit Kaffee und Kuchen zu organisieren. Sie erinnern sich mit Grauen an die letzte Kuchenschlacht und sind dafür, diesmal den anderen Vereinen den Vortritt zu lassen und stattdessen mal zu grillen. Der Vorstand ist damit nicht einverstanden und bügelt Sie nieder mit den Worten: »**Wenn Sie sich nicht nach den anderen richten, bleiben Sie allein!**«

Ihre Antwort: ....

Gelungene Abwehrtechniken

- **Nur tote Fische schwimmen mit dem Strom.** – Das ist eine schöne Assoziation zum Schwimmclub. Die Bemerkung wird Ihr Gegenüber zum Nachdenken bringen.
- **Nur Lemminge gehen dahin, wo alle hingehen.**
- **Wenn das in der Vergangenheit alle gesagt hätten, würden wir noch in unseren Höhlen sitzen und grunzen.**
- **Neue bahnbrechende Ideen hatten es schon immer etwas schwerer, akzeptiert zu werden!**
- **Der Starke ist am mächtigsten allein.**
- **Lieber bleibe ich allein, als dass ich etwas ohne Spaß mache.**
- **Darf man keinen eigenen Standpunkt mehr haben?**
- **Ich sehe schon: Kein Argument zählt für Sie.**
- **Und wieso haben Sie dann so wenig Freunde?** – Ein Gegenangriff liegt natürlich nahe, doch so werden Sie selbst sich keine Freunde machen und auch wenig Unterstützung für Ihre eigenen Vorschläge bekommen. Den Gegenangriff vorher immer genau überlegen.
- **Wie sagte Albert Einstein einmal so schön?** »**Um ein tadelloses Mitglied einer Schafherde sein zu können, muss man in erster Linie eines sein, und zwar ein Schaf.**« – Ein Zitat kommt meistens gut an. Außerdem haben Sie dadurch Unterstützung von einer Autorität. Schöne Zitate, die Sie so verwenden können, finden Sie ab S. 236.
- **Das glauben Sie? Dann muss ich wohl damit leben.**

Familie und Freunde

24. Führerschein mit 17

Situation: Lena ist erst 17 Jahre alt und möchte den Führerschein machen, wie es das Gesetz jetzt neuerdings erlaubt. Ihre Mutter ist damit nicht einverstanden. Sie findet:
»Das ist unvernünftig!«

Ihre Antwort: ....

Gelungene Abwehrtechniken

■ Genauso, wie über den Atlantik zu fliegen oder den Mond zu betreten.

■ Die Mondmissionen mit der Rechenleistung von zwei C64 durchzuführen war dann wohl auch unvernünftig, oder? – Sie arbeiten mit einem Vergleich, der zeigt, dass Sie selbst sehr gut informiert sind, und machen gleichzeitig deutlich, dass im Vergleich zu diesen Beispielen Ihr Anliegen relativ klein ist.

■ Ohne Unvernunft keinen Spaß. – Das ist eine schöne Assoziation. Nur ob Sie damit bei Ihrer Mama punkten können, steht auf einem anderen Blatt.

■ Ist es Voraussetzung, vernünftig zu sein?

■ Wenn ich darauf verzichten würde; das wäre unvernünftig. – Sie gehen auf das Wort »(un-)vernünftig« ein und bauen Ihre Antwort darauf auf. Das ist ein guter Einstieg, um in weitere Verhandlungen einzutreten.

■ Edisons 1000ster Versuch auf dem Weg zur Glühlampe war auch unvernünftig.

■ Macht aber Spaß.

■ Die Vernunft spricht leise. Deshalb wird sie so selten gehört.

■ Wenn es vernünftig wäre, könnte es ja jeder machen.

■ Na Gott sei Dank. Unverhofft kommt oft …

■ Auch logisch und konsequent, wenn man es auch von anderen Seiten betrachten kann.

■ »Wer sich ständig von Vernunft leiten lässt, ist nicht vernünftig.« (Charles Tschopp)

25. Nicht willkommen

Situation: Sie wohnen schon lange in einem Mietshaus und wollen Ihrer befreundeten Nachbarin auch mal Ihr Leid klagen. Sie klingeln bei ihr und werden mit den Worten begrüßt: **»Du schon wieder!«**

Ihre Antwort: ....

Gelungene Abwehrtechniken

- **Immer wieder eine Freude, gell?**
- **Ja, und, freust du dich?** – Sie überhören den Ton und die Verallgemeinerung »schon wieder«, nehmen es gelassen und erhalten sich dadurch Ihre Fröhlichkeit. Das ist eine gute Basis, um weiter zu kommunizieren. Gleichzeitig gehen Sie nicht auf den Angriff ein; das wirkt souverän.
- **Mich würd's freuen, wenn ich das mal zu dir sagen könnte!**
- **Oh, hallo – ich freu mich auch, dich zu sehen!**
- **Den Satz höre ich sonst immer bei Preisverleihungen.**
- **Haste lange auf mich gewartet?**
- **Wie schnell die Zeit vergeht, die man ohne nette Gesellschaft verbringt …**
- **Hätte ich noch jemanden mitbringen sollen?**
- **Es macht mich glücklich, die Freude in deinem Gesicht zu sehen.** – Sehr ironisch. Das muss Ihr Gegenüber auch vertragen. Vorsicht mit Ironie, wenn Sie Ihr Gegenüber noch nicht genau einschätzen können.
- **Hast du einen Moment Zeit oder möchtest du lieber einen Termin mit mir ausmachen?**
- **Ja, in voller Lebensgröße.** – Sachliche Antwort. Mit einer anschließenden Frage oder Ich-Botschaft bleiben Sie souverän.

TIPP

Ab und zu sollten wir jene, die nichts Gutes an uns finden, maßlos enttäuschen. Also nicht jeder Angriff sollte mit einem Gegenangriff geahndet werden. Vor allem nicht, wenn Sie weiter friedlich leben möchten.

26. Argumente-Austausch

Situation: Familienrat. Sie überlegen gemeinsam mit Ihrer Familie, wo es im nächsten Urlaub hingehen soll. Ihr Sohn Niki möchte unbedingt ans Meer zum Surfen, Ihr Mann möchte in die Berge und begründet es damit, dass er am Strand immer so schnell Sonnenbrand kriegt. Darauf sagt Niki:
»Hast du keine echten Argumente?«
Ihre Antwort: ....

Gelungene Abwehrtechniken

- **Das sind genau die Argumente, die ich brauche, um dich auszuhebeln.** – Sehr direkt. Wenn das der normale Umgangston in der Familie ist, kann das eine sehr gute Antwort sein, um den Sohn an seine Umgangsformen zu erinnern.
- **Wir machen erst weiter, wenn du wieder konstruktiver bist.**
- **Die Qualität meiner Argumente passt zur Fragestellung.**
- **Was genau spricht gegen die bisherigen Argumente?** – Sachliche Antwort, welche die Diskussion offenhält. Eine gute Variante, um doch noch zum eigenen Ziel zu kommen.
- **Andere schon, nur passen die nicht.**
- **Bin ich ein Argument-Büro?**
- **Die kommen erst, wenn du die ersten verstanden hast.**
- **Damit du die genauso ignorierst wie meine ersten?**
- **Brauchst du noch welche?**
- **Doch, aber die habe ich in der anderen Tasche.** – Diese beiden Antworten: witzig, witzig. Ob das zum Ziel führt? Auf jeden Fall muss danach wieder ein Angebot folgen, sonst kommen Sie zu weit weg vom Thema.

TIPP

Im Familienalltag sollten Unstimmigkeiten nicht ausgedehnt werden. Hüten Sie sich vor dem »Gang durchs Museum« (»Letztes Jahr hast du auch …«) und vor anderen Nebenkriegsschauplätzen. Sie üben in der Familie die Kommunikationsmuster Ihrer Kinder ein.

27. Ausgehzeit verlängern

Situation: Diana möchte mal wieder in die Disko, und zum x-ten Mal wird diskutiert, wann sie nach Hause kommen soll. Sie sind der Meinung, dass ein 14-jähriges Mädchen spätestens um 22:00 Uhr zu Hause zu sein hat. Darauf sagt Diana:
»Das sehe ich gar nicht ein, die anderen dürfen auch!«
Ihre Antwort: ....

Gelungene Abwehrtechniken

- **Dann erkläre ich es dir anders.**
- **Deswegen sprechen wir ja nun darüber.** – Sie reagieren rein sachlich und lassen sich dadurch nicht von Ihrem Teenager provozieren. Das ist gut, um im konstruktiven Kontakt zu bleiben.
- **Setze bitte deine Brille auf und konzentriere dich noch einmal auf das Problem.**
- **Mitdenken ist eben ganz schön schwierig.**
- **Wir müssen unbedingt Raum für Zweifel lassen, sonst gibt es keinen Fortschritt, kein Dazulernen.**
- **Sehen ist nicht das Gleiche wie Begreifen.** – Das ist eine schöne Assoziation. Ob sie bei Ihrer Tochter weiterhilft, ist die andere Frage. Auf jeden Fall hilft es Ihnen dabei, nicht wütend zu werden und die eigene Handlungsfreiheit zu bewahren.
- **Was konkret fehlt dir noch, um dir ein Bild machen zu können?** – Mit dem Begriff »Bild machen« sprechen Sie den Sinneskanal Ihrer Tochter an, den diese bevorzugt. Damit ist die Wahrscheinlichkeit sehr viel größer, dass Sie gemeinsam zu mehr Verständnis füreinander finden.
- **Aber vielleicht riechst du es?** – Damit können Sie ablenken und vielleicht auch noch punkten. Wahrscheinlicher ist jedoch, dass Sie bei Ihrem Teenager zunächst auf Verständnislosigkeit stoßen. Wichtig ist bei dieser Variante, dass Sie dann gleich mit einer Frage weitermachen, um die Unterhaltung nicht abbrechen zu lassen.

28. Einseitiges Gespräch

Situation: Ihre Freundin ist zum Kaffee da und erzählt schon seit fast 2 Stunden, wie gemein ihre Chefin sich ihr gegenüber verhält. Langsam reißt Ihnen der Geduldsfaden und Sie versuchen, dem Gespräch eine andere Richtung zu geben, indem Sie Ihre neueste Wohnungsdekoration zeigen. Darauf sagt Ihre Freundin kühl:

»Das interessiert (mich) nicht!«

Ihre Antwort: ....

Gelungene Abwehrtechniken

- Warum hör ich dir dann die ganze Zeit zu?
- Bin ich dann morgen wieder dran mit erzählen?
- **Schade.** – Wenn dabei Ihre Körpersprache angemessen angepasst ist, dann kann das eine wunderbare Antwort sein, die unaufdringlich transportiert, wie es Ihnen mit der Aussage Ihrer Freundin geht. Sie sind damit bereit für einen konstruktiven Dialog.
- Stimmt, hatte ich vergessen.
- Wie kann ich denn dein Interesse wecken?
- **Was interessiert dich denn außer deiner Chefin im Moment sonst so?** – Durch die sachliche Frage bieten Sie einen konstruktiven Ansatz an, ohne auf die heftige Antwort der Freundin einzugehen. Wenn Sie sich dabei gut fühlen, ist das eine gute Antwortmöglichkeit.
- Dann solltest du überlegen, ob du den richtigen Job hast.
- **Schlag ein Thema vor, das uns beide interessiert.** – Leicht schnippisch, doch nach solch einer Aussage angemessen.
- Kein Problem, ich erzähle es nicht weiter.
- Manche Menschen haben Bretter vor dem Kopf, die ihnen die Welt bedeuten.
- **„Ehe man den Kopf schüttelt, sollte man sich vergewissern, dass man einen hat."** (Hans Kasper) Die letzten beiden Antwortvarianten stören die Beziehungsebene auf jeden Fall, sind aber witzig. Jetzt kommt es darauf an, wie wichtig Ihnen diese Freundin und Freundschaft ist.

29. Erster Urlaub mit Freund

Situation: Lena möchte gemeinsam mit ihrem Freund das erste Mal in den Urlaub fahren. Ihre Eltern sind entsetzt und sagen unisono:

»Das geht nicht, dafür bist du noch zu jung!«

Ihre Antwort: ....

Gelungene Abwehrtechniken

- Geht nicht, gibt's nicht.
- »Wer nicht gerne denkt, sollte wenigstens von Zeit zu Zeit seine Vorurteile neu gruppieren.« (Lothar Burbank)
- Wo ein Wille ist, ist auch ein Weg. – Diese Antworten werden nicht gerade dazu beitragen, dass Sie von Ihren Eltern ein Okay bekommen. Wenn Sie etwas Bestimmtes erreichen wollen, ist es ungünstig, mit dem Kopf durch die Wand zu rennen.
- Ach was.
- Sagt wer?
- Wenn wir wollen, geht es. Vielleicht nicht so, dann aber bestimmt anders.
- Die Weltgeschichte zeigt Gott sei Dank, dass sich nicht jeder von diesem Satz entmutigen lässt.
- Warum? – Die »Warum-Frage« löst beim anderen den Antwortreflex und zusätzlich eine Rechtfertigung aus. Dadurch setzen Sie Ihre Eltern direkt in Zugzwang. Allerdings wäre »weswegen« oder »was genau spricht dagegen« die bessere Wahl, um zum gewünschten Ergebnis zu kommen.
- Wir haben es doch noch gar nicht probiert – also nicht lange reden, sondern tun.
- Stellt euch vor, ich bekomme es hin. Dann staunen wir alle.
- Mit der Entscheidung seid ihr nicht gerade die Eltern des Monats. – … und Sie nicht gerade die Tochter, die Erlaubnis bekommt, mit dem Freund in den Urlaub zu fahren. Die Antwort klingt schnippisch und ist nicht zielführend. Schlagfertigkeit ist gut, doch nicht immer sinnvoll. Sie verbauen sich damit nur Ihre Chancen.

30. Eine Frage der Figur

Situation: Sie treffen Ihre Tochter zum Eisessen. Sie bestellen für sich einen riesigen Eisbecher mit Sahne und ein Glas Prosecco. Das ist Ihrer Tochter etwas peinlich – Eltern sind in einem bestimmten Alter immer peinlich – und sie sagt:
»Ich glaub, du bist für diesen Eisbecher schon zu dick!«
Ihre Antwort: ....

Gelungene Abwehrtechniken

- Vielleicht habe ich etwas zugelegt. Aber ich kann ja auch wieder abnehmen. Andere sind pummeliger. – Klingt ein bisschen beleidigt. Trotzdem eine schlagkräftige Antwort.
- Sagt wer?
- Willst du mein Geheimrezept haben?
- Das ist dein Problem!
- Es ist nett, dass du dich um meine Gesundheit sorgst. – Sachliche Interpretation und sehr elegante Replik. Damit können Sie auch Ihre Tochter beeindrucken.
- Stan, ich bin lieber der Oliver von uns beiden.
- Und du bist zu klein. – Schlagfertiger Gegenangriff. Ob der bei Ihrer Tochter angebracht ist, müssen Sie entscheiden.
- Das scheint mir wirklich ein gutes fachliches Argument zu sein. Ja, du bist überzeugend. – Vorsicht bei Ironie. Das kann bei Teenagern als cool angesehen werden, aber auch ins Auge gehen.
- Früher war ich gertenschlank, heute bin ich nur etwas zu klein für meine Größe. – Lustige Antwort, die zeigt, dass Sie sich kein bisschen darüber aufregen. Klingt sehr souverän.
- Wie man sich füttert, so wiegt man.
- Auch Dicke haben mal dünn angefangen.
- »Das Leben ist zu kurz, um allzu viele Mahlzeiten auszulassen.« (Tom Hanks)
- Jeder ist so dick, wie er sich fühlt.
- Ich bin nur gut isoliert.
- »Der liebe Gott hat dicke und dünne Bäume wachsen lassen. Die dicken bringen mehr Holz.« (Günther Strack)

31. Väterliche Fürsorge

Situation: Lena, 17, aufgebrezelt für die Disko, will noch kurz Tschüss sagen, bevor sie entschwindet, und hört von Papa:
»Wenn du dich in so enge Jeans quetschst, ist es kein Wunder, wenn dir einer auf den Hintern haut!«
Ihre Antwort: ....

Gelungene Abwehrtechniken

- **Ist dann bei einem engen T-Shirt Busengrapschen erlaubt?**
  – Pfiffige Antwort, die allerdings nach hinten losgehen kann, da sie ihren Papa erst noch auf weitere Gedanken bringt.
- **… und J. F. Kennedy war auch selbst schuld, dass er erschossen wurde. Er hätte eben nicht Politiker werden sollen.** –
  Sehr schlagfertig, könnte aber Widerspruch herausfordern.
- **Und mit der Einstellung musst du dich nicht wundern, wenn dir jemand ins Gesicht haut.** – Sehr schlagkräftig. Wenn Sie tatsächlich noch Wert darauf legen, in die Disko zu gehen, dann würde ich von solch einer Antwort absehen.
- **Ach. Lenkt das zu sehr von meiner Oberweite ab?**
- **Die Jeans ist ein Kleidungsstück, das nicht noch strammer sitzen könnte, es sei denn, man ersetzte es durch Lack aus der Sprühdose.**
- **Meine Kleidung steht hier nicht zur Diskussion!**
- **Mit dieser Aussage sprichst du den Männern das logische Denken ab und reduzierst sie auf triebhaftes Handeln. Ist das wirklich deine Ansicht?** – Sehr wissenschaftliche Antwort. Die würde ihren Zweck auch im Büroalltag erfüllen.

> **TIPP**
>
> Hier ist es eher ungünstig, eine Grundsatzdiskussion vom Zaun zu brechen oder schlafende Hunde zu wecken. Lassen Sie sich nicht emotional in die Diskussion hineinziehen, sondern behalten Sie lieber Ihr Ziel im Auge und überhören Sie diese Bemerkung großzügig. Ihr Diskobesuch wird Sie entschädigen!

32. Rot werden

Situation: Damenkränzchen im Café: Am Nachbartisch sitzt ein netter junger Mann, der Sie an Ihren Lieblingsschauspieler erinnert. Sie schauen – vielleicht etwas zu lange – in seine Richtung, und eine Freundin macht eine Bemerkung wie: »Na, das wär wohl dein Typ, meine liebe Anne.« Und die nächste Freundin bemerkt erheitert:

»Erwischt! Du wirst ja rot wie eine Tomate!«

Ihre Antwort: ....

Gelungene Abwehrtechniken

■ Ich bin leider noch nicht so abgebrüht wie du. – Retourkutsche, die hier durchaus angebracht scheint. Das kommt ganz darauf an, wie gut Sie befreundet sind und was Ihnen diese Freundschaft wert ist.

■ Endlich mal jemand, der Farbe in die Runde bringt.

■ Nur distinguierte Damen halten ihre Regungen »unter Putz«.

■ Lieber rot als tot.

■ Gott sei Dank, meine Durchblutung funktioniert.

■ »Gedanken sind wie Haare. Die meisten sind wertlos, sobald sie den Kopf verlassen haben.« (Werner Mitsch)

■ »Der Mensch ist das einzige Tier, das errötet oder erröten sollte.« (Mark Twain) – Sie erzielen eine sehr gute Wirkung durch ein vorbereitetes Zitat. So sind Sie immer gewappnet.

■ An Himbeere arbeite ich noch. – Herrliche Assoziation. Durch diese zeigen Sie, dass Sie über den Dingen stehen.

■ Danke, dass du mich darauf aufmerksam machst. Stell dir vor, ich werde rot, und keiner sagt etwas dazu.

■ Besser als grün wie eine Gurke.

■ Grün wär' doch komisch, oder? Oder: Wär' dir Grün lieber?

■ Da muss ich gleich an Pizza denken. Vor zwei Jahren war ich übrigens im Urlaub in Italien, hör mal, was mir da passiert ist. Da war ich mit meinem Ex-Freund. Getrennt haben wir uns, weil …

■ Wie eine spanische oder wie eine holländische Tomate?

33. Ausgelacht werden

Situation: Sie machen mit Ihrer Familie einen Ausflug in den Zoo. Im Insektarium stellen Sie fest, dass Spinnen immer noch nicht zu Ihren Lieblingstieren gehören. Plötzlich sehen Sie im Augenwinkel eine Bewegung und spüren auf dem Arm etwas. Sie machen einen Satz zur Seite und schütteln wie wild dieses Tier von Ihrem Arm. Dabei schauen Sie sehr entsetzt in die Runde, was zu einem allgemeinen Heiterkeitsausbruch Ihrer Familie führt.

Sie werden von Ihrem Gegenüber ausgelacht.

Ihre Antwort: ....

Gelungene Abwehrtechniken

- **Stellt euch vor, es wäre ein Tiger gewesen. Dann würde euch das Lachen auch vergehen.** – Ein schlagfertiger Vergleich, der zeigt, dass Sie nicht auf den Mund gefallen sind. Sogar in solch einer Schrecksekunde fällt Ihnen eine schlagfertige Antwort ein – Kompliment!
- **»Lachen ist nicht der schlechteste Anfang einer Freundschaft und bei weitem das beste Ende.«** (Oscar Wilde)
- **Auf was für 'nem Trip seid ihr denn?** – Das ist eine Standardantwort, die Ihnen in vielen Situationen gute Dienste leisten kann. Passt hier wunderbar und gibt den Ball elegant zurück.
- **Ich kann bestimmt mitlachen. Oder: Wow, habt ihr Humor!**
- **Schön, dass ich zu eurer Unterhaltung beigetragen habe.** – Zustimmen und noch übertreiben. Wenn Sie jetzt noch mitlachen, dann bleibt die Wirkung souverän.
- **Es ist doch immer wieder schön, mit wie wenig man euch zum Lachen bringen kann.**
- **Du hast da was am Zahn …**
- **Lacht ihr mich etwa aus? Oder an?**
- **Ich habe ja mit einigem gerechnet, aber wo ist der Witz versteckt?**
- **Wenn ihr euch beruhigt habt, können wir ja weitergehen.** – Rein sachliche Aufforderung. Vorsicht beim Tonfall, damit es nicht beleidigt klingt. Das würde die Wirkung schmälern.

34. Allgemeinbildung mit Lücken

Situation: Sie treffen sich mit Freunden zum Spielabend. Beim Trivial Pursuit geben Sie auf eine relativ einfache Frage eine absolut falsche Antwort. Darauf sagt Ihr »Freund« süffisant: »Du hältst Goethe doch für einen Animateur im Robinson-Club.«

Ihre Antwort: ....

Gelungene Abwehrtechniken

- Meinst du den, der diese Scherben-Nummer mit dem »Zerbroch'nen Krug« beherrscht? – Witzige Formulierung, die auch noch übertreibt. Der Hinweis auf Kleists »Der zerbroch'ne Krug« bringt den anderen zum Nachdenken. Gleichzeitig negieren Sie seine Aussage, da Sie sehr wohl Bescheid wissen über die deutschen Dichter. Sehr raffiniert.

- Genau, und Schiller und Kant waren seine Mentaltrainer. – Zustimmen und übertreiben. Wunderbar, um dem anderen zu zeigen, wie abstrus seine Äußerung war.

- Och Werner, das tut mir doch auch weh, wenn du so was zu mir sagst. – Hier den richtigen Namen eingesetzt, und Sie haben eine Antwort, die multifunktional verwendbar ist.

- War das nicht der, der mit Desdemona diese Schlangennummer durchführt?

- Weil ich ihn immer mit Schiller verwechsle, und der ist im Club Med.

- Und ich dachte, er sei der Gärtner.

- »Die Bildung eines Menschen zeigt sich am deutlichsten in seinem Verhalten gegenüber Ungebildeten.« (Hans Kilian)

- »Um klar zu sehen, genügt oft ein Wechsel der Blickrichtung.« (Antoine de Saint-Exupéry) – Dann bewusst wegschauen.

- Nö, eigentlich dachte ich, dass der das war, der das letzte Tor in der Europameisterschaft geschossen hatte ... – Auch eine Übertreibung in eine ganz andere Richtung. Das ist pfiffig, vor allem im Freundeskreis. Wenn Sie hier beleidigt reagieren, lacht Ihr Gegenüber sich nur ins Fäustchen.

35. Zurechtweisung der Freundin

Situation: Gleicher Spielabend, anderer Mitspieler. Bei einem Spiel, das nur Sie selbst schon kennen, erklären Sie die Regeln sehr ausführlich, damit auch die neu hinzugekommene Freundin das versteht. Auf einmal meint diese leicht angesäuert:

»**Du redest wie ein Pfarrer, der Moderator werden will.**«

Ihre Antwort: ....

Gelungene Abwehrtechniken

- Na, dann werde ich dich in mein Nachtgebet einschließen.
- Das Wort zum Sonntag war schon immer meine Lieblingssendung. – Die beiden Antworten geben Ihnen die Möglichkeit, witzig zu bleiben und die Angelegenheit nicht zu ernst zu nehmen. Außerdem behalten Sie dadurch Ihren Abstand.
- Das eine schließt inzwischen das andere ja nicht mehr aus.
- Gibt es denn da einen Unterschied?
- Und du urteilst wie ein Talkshow-Moderator, der seine Meinung loswerden will. – Sie gehen zum Gegenangriff über. Wenn Sie ärgerlich sind, ist diese Antwort in Ordnung, doch denken Sie an die Folgen für Ihre Freundschaft.
- Wie sollte ich das denn deiner Meinung nach erklären, damit dann alle mitspielen können?
- Erspar mir die Antwort. Sie würde dich deprimieren. – Eine Standardantwort, die in vielen Fällen funktioniert. Sie arbeitet mit einer Andeutung, die die andere Person dazu veranlasst, nachzudenken und sich selbst eine Antwort zu geben.
- Aber »Herr Fliege« passt nun so gar nicht zu meiner Frisur.

TIPP

Wollen Sie Spaß oder recht haben? Sie entscheiden, ob die Stimmung ungut wird oder ob Sie weiter Spaß beim Spielen haben werden. Niemand kann Ihnen schlechte Laune machen, wenn Sie das nicht zulassen.

36. Nachbarstreit

Situation: Sie haben es sich gerade auf einem Liegestuhl im Garten bequem gemacht, als Ihr Nachbar direkt neben dem Zaun anfängt Holz zu hacken. Nach 30 Minuten wird es Ihnen zu viel, und Sie gehen hin, um ihm folgenden Vorschlag zu machen: Er solle das Holz doch auf der anderen Seite seines Hauses hacken, wo er es anschließend sowieso lagern wird. Darauf erwidert er:

»**Das kann ja nur auf deinem Mist gewachsen sein!**«

Ihre Antwort: ....

Gelungene Abwehrtechniken

- Ja, auf meinem Mist wachsen die tollsten und besten Dinge. – Sie lassen sich Ihre gute Laune nicht verderben. Durch die Zustimmung bleiben Sie bei sich und nehmen dem Gegner den Wind aus den Segeln.
- Auf deinem wächst ja auch nichts.
- Was ein guter Dünger so alles ausmacht.
- Ich habe dich akustisch nicht verstanden. Was für eine List meinst du? – Absichtliches Missverstehen kann eine wunderbare Variante sein, um sich nicht in das Reiz-Reaktions-Schema ziehen zu lassen. Durch die Antwort gewinnen Sie Zeit und nehmen auch Druck aus der Situation.
- Ohne große Misthaufen könnte es auch keine guten Vorschläge geben.
- Hab ich's mir doch gedacht, dass mein Vorschlag auf Begeisterung stößt.
- Danke für deine uneingeschränkte Zustimmung. – Ironie ist hier auch eine schöne Antwort. Allerdings passen Sie hierbei auf, dass die nicht falsch aufgefasst und Anlass für eine Grundsatzdiskussion wird.
- Ich ziehe den Hut vor deinem exzellenten Sprachgebrauch.
- Du warst auch schon mal konkreter.

37. Optimistisch bleiben

Situation: Sie sitzen mit Ihren Freundinnen beim stilvollen Dinner. Nach dem ersten freundlichen Smalltalk beginnt eine der Damen, über die allgemeine Lage und ihre Situation im speziellen zu jammern. Darauf sagen Sie: »Ab 45 wird alles besser!« Die einstimmige Meinung Ihrer Freundinnen darauf ist: »**Da bist du zu optimistisch!** Oder: **Du siehst das blauäugig.**«
Ihre Antwort: ....

Gelungene Abwehrtechniken

- **Und ihr seid ewige Schwarzseher.** – Retourkutsche, die hier nett formuliert ist. Das geht auch bei Freunden.
- **»Der Optimist denkt oft ebenso einseitig wie der Pessimist, aber er lebt froher.«** (Charlie Rivel)
- **»Ein Optimist ist ein Mensch, der die Dinge nicht so tragisch nimmt, wie sie sind.«** (Karl Valentin) – Haben Sie so etwas auf Lager, bauen Sie es in die Antwort ein. Das wirkt gebildet, und Sie verweisen zusätzlich auf eine Autorität.
- **Besser blauäugig, als ein blaues Auge.**
- **Kennst du die Geschichte von den zwei Schuhverkäufern, die nach Afrika geschickt wurden? Der Pessimist sagte:** »Hier gibt es keinen Markt, alle laufen barfuß.« Der Optimist sagte: »Riesenmarkt in Afrika, alle laufen barfuß. Schickt mehr Schuhe!«** – Eine passende Geschichte lenkt vom Angriff ab und hilft dabei, die Sachebene schnell zu erreichen. Wirkt sehr überlegt und ist effektiv.
- **Der vorsichtige Pessimist begeht Selbstmord, indem er sich vor einen Krankenwagen wirft.**
- **Für dich ist das Licht am Ende des Tunnels sicher auch der Scheinwerfer eines entgegenkommenden Zuges oder** wenigstens ein Schlusslicht.
- **Wie sagte vor kurzem ein Psychiater in einer Fernsehsendung:** »Alles Patienten, sie wissen es nur noch nicht.« Komisch, dass mir das jetzt gerade einfällt.
- **Warum sollten wir bei zwei Seiten nicht die bessere wählen?**

38. Das letzte Wort haben

Situation: Sie haben Streit mit Ihrem Mann. Ein Wort gibt das andere, und er gibt einfach nicht nach. Irgendwann platzt ihm der Kragen, und er sagt zu Ihnen:

»Und du musst immer das letzte Wort haben!«

Was könnte seine Antwort darauf sein? ....

Gelungene Abwehrtechniken

- **Ja!**
- **Ich kann doch nichts dafür, wenn dir nix mehr einfällt!** – Die Antwort ist passend, doch besser punkten könnten Sie an der Stelle mit der Formulierung: »Ich weiß ja nicht, wann du nichts mehr sagen willst.« Diese Formulierung ist respektvoll und schickt auf der Beziehungsebene die Botschaft, weiter freundschaftlich kommunizieren zu wollen. Und – der andere wird darüber nachdenken.
- **Das muss ich nicht haben, das hab ich freiwillig.**
- **Besser das letzte Wort als gar kein Einfall.**
- **Nur wenn's notwendig ist.**
- **Das letzte Wort ist noch nicht gesprochen.**
- **Sonst hättest du es ja.**
- (Strahlendes Lächeln) Keine verbale Antwort.
- **Du darfst gerne »ja« dazu sagen.**
- **Einer von uns muss ja vorausschauend denken.**
- **Wer sollte es denn sonst haben?**
- **Wenn du immer das letzte Wort haben willst, solltest du mehr Selbstgespräche führen.**
- **Ich finde es immer gut, wenn du das letzte Wort hast. Solange es Tschüss ist.**
- **Empfindest du deine eigene »Letztwortsucht« schon als pathologisch?**
- **Und das ist auch gut so.** – Wowereit-Zitat, das hier gut passt.
- **Gut beobachtet!**
- **Ich würde dir ja sehr gerne das letzte Wort lassen, wenn es denn bei einem bliebe.**
- **Tja, so ist das eben. Ein guter Schluss ziert alles.**

39. Wer den Schaden hat ...

Situation: Sie gönnen sich beim Einkaufen ein Eis am Stiel: Zitrone. Gerade als Sie es genüsslich verzehren, fängt ein Zahn an, auf die Kälte zu reagieren. Sie verziehen automatisch das Gesicht im Schmerz, und Ihr lieber Mann sagt:

»Was machst du denn für ein Gesicht?«

Ihre Antwort: ....

Gelungene Abwehrtechniken

- **Wenn ich Gesichter machen könnte, dann wärst du der Erste, dem ich ein neues machen würde.** – Sie reagieren nur auf das Wort »machen«. Eine schöne Möglichkeit, um schnell auf eine eloquente Antwort zu kommen. Wenn Sie den anderen nicht verärgern wollen, hören Sie nach dem »können« auf zu sprechen und schauen tiefsinnig. Dann macht Ihr Gegenüber die weitere Arbeit selber.

- **Ein Gesicht, als ob ich gerade in eine gefrorene Zitrone gebissen hätte.**

- **Glaubst du, wenn ich mehrere Gesichter zur Auswahl hätte, hätte ich mir heute morgen dieses ausgesucht?**

- **Dein Gesicht auf einer Briefmarke, und die Post wäre bankrott.** – Die heftige Retourkutsche ist schön formuliert, doch Vorsicht, wenn sie zurückkommt.

- **Ein faltenloses, freundliches, junges.** – Eine wunderschöne Antwort – zustimmen mit gleichzeitiger Definition.

- **Das ist mein eigenes. Die Masken sind gerade alle beim Maskenbildner.** – Direkte Antwort und witziger Zusatz. Damit zeigen Sie, dass Sie den Überblick behalten und sich nicht getroffen fühlen.

- **Mein Ausdruck passt zu dem, was ich hier gerade sehe.**

- **Ich vergesse nie ein Gesicht. Aber in deinem Fall will ich mal eine Ausnahme machen.**

- **Ich hab schon mal versucht, mir ein anderes Gesicht anzutrainieren. Doch es sah sehr unvorteilhaft aus.**

- **Dein Gesicht an der Kellertreppe, und die Kartoffeln kommen schon geschält hoch.**

40. Finanzspritze erbeten

Situation: Sie – Marina – sind 15 Jahre alt, und leider ist das Taschengeld schon am Zehnten des Monats alle. Nun brauchen Sie unbedingt dieses coole bauchfreie Top. Sie bitten Ihre Mutter um einen Vorschuss. Darauf sagt die:

»Da könnte ja jeder kommen!«

Ihre Antwort: ....

Gelungene Abwehrtechniken

■ Ich bin aber nicht »jeder«!

■ **Ich glaube, so lange sollten wir nicht warten.** – Witzige Antwort, die andere sofort aus ihrer Spur bringt. Ob sie zur gewünschten Lösung beiträgt, ist allerdings sehr fraglich.

■ **Und bevor nicht jeder gekommen ist, willst du dich damit nicht beschäftigen?**

■ **Stimmt. Aber ich war die Erste.** – Wenn Sie hier nach einer kurzen Pause weitersprechen und auf der sachlichen Ebene argumentieren, dann ist das eine schöne Einleitung dafür. Alleine für sich wirkt die Reaktion patzig.

■ **Nach diesem eindrucksvollen Beitrag können wir vielleicht wieder zum eigentlichen Thema zurückkommen – dem Taschengeld. Wie wär's mit einer generellen Erhöhung? Dann sparen wir uns diese ständigen Diskussionen.**

■ **Das wäre aber viel teurer! Ich bin doch nur eine.**

■ **Das klingt für mich, als wolltest du dich damit gar nicht beschäftigen. Gib mir schnell das Geld, und ich bin sofort weg.** – Pfiffiger Einstieg in die Diskussion. Durch den Vorschlag zeigen Sie, dass Sie humorvoll bleiben können, auch wenn Sie nicht sofort zu Ihrem Ziel gekommen sind.

TIPP

Ärgern Sie niemanden, wenn Sie noch etwas von demjenigen wollen. Testen Sie hier verschiedene Strategien. Auch Ihre Mama hat bestimmte Muster, mit denen Sie zu Ihrem Ziel kommen können, wenn Sie sie kennen.

41. Frauensprüche

Situation: Auf dem Klassentreffen. Es geht hoch her, und die schon früher immer militante Emanze Rosi schwingt immer noch die gleichen Reden. Sie verkündet lauthals:

»Alle Männer sind Machos!«

Ihre Antwort: ....

Gelungene Abwehrtechniken

- Glaubst du wirklich, dass Pauschalurteile weiterhelfen?
- Wie gut kennst du denn »alle Männer«? – Raffiniert, denn nun kommt die Sprecherin in die Defensive. Sie muss sich genauer auszudrücken, wenn sie adäquat reagieren möchte.
- Und alle Polen klauen, alle Libanesen sind Drogendealer …
- Ich differenziere gerne, ich bin schließlich etwas Besonderes. – Sie beziehen die Aussage auf sich und reagieren differenzierend. Das reizt zu weiterer Diskussion. Wenn Sie daran Spaß haben, nur zu.
- Alle glauben, dass es heute regnet.
- Auf welche Markterhebung beziehst du dich dabei?
- Eine Statistik besagt, dass »alle« ungefähr 15 % ausmachen.
- Wow, da musst du aber schon mit wirklich vielen Menschen gesprochen haben.
- Und es gibt gar keine Ausnahmen? Überhaupt keine?
- Ich bevorzuge die Bezeichnung: Gentleman. – Eine schöne Umdeutung, auf die der Sprecherin vermutlich nichts mehr einfällt. Eine erfolgversprechendste Variante.
- Alle Frauen sind gleich – mir jedenfalls.

> **TIPP**
>
> Pauschalisierungen sind für viele Menschen ein rotes Tuch. Lassen Sie sich davon nicht aus der Ruhe bringen. Wichtig ist, dass Sie diese erkennen. Dann können Sie die Verallgemeinerung hinterfragen oder mit einer neuen Definition kontern. Wichtig ist nur, dass Sie sich nicht in das Muster ziehen lassen.

Partnerschaft

42. Shoppen mit dem Mann

Situation: Sie gehen mit Ihrem Mann auf Shoppingtour und suchen ein neues Kostüm. Nachdem Sie 25 Teile anprobiert haben, entscheiden Sie sich für ein traumhaftes pinkfarbenes Modell der neuesten Mode. Darauf sagt Ihre Mann genervt und entsetzt:

»Bist du da wirklich ganz sicher?«

Ihre Antwort: ....

Gelungene Abwehrtechniken

- Sicher ist nur der Tod.
- Es gibt nur eine einzige Sicherheit, und die ist, dass es Sicherheit nicht gibt. – Die Reaktion ist sehr ironisch. Vorsicht. Vor allem, wenn Ihr Begleiter schon genervt ist.
- So sicher wie meine Augen blau sind.
- Ja!!! – Klare Frage, klare Antwort. Niemand zwingt Sie, die versteckte Botschaft zu entschlüsseln. Diese Zustimmung ist einfach, direkt und erfolgreich.
- Nichts ist trügerischer als die Sicherheit. Welche Informationen brauchst du zusätzlich, damit du dich auch sicher fühlst?
- Ich habe es mehrmals geprüft und für richtig befunden.
- Warte … ich überleg noch mal … Momentchen, einen Augenblick noch, ja, doch: Jaaaa! – Das passt sehr gut, wenn Sie mit Jugendlichen unterwegs sind. Ob der Partner sich darüber freut, kommt darauf an, wie Ihr Kommunikationsverhalten sonst aussieht.
- Ja, bin ich. Willst du mich verunsichern oder hast du einen konkreten Grund für deine Frage?
- Möchtest du, dass ich noch mal von vorne anfange?
- Sicherheit ist die Fähigkeit, unbefangen dreinzuschauen, wenn der andere nach der Restaurantrechnung greift.
- »Wer die Freiheit aufgibt um Sicherheit zu gewinnen, der wird am Ende beides verlieren.« (Benjamin Franklin)

43. Einfaches schwierig machen

Situation: Sie wollen mit dem Dienstwagen Ihres Mannes, einem schicken, schwarzen und neuen (!) BMW 523, eine kleine Spritztour unternehmen. Ihr Mann behauptet, das Auto dringend zu brauchen, um damit in der Stadt Einkäufe zu erledigen. Sie schlagen ihm vor, einfach einmal den Bus zu nehmen. Darauf sagt er:

»Ja, wenn das so einfach wäre!«

Ihre Antwort: ....

Gelungene Abwehrtechniken

- Vielleicht hast du ja bis jetzt was verkehrt gemacht?
- Lässt du – als Manager – dich etwa von komplexeren Herausforderungen abschrecken? – Die Frage packt Ihren Partner an seiner Ehre. Sie haben gute Chancen, damit zu Ihrem Ziel zu kommen.
- Warum geht's nicht auch mal einfach? Sag doch einfach ja! – Sie verwenden das Wort »einfach« auf mehrfache Weise. Eine raffinierte Reaktion, die jedoch zur weiteren Diskussion einlädt.
- Einfache Aufgaben haben dich doch noch nie gereizt.
- Vielleicht stellen wir dann beim Umsetzen fest, dass es noch viel einfacher ist.
- Das hast du doch mal wieder schön gesagt. – Die Reaktion ist sehr ironisch. Vorsicht. Gerade wenn Sie vom anderen etwas wollen, kann die Ironie leicht nach hinten losgehen.
- Dazu habe ich schon Besseres gehört, aber leider nicht von dir.
- »Wer das Einfache nicht tun kann, muss das Außerordentliche leisten.« (Elazar Benyoëtz)
- »Man muss sich einfache Ziele setzen, dann kann man sich auch komplizierte Umwege erlauben.« (Charles de Gaulle)
- Alles ist schwierig, bis es einfach wird.

44. Schütteres Haar

Situation: Ihre Frau streicht Ihnen liebevoll über die hochgezogene Stirn und stellt dabei fest, dass die Haare langsam zählbar werden. Schmunzelnd stellt sie fest:

»An dir nagt der Zahn der Zeit auch ganz schön!«

Ihre Antwort: ....

Gelungene Abwehrtechniken

■ **Wer im Glashaus sitzt, muss mit Steinen rechnen.** – Eine Retourkutsche, die zwar in Kauf genommen werden muss, doch da Ihre Frau es liebevoll gesagt hat, ist sie etwas überzogen.

■ **Mein Zahn geht dich überhaupt nichts an.**

■ **Kann das daran liegen, dass ich älter werde, genau wie du und alle anderen?** – Die sachliche Frage mit leicht ironischem Unterton ist eine adäquate Antwort, die zeigt, dass Sie über den Dingen und zu sich stehen.

■ **An wem nicht?**

■ **Ich wusste gar nicht, welch ein Poet in dir steckt.** – Die Reaktion ist sehr ironisch und könnte falsch verstanden werden. Bei dieser Antwort ist eine freundliche Körpersprache wichtig, sonst kann sie als Aufforderung zum Streit gedeutet werden.

■ **Danke für das Kompliment.**

■ **Wie, bin ich dir etwa schon zu alt?**

■ **Wenn ich ein Fisch wäre, würdest du mich dann wieder reinwerfen?** – Fishing for compliments ist auch eine interessante Reaktion. Wenn Sie darauf allerdings ein »Ja« als Antwort erhalten, würde mir das zu denken geben.

■ **»Wer sich gerne erinnert, lebt zweimal.«** (Franca Magnani)

■ **»Jeder will alt werden, aber keiner will es sein.«** (Martin Held)

■ **Alter spielt überhaupt keine Rolle, es sei denn, man ist ein Käse oder Wein.**

■ **Und da bin ich stolz drauf. Zeigt es doch, wie weit ich schon gekommen bin.**

45. Männer als Beifahrer

Situation: Sie sind mit Ihrer Frau im Auto unterwegs. Sie lesen die Karte, weil Ihre Frau damit – Ihrer Meinung nach – immer Probleme hat, und geben »freundliche« Anweisungen zu Fahrweise und Kurs. Da Ihre Frau Ihrer Meinung nach zu spät schaltet und Sie das Motorengeheul nicht vertragen, sagen Sie ihr das. Darauf hören Sie als »superfreundliche« Antwort: **»Du bist ein Besserwisser!«**

Ihre Antwort: ....

Gelungene Abwehrtechniken

- Besser ein Besserwisser als ein Schlechtermacher.
- Danke für das Kompliment! – Eine gute Standardantwort. Wahrscheinlich ist die Auseinandersetzung damit beendet.
- Nur wenn es die Situation erfordert.
- Besserwisser sind doch Leute, die einem Pferd die Sporen geben, auf dem sie gar nicht sitzen. Ich sitz doch aber hier im Auto.
- Du triffst den Nagel auch stets auf den Daumen, oder? – Ein leichter Gegenangriff mit Witz.
- Wenn du meine Kritik nicht akzeptieren kannst, dann leide wenigstens mit Stil. – Auch diese Reaktion passt oft, aber sie provoziert den anderen eher, als ihn herunterzuholen.
- Schön, dass dir aufgefallen ist, dass ich es besser weiß. Danke. – Zustimmen in der Sache und die Bosheit überhören. Hier eine selbstsichere Variante.
- Dein Motto ist heute wohl auch wieder: »Mensch ärgere dich nicht, ärgere andere!«

TIPP

Bei Partnern weiß man, was sie auf die Palme bringt. Prüfen Sie genau, ob Sie provozieren oder entlasten wollen. Auch die selbstsichere Variante kann hier nach hinten losgehen. Überlegen Sie genau, welche Reaktion Sie darauf selbst wieder vertragen können.

46. Vor Hausarbeiten drücken

Situation: Es ist kurz vor Ostern, und Sie sind im Vorbereitungsstress. Neben dem Fensterputzen und Eierfärben klingelt auch ständig noch das Telefon. Sie hoffen darauf, dass Ihr Angetrauter Sie unterstützt, doch als dieser nach Hause kommt, beginnt er erst mal in aller Ruhe, sein Auto auszusaugen. Sie verpassen ihm einen leichten Rüffel nach dem Motto: »Sonst fällt dir nichts ein.« Darauf sagt er:

»**Das muss ich jetzt tun!**«

Ihre Antwort: ....

Gelungene Abwehrtechniken

■ …sagte der General in der Schlacht, gab seinem Pferd die Sporen und ritt in die letzte Reihe. – Witzig, vor allem weil die letzte Reihe assoziiert werden kann mit dem »auch hier vor der Arbeit drücken«. Gehen Sie danach schnell auf die Sachebene, und Sie haben gute Karten, das Gespräch in positive Bahnen zu lenken.

■ Dann aber los.

■ Ich muss auch viel, wenn der Tag lang ist. Ich brauche jetzt deine Unterstützung!

■ Was wäre, wenn du es anders machen würdest? – Sachliche Frage, die den anderen zum Nachdenken animiert. Der Antwortreflex tut ein Übriges.

■ Warum?

■ Seit wann?

■ Stimmt nicht.

■ Geht aber auch einfacher.

■ Willst du dich nicht ein kleines bisschen verbessern? – Die Antwort zeigt deutlich den Ärger. Bei der Antwort besonders auf den Tonfall achten. Sonst können Sie Ihre Unterstützung vergessen.

■ Wer zwingt dich denn dazu?

■ »Setze nichts in Bewegung, was du nicht auch zum Stillstand bringen kannst.« (Peter Sloterdijk)

■ Wer »muss« sagt, meint »ich will es nicht anders«.

47. Kein Mitleid nach dem Zahnarzt

Situation: Sie kommen gerade ermattet und plombiert vom Zahnarzt. Außerdem hat Ihnen dieser eröffnet, dass Sie ihn in den nächsten Wochen einmal pro Woche besuchen dürfen. Sie sind darüber nicht wirklich glücklich und jammern nur ein ganz kleines bisschen. Darauf sagt Ihre Frau genervt:
»Jetzt reiß dich doch endlich mal zusammen!«
Ihre Antwort: ....

Gelungene Abwehrtechniken

- Hast du Angst, dass du die Kontrolle über mich verlierst?
- **Nö! Warum?** – Kann trotzig klingen, doch ist es eine sinnvolle schlagfertige Antwort, direkt und ohne Schnörkel. Das »Warum« gibt den Ball wieder ins andere Feld.
- **Oh nein! Das tut immer so weh!** – Sie nehmen die Aussage wörtlich und mit Humor. Witzig wäre auch der Zusatz: »Ich bin doch nicht Rumpelstilzchen.« Denn das hat sich ja bekanntlich in zwei Hälften gerissen.
- Keine Angst, keiner reißt mich in Stücke.
- **Wäre nett, wenn du mir etwas mehr konstruktiv beiseite stehen könntest!**
- Darf ich nicht ich selber sein?
- **An welcher Stelle?** – Ernst nehmen und fragen. An so einer Antwort ist erkennbar, dass Sie mit unseren Mustern schon gut umgehen können. Kompliment.
- **Ich bin doch kein Reißverschluss, der mit einer Handbewegung gesteuert wird.** – Diese und die vorherige Antwort sind sehr pfiffig. Gratulation, wenn Sie nach dem Zahnarztbesuch noch so kreativ und schlagfertig sind. Das wird Ihrer Frau den Wind aus den Segeln nehmen.
- **»Was wäre das doch für ein Segen, wenn wir die Ohren so mühelos auf und zu machen könnten wie die Augen.«** (G. C. Lichtenberg)
- **Ich hab schon mal ausprobiert, mich zusammenzureißen. Doch es sieht einfach unvorteilhaft aus.** – Ein schöner Standardsatz, der in vielen Situationen funktioniert.

48. Zu lange im Bad

Situation: Sie sind gerade dabei, sich für den Abend mit Freunden in der Oper herzurichten. Das Telefon klingelt, und Sie hören, wie Ihr Mann die Auskunft gibt: »Anne ist noch im Bad. Gegipst ist schon, nur der Anstrich fehlt noch.« Als Sie ihn empört über die Aussage zur Rede stellen, sagt er scheinheilig: **»Du verstehst überhaupt keinen Spaß!«**
Ihre Antwort: ....

Gelungene Abwehrtechniken

- Doch, sehr viel sogar, aber nicht immer auf meine Kosten!
- Ist auch gut so.
- So unterschiedlich kann Humor sein! – So läuft der Angriff ins Leere. Eine anschließende Frage kann dann dazu beitragen, die Sache zu klären. Und wie immer macht der Ton die Musik und bestimmt, wie die Antwort ankommt.
- Wenn du das nächste Mal ein Schild hochhältst, auf dem »Achtung Spaß« steht, könnte ich es wenigstens versuchen.
- Wenn das Spaß sein soll, dann gebe ich dir Recht. – Zustimmung mit Klarstellen. Eine schöne Variante, wenn Sie dabei noch einen bedeutungsvollen Blick aufsetzen.
- Als Komiker bekommst du auch keinen Blumentopf.
- Wieso Spaß? Das war doch nur eine Gemeinheit, als Spaß getarnt, und dann auch noch schlecht. Besuch doch mal ein Rhetorik-Seminar, da lernst du, wie es richtig geht.
- Heute nicht mehr. Probier's morgen wieder.
- Spaß ohne Spaß macht keinen Spaß!

> **TIPP**
>
> Achtung bei diesem Satz, meine Damen. Den verwenden die Herren nämlich gerne dann, wenn ein Witz daneben war oder sie bei einer Bosheit ertappt wurden. Nun bloß nicht rechtfertigen, sondern: »Stimmt, da verstehe ich keinen Spaß. Ich mag es nicht, wenn du dich über mich lustig machst.« Oder: »Ich mag keine Witze über …«

49. Zu spät am Treffpunkt

Situation: Bestens gelaunt wollen Sie in der Stadt Ihren Mann treffen, weil dieser einen neuen Anzug und Sie als Beraterin braucht. Als Sie aus dem Haus wollen, ruft Ihre Freundin an und muss Ihnen dringend etwas sagen. So kommen Sie etwas zu spät, Ihr Mann steht schon am Treffpunkt und schaut demonstrativ auf die Uhr. Als Sie eintreffen, sagt er:

»**Das ist wieder typisch für dich!**«

Ihre Antwort: ....

Gelungene Abwehrtechniken

- Ja, ich bin schon ein starker Typ.
- Schreibt man typisch eigentlich mit i oder mit ü?
- Im Gegensatz zu dir bin ich eben verlässlich. – Gleich ein Gegenangriff trägt dazu bei, die Situation eskalieren zu lassen statt zu entspannen. Um Druck herauszunehmen wäre die einfache Frage: »Was genau meinst du?« vorteilhafter.
- Ach, ich hasse es, wenn meine Facetten in Schubladen geschaufelt werden.
- Danke. Es tut mir leid, wenn ich immer alles besser mache als du. Das nächste Mal überlasse ich dir den Vortritt. – Verbales Aikido wird hier verwendet, auch um den anderen zu verwirren. Ob danach jedoch ein entspannter Einkauf folgt, ist die andere Frage.
- Äh …wenn ich es vergesse, kannst du mich dann noch einmal kurz erinnern?
- So bin ich halt. Ist doch gut, oder?
- Deine Menschenkenntnis verblüfft mich immer wieder.
- Toll, dass ich dich nicht enttäusche.
- Und dein Kommentar ist eher untypisch für dich, nicht wahr?
- Wie schön, dass ich deine Erwartung erfüllen konnte. – Wenn Sie dabei freundlich lächeln und bestimmt auftreten, können Sie durch das Überhören des Tons und der unterschwelligen Bosheit eine neue Ausgangsbasis für das weitere Gespräch schaffen.

50. Fußball für Eingeweihte

Situation: Sie sind mit Freunden beim Public Viewing in der Innenstadt. Übertragen wird ein Fußballspiel, bei dem Deutschland ein Tor im Rückstand ist. Die Herren lassen sich lautstark über den Schiedsrichter aus, und Sie fragen, ob das gerade ein Abseits war. Darauf sagt Ihr Mann entnervt zu Ihnen:

»Du hast ja keine Ahnung, wovon wir reden!«

Ihre Antwort: ....

Gelungene Abwehrtechniken

- **Deshalb bin ich immer in deiner Nähe, damit ich von dir lernen kann!** – Wenn Sie gut gelaunt sind, dann ist diese freundliche Zustimmung eine gute Möglichkeit, um nicht ärgerlich zu werden und auch nicht sprachlos zu bleiben.
- **Du denn?**
- **Dann zeig doch Größe und erkläre es einer Unwissenden.**
- **Okay, dann gehe ich irgendwohin, wo meine Fragen gefragt sind und dann auch beantwortet werden.**
- **Stimmt. Aber ich finde es schlimmer, dass ihr auch keine Ahnung habt, denn sonst könntest du es mir ja erklären.**
- **Arbeitest du mit Ahnungen? Das ist ja interessant.** – Schöne Assoziation. Wenn Sie dazu noch entsprechende Handbewegungen machen, die an schwebende Geister erinnern, werden Sie die Lacher auf Ihrer Seite haben. Oder Sie schließen noch an: »Dann frag ich tatsächlich lieber jemanden, der sich auskennt.« Das ist dann die Retourkutsche nach dem Motto: Aug um Aug, Zahn um Zahn.
- **»Viel Wissen bedeutet noch nicht Verstand.«** (Heraklit)
- **Entschuldigung. Das habe ich gerade nicht ganz verstanden. Von welcher Mahnung sprichst du?** – Absichtlich falsch verstehen hilft, Zeit zu gewinnen, und irritiert den anderen.
- **»Die Erkenntnis der eigenen Unwissenheit ist der erste Schritt zum Wissen.«** (Benjamin Disraeli)
- **Ich wusste nicht, dass du so leicht zu irritieren bist.**
- **Ich frage, weil ich auch mal so schlau werden will wie du.**

51. Technik für Eingeweihte

Situation: Sie haben heute in Ihrem Textverarbeitungsprogramm eine neue Funktion entdeckt, die viel Arbeit spart. Sie erklären es gerade begeistert Ihrer Freundin, als Ihr Freund – ein Computerfachmann – dazukommt und spitz sagt:

»Weißt du überhaupt, wovon du da redest?«

Ihre Antwort: ....

Gelungene Abwehrtechniken

- **Welchen Teil des Satzes meinst du?** – Irritierend: Die Frage löst den Antwortreflex aus. Sehr raffiniert!
- **Ja, wenn du Fragen hast, nur zu!** – Sachliche Antwort auf eine sachliche Frage.
- **Natürlich nicht, irgend so ein mystisches Wesen muss sich da wohl meiner Sprechwerkzeuge bedient haben.** – Übertreiben und lächerlich machen. Damit zeigen Sie, wie wenig Ihnen an der Meinung des anderen liegt. Wählen Sie diese Variante nur, wenn Sie nicht gleich morgen wieder etwas von Ihrem Gegenüber brauchen. Denn er wird es sich merken.
- **Nein, ich rede immer ohne darüber nachzudenken. Ich dachte, ich gucke mir das von einem erfolgreichen Kollegen ab. Obwohl – du wärst da auch ideal.**
- **Woher soll ich wissen, was ich denke, wenn ich nicht höre, was ich sage?**
- **Bloß gut, dass ich mich auch für einfache Dinge begeistern kann, wie z. B. für dich.**
- **Was genau brauchst du an Informationen, um überzeugt zu sein, mit Fachleuten zu sprechen?**

TIPP

Auch eine gute Standardantwort für solche Bosheiten: »Kenntnisse bloß zu sammeln, ist genauso schlecht, wie Geld zu horten. Auch Wissen will umgesetzt sein.« (Robert Frost). Und denken Sie immer daran, dass Sie mit einer anschließenden Frage die Kommunikation steuern.

52. Tankanzeige im roten Bereich

Situation: Die Tankanzeige Ihres Wagens tendiert verdächtig Richtung Reserve. Ihre Frau sagt, dass es an der Zeit sei, zu tanken. Gerade taucht auch eine Tankstelle am Horizont auf. Sie sind überzeugt, dass das Benzin noch eine ganze Weile reicht und Ihre Frau sowieso immer zu pessimistisch-vorsichtig ist. Deshalb fahren Sie weiter. Darauf nörgelt Ihre Frau: **»Wenn das schiefgeht, bist nur du schuld!«**

Ihre Antwort: ....

Gelungene Abwehrtechniken

- Es heißt zwar, geben ist seliger als nehmen, aber das gilt nicht beim Verteilen von Schuld. – Ein Sprichwort mit anschließendem Verweis auf die Aussage klingt sehr souverän. Außerdem veranlasst die Antwort zum Nachdenken.
- Was müssten wir ändern, damit du die Schuld (Verantwortung) übernimmst?
- Dann muss ich damit leben.
- »Schulden sind das Einzige, was man ohne Geld machen kann.« (Karl Pisa)
- Wer Schulden hat, hat auch Likör. – Veränderung eines Bonmots von Wilhelm Busch (»Wer Sorgen hat, hat auch Likör.« Die fromme Helene) Außerdem machen Sie hier aus Schuld – Schulden. Darüber wird Ihr Gegenüber sich erst mal wundern, und Sie konnten gut punkten.
- Weshalb sind dir Schuldzuweisungen wichtiger als Lösungen?
- Schubidubidu.
- Stell dir mal vor, ich bekomme es hin. Was sagst du dann?
- Okay, dann bin diese Woche ich schuld und du nächste. Immer abwechselnd. Nachdem wir das nun geklärt haben, gib mir bitte mal das Mineralwasser. – Sie machen einen konstruktiven und witzigen Vorschlag. Dann lenken Sie zum Mineralwasser über und damit vom ursprünglichen Thema ab. Zum Streiten gehören immer zwei, und Sie gehen nicht auf dieses Streitangebot ein. Gratulation!

53. Packen – und das Taxi wartet

Situation: Sie stellen fest, dass Ihr Liebster mal wieder auf den letzten Drücker seinen Koffer packt, um auf längere Geschäftsreise zu gehen. Das Taxi steht schon vor der Tür, und er sucht noch verzweifelt nach einem passenden Gürtel. Sie ermahnen ihn freundlich, doch beim nächsten Mal etwas früher mit dem Packen anzufangen. Darauf sagt er:

»**Das ist mal wieder typische Frauenlogik.**«

Ihre Antwort: ....

Gelungene Abwehrtechniken

- Was hast du denn nicht verstanden, kann ich nachhelfen? – Boshaft, aber angemessen. So ein Angebot hilft meistens gut.
- Auch das!
- Ich komme in beiden Welten sehr gut zurecht.
- Ja genau! Witzig, charmant und geistreich!
- Jaja, das ist wie Frauen und Technik. Und auch diese Welten verstehen sich blendend. – Diese beiden Antworten arbeiten mit dem Zustimmen. Beim einen wird definiert, beim anderen ein Beispiel zusätzlich angeführt. Darauf wird Ihr Partner schwerlich noch etwas erwidern können.
- Ja, ich finde mich auch toll/stark/selbstbewusst.
- Was willst du damit sagen?
- Richtig – die Menschheit besteht aus Männern und Frauen.
- Was genau erscheint dir nicht logisch?

TIPP

Wenn Sie zum Flachsen aufgelegt sind, können Sie auch männerfeindlich oder hochwissenschaftlich werden: »Was versteht ein Mann unter einem siebengängigen Menü? Einen Hot Dog und einen Sixpack.« Oder: »Nach Gregory Bateson liegt hier die Verwechslung logischer Typen vor. Ein einzelnes Individuum ist nicht mit der Klasse von ›Frauen‹ gleichsetzbar. Voraussagen von einer Klasse zu anderen Entitäten sind immer unsicher!«

54. Kaffeekochen in der Arbeit

Situation: Sie regen sich mal wieder über einen Kollegen auf, der in den typischen Männer-Frauen-Kategorien denkt und Ihnen für die nächste Woche wieder das Kaffeekochen für die Besprechungen aufs Auge gedrückt hat. Obwohl schon zu Hause, lassen Sie sich immer noch lautstark darüber aus, was das doch für eine Napfsülze ist. Darauf ergreift Ihr Lebensabschnittsgefährte Partei für seinen Geschlechtsgenossen und sagt:

»Du bist ja eine richtige Emanze.«

Ihre Antwort: ....

Gelungene Abwehrtechniken

- **Eine was …?**
- **Nur weil ich weiß, was ich kann?**
- **Gibt es auch falsche?**
- **Richtig, ich bin emanzipiert. Emanze ist etwas anderes. Lass uns das mal definieren.** – Sachliche Antwort mit Benutzung des vorgegebenen Wortes »richtig«. Dann verzweigen auf das Definieren. Gelungene Antwort ohne Betroffenheit.
- **Ist das dieses neue Eis des Monats von Mövenpick?**
- **Das mit der Höflichkeit üben wir noch mal.**
- **Ich finde es nicht höflich, wenn du mir solche Namen gibst.** – Eine Ich-Botschaft, die ankommt. Statt »höflich« können Sie auch »nett« verwenden. Machen Sie danach auf jeden Fall eine Pause, damit Ihre Antwort wirken kann.
- **Das ist aber lieb, dass du das sagst – ich hatte so sehr geübt.**
- **Und jetzt kriegst du Angst, oder?**
- **Ich heiße aber gar nicht »Alice Schwarzer«.**
- **Danke für das Kompliment.**
- **Ich finde es schade, dass du das so siehst!**
- **Oje, du hast mich aber nun wirklich durchschaut – bitte erzähl es bloß nicht weiter!**
- **Ich bevorzuge die Bezeichnung: Lady.** – Eine sehr schöne Korrektur, die Ihrem Partner zeigt, dass Sie über den Dingen stehen.

55. Emotionen statt Argumente

Situation: Sie haben eine Meinungsverschiedenheit mit Ihrer Frau. Deren Argumentation ist absolut unlogisch, was Sie ihr auch sagen. Dabei werden Sie etwas lauter. Nachdem sie in der Sache nicht weiterkommt, greift sie zu einem Ablenkungsmanöver und sagt:

»Du bist immer gleich so aggressiv!«

Ihre Antwort: ....

Gelungene Abwehrtechniken

- **Das macht das Gorilla-Training.**
- **Besser aggressiv als passiv.** – Das ist ein Gegenangriff. Vermutlich ist das eher Zündstoff für dieses Gespräch.
- **Ist das jetzt ein Freibrief?**
- **Wenn du anders nicht weiterkommst, arbeitest du mit der Psycho-Tour, oder?**
- **Die Weichei-Tour verstehst du ja nicht.**
- **Ja, wenn es sein muss.**
- **Tut mir leid, dass du das so empfindest. Ich möchte hier meinen Standpunkt vertreten und fühle, dass du anders gar nicht zuhörst.** – Gegen solch eine Ich-Botschaft wird es sehr schwer, weiter irrational vorzugehen. Das ist ein Punkt für Konstruktivität und für Sie.
- **Das scheint wohl deine Standardbemerkung zu sein, wenn die Diskussion auf für dich ungemütliche Sachverhalte kommt.**
- **Stimmt, ich reg mich auf. Denn es geht um …** – Zustimmen und erklären. Dabei schwächen Sie »aggressiv« ab und deuten es in »aufregen« um. Das öffnet die Türe für ein besseres Gesprächsklima.
- **»Auch ein Tritt in den Hintern kann einen Schritt vorwärts bedeuten.«** (B. Traven)
- **»Wenn Argumente fehlen, kommt meist ein Verbot heraus.«** (Oliver Hassencamp)
- **»Bemüh' dich nur und sei hübsch froh, der Ärger kommt schon sowieso.«** (Wilhelm Busch)

56. Umgang mit Morgenmuffeln

Situation: Sie legen heute besonderen Wert auf Ihr Äußeres und ziehen Ihre neue Frühjahrsgarderobe an, obwohl kein besonderer Anlass dafür besteht. Ihr Mann – ein Morgenmuffel – sieht Sie so beim Frühstück und sagt boshaft:

»Du bist ja heute wieder aufgedonnert! Noch was vor?«

Ihre Antwort: ....

Gelungene Abwehrtechniken

- Ich mag es, mich ansprechend zu kleiden.
- Ja, solche einfachen Mittel haben bisher immer gewirkt, um bei Männern zu erreichen, was man sich vorgenommen hat.
- Neidisch?
- Ja! Und ich nehm' dich nicht mit!
- Natürlich bin ich schön. Aber ich bin auch intelligent genug, mir nichts darauf einzubilden.
- Blitz und Regen kommen auch gleich, wenn du so weitermachst. – Sie nehmen das Wortspiel auf und drehen es um. Aber Vorsicht: Reagieren Sie so, droht Streit.
- Woher kommt eigentlich das Wort »aufgedonnert«?
- Ja, und zwar eine volle Breitseite! – Ein Gegenangriff muss manchmal sein. Doch halten Sie Ihrem Morgenmuffel zugute, dass er es wahrscheinlich nicht so böse gemeint hat.
- Glaubst du, wenn du den Mund so voll nimmst, kannst du den Spargel irgendwann quer essen?
- Er kam, sah – und sie siegte.
- Nein, ich seh immer so gut aus – Das ist für mich die souveränste Reaktion auf diesen Angriff!

TIPP

Noch zwei Varianten, wenn Ihnen solch eine Nettigkeit von einem Kollegen angeboten wird: »Herr Strunz, bitte lenken Sie nicht ab. Es geht um …« Oder: »Der Mann hat hauptsächlich deshalb einen Kopf, damit eine Frau ihn verdrehen kann.« (Jacques Prevert)

57. Gefühle zeigen unerwünscht

Situation: Nach einem stressigen Tag will auch noch Ihr Partner über die Beule im neuen Auto sprechen, obwohl das schon ausdiskutiert war. Die Nerven gehen Ihnen durch, und Sie beginnen, laut und mit fast schon feuchten Augen darzulegen, was Sie von seinem Gerede halten. Darauf sagt er:

»Du bist immer gleich so emotional.«

Ihre Antwort: ....

Gelungene Abwehrtechniken

- Manchmal ist das Gefühl im Bauch das richtige.
- Gefühle soll man ausdrücken, dazu sind sie da. Vom Runterschlucken kriegt man einen dicken Hals. – Sie überhören das »immer« und das Negative von »emotional«, sprechen über Ihr Gefühl und stehen zu sich. Der Angriff verpufft.
- Ich lebe halt, was ich sage.
- »Es gehört viel Kraft dazu, Gefühle zu zeigen, die ins Lächerliche gezogen werden können.« (Madame de Staël)
- »Es ist schwerer, Gefühle, die man hat, zu verbergen, als solche, die man nicht hat, zu heucheln.« (François de La Rochefoucauld)
- Ist es verboten, außer seinem Kopf auch seinen Bauch zu gebrauchen?
- Für seine Gefühle ist jeder selbst verantwortlich.
- »Der Mensch ist, wenn er wütend wird, in seiner besten Verfassung – das heißt, zu allem fähig.« (Manfred Rommel)
- Erst die Emotionen machen das Menschsein aus. Ein bisschen mehr Emotionalität würde dir auch gut stehen. – Sie nehmen den Einwand ernst, besprechen den Begriff »Emotion« und verweisen mit einem leichten Gegenangriff wieder auf Ihr Gegenüber. Das sieht sehr souverän aus.
- Na, so ein Glück! Da habe ich jahrelang dran gearbeitet. – Sie akzeptieren den positiven Gehalt und bestätigen diesen. Damit nehmen Sie dem anderen den Wind aus den Segeln.
- Ja, lieber zu emotional als gar keine Gefühle.
- Das ist meine Stärke und deine Schwäche.

Beruf – Umgang mit Kollegen

58. Angriff nach der Präsentation

Situation: Sie sind neu in Ihrer Firma und sehr motiviert. Eben haben Sie in der Abteilungsbesprechung Ihre erste Präsentation über ein neues Produkt gehalten, der sich eine lebhafte Diskussion anschließt. Leider können Sie nicht alle Fragen beantworten. Da sagt einer Ihrer neuen Kollegen:

»Ich glaube, Sie sind nicht ausreichend vorbereitet.«

Ihre Antwort: ....

Gelungene Abwehrtechniken

- **Was verleitet Sie zu diesem Glauben?** – Etwas frech und für einen neuen Kollegen nicht angemessen. Wenn Sie eine Weile in der Abteilung arbeiten, dann geht das.

- **Ich werde Ihnen nächstes Mal im Vorfeld ein kurzes Exposé zukommen lassen, damit ich mich auf Ihre Fragen und Einwände besser vorbereiten kann.** – Die sachliche Antwort, die gerade für einen Berufsanfänger sehr zu empfehlen ist.

- **»Glaube heißt nicht wissen wollen, was wahr ist.«** (Friedrich Nietzsche) – Wenn Sie Zitate mögen, dann passt das. Danach ist es allerdings sinnvoll, gleich weiterzusprechen, um den anderen nicht weiter herauszufordern.

- **Der Glaube versetzt ja bekanntlich Berge. Welchen Berg darf ich denn für Sie versetzen?** – Die Ablenkung könnte gut gelingen, wenn Sie danach gleich weitersprechen. Zumindest verwirren Sie mit der Aussage Ihr Gegenüber.

- **Das ist mein Trick, um mir meine Spontaneität zu erhalten.** – Das ist spontan! Aber ist es auch souverän?

- **Improvisation ist, wenn niemand die Vorbereitung merkt. Was konkret möchten Sie wissen?** – Sie überhören die Spitze und reagieren rein sachlich, indem Sie es noch positiv für sich deuten. Das wirkt sehr souverän.

- **»Ja mach' nur einen Plan, und sei ein großes Licht. Mach' noch einen zweiten Plan, gehen tun sie beide nicht.«** (Bertolt Brecht)

59. Terminstress im Teilzeitjob

Situation: Sie sind Mutter, Projektingenieurin und arbeiten in Teilzeit. Ihre Arbeitszeiten sind von 8 Uhr bis 12:30 Uhr. Sie müssen pünktlich Schluss machen, um Ihren Sohn rechtzeitig aus der Kinderkrippe abholen zu können. In der Abteilungsbesprechung wird ein Termin für den »Projekt-Review« gesucht. Die Vormittage sind schon ziemlich belegt. Während der Terminabstimmung sagt einer Ihrer Kollegen:

»Du bist ja nicht einzuplanen. Du bist ja nur halbtags da.«
Ihre Antwort: ....

Gelungene Abwehrtechniken

- **Besser halbtags da als ganztags geistig abwesend!** – Gegenangriff. Der ist nachvollziehbar, wenn Sie oft so etwas hören und es nicht mehr hören wollen.
- **Flexibilität ist mein zweiter Vorname.** – Die Antwort lässt alles offen und klingt witzig. Ein anschließende Frage verzweigt schnell wieder auf die Sachebene.
- **Naja, wenn ich mir ansehe, was du den ganzen Tag geschafft kriegst, dann möchte ich nicht tauschen.** – Retourkutsche und noch eines drauf. Die ist nur empfehlenswert, wenn Sie nicht weiter mit dem Kollegen zusammenarbeiten wollen.
- **Wusstest du, dass zwei Halbtagskräfte effizienter sind als eine Ganztagskraft? Es gibt darüber Untersuchungen, die zeigen, dass Teilzeitkräfte mehr leisten und die Qualität besser ist.** – Sachliche Erklärung, die zumindest ablenkt. Leider neutralisiert sie nicht den Ärger, der bei solchen immer wiederkehrenden Bemerkungen ausgelöst wird.
- **Danke, dass du dich daran erinnerst, die Termine auf den Vormittag zu legen.** – Sie überhören die Spitze und reagieren rein sachlich, indem Sie es noch positiv für sich deuten.
- **Wie darf ich deine Bemerkung verstehen?** – Fragen gehen immer. Im Zweifel stellen Sie eine Frage und lassen den anderen die Arbeit machen.
- **Nur kein Neid. Ich hab' nachmittags auch was zu tun, halt was anderes.**

60. Einsatz für die Mitarbeiter

Situation: Sie vertreten bei Ihrer abteilungsübergreifenden Besprechung die Ansicht, dass für die Mitarbeiter, die mit dem Fahrrad zur Arbeit kommen, Umkleide- und Duschmöglichkeiten geschaffen werden sollen. Darauf sagt der etwas korpulent geratene Herr Schröder, Ihr nörgelnder Kollege aus der Nachbarabteilung:

»Das ist doch ein ganz unmöglicher Vorschlag, den Sie da vertreten!«

Ihre Antwort: ....

Gelungene Abwehrtechniken

- **Ich habe mich auf Ihr Niveau begeben, damit Sie mir folgen können.** – Solch einen Gegenangriff sollten Sie nur dann verwenden, wenn Sie Herrn Schröder in der nächsten Zeit sicher nicht brauchen. Konstruktiver ist die nächste Antwort.
- **Kommen wir doch wieder auf die Sachebene zurück.**
- **Anders ist doch nicht unmöglich!**
- **Schön, Sie betrachten diesen Vorschlag als Herausforderung! Welchen Punkt denn genau?**
- **Das sind die besten Vorschläge! Also darum geht's …**
- **Was zuerst unmöglich scheint, wurde später schon oft zur Wirklichkeit.**
- **Die Vielfalt der Vorschläge ist das Salz in der Suppe.**
- **Es wäre nicht angemessen, Ihre Äußerung lediglich erstaunt zur Kenntnis zu nehmen. Was konkret missfällt Ihnen?** – Sie nehmen den Einwand ernst, nicht ohne Ihre Antwort mit einer kleinen Spitze zu versehen. Trotzdem wirken Sie alleine durch die Wortwahl schon souverän.
- **Ihr Einwand zeigt mir, wie unbestechlich Sie sind. Sie nehmen nicht einmal Vernunft an.** – Auch hier noch mal ein – wenn auch elegant formulierter – Gegenangriff. Da ist die folgende Antwort wieder gelungener.
- **Meine Devise ist ja immer: Unmögliches wird sofort erledigt, Wunder dauern etwas länger. Was an meinen Ausführungen genau erscheint Ihnen denn nicht realisierbar?**

61. Werbekampagne in der Kritik

Situation: Zu Jahresende stellt jede Abteilung ihre durchgeführten Projekte vor. Ihre Werbekampagne ist gerade fertig vorbereitet und soll nun starten. Sie schließen mit: »Der Erfolg wird uns recht geben!« Darauf sagt einer Ihrer Kollegen: »**Sie wissen ja nicht einmal, wie man ›Erfolg‹ schreibt.**«
Ihre Antwort: ....

Gelungene Abwehrtechniken

- Naja, schreiben muss ich ihn ja auch nicht. Hauptsache, ich hab ihn! – Retourkutsche in einer – dem Angriff angemessenen – Heftigkeit. Durch die Antwort zeigen Sie, dass der andere Sie nicht verletzen kann.

- Wie sagte schon Herr Swope: Eine Erfolgsformel kann ich dir nicht geben; aber ich kann dir sagen, was zum Misserfolg führt: der Versuch, jedem gerecht zu werden. – Das Zitat zeigt, dass Sie gut vorbereitet sind. Und Sie führen dem Zwischenrufer vor Augen, dass er sehr einseitig aufgestellt ist.

- Doch: R wie richtige Entscheidung, dann folgt Geld. – Sie gehen hier direkt auf die Frage der Person ein und zaubern eine raffinierte Definition aus dem Hut. Damit bleiben Sie souverän, ohne direkt zurückzuschlagen.

- Ich schreibe Erfolg so: E wie Einfallsreichtum, R wie Risiko, F wie Freiheit, O wie Organisation, L wie Lebenslust und G wie Gleichgewicht. Und Sie? – Das zeigt, dass Sie sich mit dem Thema schon beschäftigt haben. Und Sie regen den Antwortreflex des Gegners an und bleiben selbst gelassen.

- Das wissen Sie sicherlich besser. Und ich bin froh, dass es so gute Schreibkräfte gibt, dann kann ich mich um Wichtigeres kümmern. – Ein Punkt für Sie!

- »E-R-F-O-L-G« – Um den Humor des anderen zu testen, können Sie statt »F« »V« sagen. Aber nicht jeder versteht das!

- Fast richtig. Ich weiß nicht, wie Sie »Erfolg« definieren. Lassen Sie es uns doch gemeinsam versuchen. Was verstehen Sie darunter? – Sie überhören den Angriff und verzweigen auf die Definition. Der andere kommt in Zugzwang.

62. Neue Vorschläge einbringen

Situation: Sie stellen einen neuen Prozessablauf vor. Damit lassen sich 10 % des bisherigen Zeitaufwands einsparen. Sie sind von Ihrem Vorschlag begeistert, und er ist auch sehr gut durchdacht. Darauf ernten Sie von Ihren Kollegen im Hinblick auf die alte Vorgehensweise Kommentare wie:

»Das haben wir noch nie anders gemacht.«

Ihre Antwort: ....

Gelungene Abwehrtechniken

- Habe ich Ihr Argument richtig verstanden? Weil wir es immer so gemacht haben, benötigen wir keine Innovation?
- Wunderbar, dann ist eine erste Veränderung erfrischend, und uns stehen alle Möglichkeiten offen.
- Mit der gleichen Argumentation wurden die bedeutendsten Innovationen der Geschichte um Jahre hinausgezögert.
- Mit dieser Einstellung verliert unsere Firma jährlich tausende von Euro. Wollen Sie das?
- Nehmen wir an, Sie hätten null Mehraufwand. Wären Sie dann bereit, mit uns über eine neue Lösung nachzudenken? – Diese Antwort bietet sich bei vielen Killerphrasen an. Denn Killerphrasen sollen immer vom Thema ablenken, und mit dieser Antwort nehmen Sie dem anderen diese Möglichkeit!
- »Nichts gilt in der Welt als heiliger und unantastbarer, als ein traditionsreicher Missbrauch.« (Voltaire)
- Wir können gerne weiter Dreirad fahren.
- Dann wird es ja Zeit, sich dem neuen Umfeld anzupassen.
- Wer nicht mit der Zeit geht, geht mit der Zeit.
- Okay, was ist Ihnen sonst noch aufgefallen?
- Ich werte Ihre Aussage als den Versuch, meinen Vorschlag abzuwerten. – Ich weiß, dass Gewohnheiten etwas Schönes sind. Doch die neuen Gegebenheiten erfordern …
- Und genau deshalb sollte es nicht so bleiben.
- Was müsste passieren, dass es funktioniert?
- Bill Gates sagte mal, dass 640 KB Arbeitsspeicher für die nächsten 20 Jahre ausreichen.

63. Neues provoziert

Situation: Sie langweilen sich oft in Besprechungen und bei Präsentationen. Nun wollen Sie in Ihrer nächsten Besprechung etwas Neues ausprobieren und versenden vorher einen Fragebogen. In der Besprechung werden Sie dann so empfangen:
»**Ach, haben Sie das in einem Managerseminar gelernt?**«
Ihre Antwort: ....

Gelungene Abwehrtechniken

- **Ja, genau. Und das kann ich Ihnen wärmstens empfehlen. Ich bringe Ihnen gerne die Unterlagen mit!** – Sehr elegant: zustimmen und Bezug nehmen auf den anderen.
- **Nein, in einem Rhetorikkurs. Rhetorik ist die Kunst, gleichzeitig zu reden und zu denken. Fehlt Ihnen das eine oder andere?** – Eine freche Antwort. Das sollte gut überlegt sein.
- **Ja. Aber da es Ihnen nicht zu gefallen scheint, verraten Sie mir doch mal Ihre Tipps?** – Sie geben den Ball gekonnt an den anderen weiter.
- **Nein, nur Ihre Gegenwart inspiriert mich so.** – Wenn Sie dabei noch freundlich lächeln, geht der Punkt an Sie.
- **Ja, genau. Und vieles andere auch, was anderen guttäte.** – Wer austeilt, muss auch einstecken können. Sie teilen nur durch die Blume aus, doch man versteht Ihre Spitze.
- **Interessieren Sie sich wirklich dafür? Das finde ich gut. Was genau wollen Sie wissen?** – Frage sachlich auffassen und auf die Sache eingehen. Das kann sehr souverän klingen.
- **Das brauche ich nicht. Ich bin ein Naturtalent!** – Eine pfiffige Antwort – die implizite Zustimmung wird Ihr Gegenüber sicher verblüffen und kurzzeitig verstummen lassen.

TIPP

Niemand zwingt Sie, eine Bosheit als solche zu verstehen und darauf einzugehen. Manchmal ist eine Zustimmung die beste Reaktion, da sie dem anderen den Wind aus den Segeln nimmt und den Abstand wahrt.

64. Hintergründe erfragen

Situation: Sie fragen in einem Vortrag mehrfach nach, um die Hintergründe genau zu verstehen. Auf einmal dreht sich ein Kollege vor Ihnen um und sagt laut:

»Wirklich wichtige Menschen brauchen sich nicht ständig selber zu beweisen.«

Ihre Antwort: ....

Gelungene Abwehrtechniken

- **Stimmt!** – Wenn der Kollege recht hat, hat er recht.
- **Dann sind Sie ja sicher superwichtig.** – Diese Retoure ist sehr direkt und muss vom anderen auch vertragen werden.
- **Was wollen Sie mir damit sagen? Dass Schweigen Wichtigkeit bedeutet?** – Sie bringen den anderen damit in Erklärungsnot.
- **Diese Aussage zeugt wirklich von Ihrem psychologischen Sachverstand. Haben Sie Psychologie studiert?** – Spitze Bemerkungen als Gegenangriff. Doch so schlimm war die Attacke nun auch nicht. Seien Sie mit solchen Äußerungen besonders vorsichtig.
- **Und niemand braucht sein Licht unter den Scheffel stellen.** – Der Anschluss mit »und« wirkt hier sehr gelungen. Außerdem wird der Angriff dadurch relativiert.
- **Warum unterbrechen Sie mich? Haben Sie Angst vor meinen Fragen?** – Jetzt wird's frech, doch da der andere angefangen hat, ist das rechtens.
- **Ach, sind Sie deswegen die ganze Zeit so still, wenn es um fachliche Themen geht?** – Aussage auf den anderen beziehen ist eine schöne Kunst. Ob dem anderen darauf so schnell wieder etwas einfällt?
- **Da haben Sie recht. Aber machen Sie sich keine Sorgen, Sie sind auf dem richtigen Weg. Wenn ich Ihnen mal einen Tipp zu diesem Thema geben soll, lassen Sie es mich wissen.** – Das klingt sehr gönnerhaft und muss zu Ihnen passen.
- **Interessant, Sie ordnen Ihre Mitmenschen also nach Wichtigkeit ein?** – Das kann auch so im Raum stehen bleiben.

65. Grau ist alle Theorie

Situation: Sie bekommen nach vier Wochen einen Bericht zurück, den der Kollege vervollständigen und weiterleiten sollte. Er gibt ihn zurück mit der Bemerkung:

»Das ist viel zu theoretisch!«

Ihre Antwort: ....

Gelungene Abwehrtechniken

- **Es soll doch zielgruppengerecht sein. Was konkret fehlt Ihnen?** – Sie wirken selbstbewusst und stehen für sich ein. Dabei bleiben Sie höflich.
- **Heißt das, Sie brauchen es leichter verständlich?**
- **Wollen Sie damit sagen, dass Sie es nicht verstehen?** – Spieß umgedreht: Der andere ist unter Zugzwang.
- **Was meinen Sie denn mit »zu theoretisch«?**
- **Wie würden Sie es erklären?** – Fragen führen schnell auf die Sachebene, und Sie können das Problem finden und klären.
- **Theorie ist das, was man nicht versteht. Praxis ist das, was man nicht erklären kann. Was genau brauchen Sie noch an Erklärung?**
- **Ja, ich weiß, grau ist alle Theorie. Wie sieht denn Ihre Praxis für diesen Fall aus?** – Erst eine spitze Bemerkung, dann übergehen zum Fragen. Das ist eine schöne Reaktion, mit der Sie nichts auf sich sitzen lassen und klären können.
- **Glauben Sie? Ich erkläre Ihnen, wie es sich praktisch auswirkt.** – Sie reagieren nur auf die Sache. Sehr souverän.
- **»Theorie ist, wenn man weiß, wie es geht. Praxis ist, wenn es geht, aber man weiß nicht, warum.«** (Henry Ford) – O la la!

> **TIPP**
>
> An Killerphrasen wie: »Das ist zu theoretisch« oder »In der Praxis so nicht realisierbar« erkennen Sie, dass der andere sich nicht wirklich mit der Sache befassen will. Killerphrasen sollen ablenken. Lassen Sie sich darauf nicht ein. Bestehen Sie auf Klärung des Sachverhalts.

66. Nicht zuständig

Situation: Sie gehen zur Abteilungssekretärin und beklagen sich, dass Sie den Untersuchungsbericht von Herrn Maier immer noch nicht bekommen haben, obwohl er schon drei Tage überfällig ist. Darauf sagt diese gelangweilt:

»Das ist nicht mein Bier!«

Ihre Antwort: ....

Gelungene Abwehrtechniken

- Das kann sich schnell ändern.
- Aber was denn – gegen ein gutes Bier ist doch nichts einzuwenden!
- Ich weiß, Sie trinken lieber Tee. Ich bin auch eher Weintrinker. Doch was hat das mit dem Bericht zu tun? – Sie nehmen es witzig und verzweigen dann wieder zu Ihrer Frage. Das klingt sehr souverän.
- Und wessen Bier glauben Sie, ist es?
- Schade, dass Sie sich nicht zuständig fühlen. – Der Standardsatz ermöglicht ein weiteres Gespräch, ohne Schuldzuweisungen und Vorwürfe. Wirkt gut und ist zweckmäßig.
- Ich fürchte, damit machen Sie es sich zu einfach. Es geht um …, und das betrifft uns insofern, als … – Die rein sachliche Antwort holt die Kontrahentin mit ins Boot und durch die Erklärung wird sie sich mit zuständig fühlen. Berücksichtigen Sie hierbei, dass die Erklärung nicht zu lang wird, sonst klingt sie wie eine Rechtfertigung, und die haben Sie nicht nötig!
- Mir ist Champagner auch lieber. Doch zurück zu unserem Thema. Wenn es sich um Ihre Angelegenheit handeln würde, wie würden Sie dann vorgehen? – Erste Reaktion auf die Vorlage »Bier«, und dann verzweigen Sie auf die Sachebene. Wirkt überlegt und ist zielführend.
- Lassen wir doch mal die Genusssucht außen vor.
- So ein Glück aber auch, hier ist nämlich Alkohol verboten.

67. Zweifel an der Allgemeinbildung

Situation: Sie wollen neue ökologische Wege der Wasseraufbereitung vorstellen, die sich an den natürlichen Vorgängen im Meer orientieren. Dabei verwenden Sie ein Fremdwort falsch. Ihr Kollege oberlehrerhaft:

»Bildung ist wohl auch nicht gerade Ihr Hobby?«

Ihre Antwort: ....

Gelungene Abwehrtechniken

- Immer noch besser als schlechte Manieren zu sammeln.
- Da haben Sie recht, sonst würde ich sie ja nur in meiner Freizeit unter Beweis stellen! – Weil Sie das Wort »Bildung« hier nicht wiederholen und nur mit »sie« antworten, wird der andere erst nachdenken müssen und Sie können ohne Streit wieder zu Ihrem Thema zurückgehen.
- Nein, zum Hobby muss ich es nicht extra benennen, so wie Sie vielleicht. Für mich ist Bildung eine Selbstverständlichkeit. – Der Gegenangriff ist nicht so heftig wie der Einwand Ihres Kollegen. Deshalb kann der hier ruhig verwendet werden. Doch denken Sie daran, dass es dann auf dem Niveau weitergehen wird. Wenn Sie das wollen …
- Wenn Sie von Einbildung reden … stimmt!
- Deswegen bin ich so gerne in Ihrer Nähe, weil ich hier so viel lernen kann.
- Nein, mein liebstes Hobby sind solche schlauen Sprüche.
- Ich mache eben nur Dinge, die mich glücklich machen.
- Nur nach Feierabend!
- Laufen Sie etwa auch? Mein Hobby ist nämlich laufen. – Sie nehmen »Hobby« als Aufhänger und sprechen darüber. Klingt ernsthaft, verschafft Ihnen Zeit und lenkt ab.
- »Natürlicher Verstand kann fast jeden Grad von Bildung ersetzen, aber keine Bildung den natürlichen Verstand.« (Arthur Schopenhauer)
- »Gebildet ist, wer weiß, wo er findet, was er nicht weiß.« (Georg Simmel) – Wenn Sie ein solches Zitat parat haben, klingen Sie überlegt und souverän.

68. Auf den richtigen (?) Zeitpunkt warten

Situation: Gleiche Besprechung wie eben. Nachdem Sie das System erklärt haben, meint einer Ihrer Kollegen abwehrend: »**Dafür ist die Zeit noch nicht reif.**«

Ihre Antwort: ....

Gelungene Abwehrtechniken

- **Ich hoffe, das finden unsere Konkurrenten auch.** – Sie nehmen den Einwand vordergründig ernst und weisen dann ernsthaft auf die Folgen hin. Sie lassen sich nicht irritieren.
- **Woran werden wir erkennen, dass die Zeit reif ist?**
- **Wie lange dauert es Ihrer Meinung nach noch, bis die Zeit reif ist?** – Durch die rein fachliche Frage gehen Sie geschickt auf die Sachebene zurück und das ist die beste Voraussetzung dafür, in Ihrer Angelegenheit weiterzukommen.
- **Wie sieht eigentlich unreife Zeit aus?**
- **… sagte der Wurm und wartete, bis der Apfel verfault war.**
- **Wir sollten aber vor der nächsten Eiszeit damit anfangen.**
- **Die Zeit ist reif, wenn die Menschen reif sind. Sind wir reif dazu?**
- **»Beim Warten auf bessere Zeiten beachte man den Fahrplanwechsel.«** (Hans-Horst Skupy)
- **Vor dem Ziel zu stoppen bedeutet nicht, seiner Zeit voraus zu sein.**
- **»Man kann das Richtige zur falschen Zeit tun und damit genauso scheitern, als ob man das Falsche zur richtigen Zeit getan hätte.«** (Carlo Sforza)

TIPP

Viele finden Veränderungen bedrohlich. Deshalb kann hinter der Äußerung auch Angst stecken. Solange Sie nicht persönlich angegriffen werden, können Sie dem anderen auch noch eine Brücke bauen, z. B. so: »Wenn wir unser derzeitiges Vorgehen erst einmal beibehalten, wären Sie dann bereit, das neue zu testen?«

69. Einer ist immer der Erste

Situation: Sie arbeiten bei einer Tiefkühlkostkette. Alle Mitarbeiter sind angehalten, Verbesserungsideen einzureichen. Sie kommen begeistert mit einer neuen Marketingidee, um im Winter mehr Eis zu verkaufen, und erzählen diese Ihren Kollegen. Darauf meint einer abwertend:

»Warum hat das denn dann noch keiner versucht?«

Ihre Antwort: ....

Gelungene Abwehrtechniken

- Vielleicht, weil noch niemand darauf gekommen ist. Versuchen allein reicht nicht. Wir müssen Folgendes umsetzen …
  – Zuerst eine kleine Spitze und dann Übergang zum Wortspiel »versuchen« und »tun«. Danach die Sachebene. Das ist eine sehr gute Variante, um sich wehrhaft zu zeigen und trotzdem in der Sache weiterzukommen.
- Ich will es ja nicht versuchen, sondern tun.
- Stellen Sie diese Frage doch mal dem Reinhold Messner oder dem Bill Gates …
- Das habe ich mich auch schon gefragt, und mir ist bisher keine Antwort eingefallen.
- Versucht schon, aber es hat noch keiner getan, das ist unsere Chance!
- Weil vorher noch keiner den Mut dazu hatte.
- »Es liegt nun einmal im Wesen des Genies, die einfachsten Ideen auszunützen.« (C. P. Péguy)
- »Kluge Menschen suchen sich die Erfahrungen aus, die sie zu machen wünschen.« (Arthur Schlesinger) – Klingt souverän, aber auch ein bisschen altklug. Das kann nach hinten losgehen. Bei dem Zitat den anderen gut beobachten und entsprechend der nächsten Reaktion die weitere Vorgehensweise planen.
- Ein Versuch ist nichts. Für mich zählt das Ergebnis.
- Welches Argument spricht Ihrer Meinung nach gegen die vorgeschlagene Vorgehensweise? – Rein sachliche Antwort. Das klingt sehr souverän.

70. Betriebsausflug einmal anders

Situation: Sie sind im Komitee für den nächsten Betriebsausflug. Ihrer Firma ging es im letzten Jahr blendend, und deshalb sind Sie der Meinung, dass die Firma diesmal richtig spendabel sein könnte. So schlagen Sie einen Ausflug zum Bodensee vor, mit Rundfahrt und anschließendem Nobeldinner auf dem See. Ihre Kollegen sind jedoch der Meinung:

»Das sprengt den Rahmen.«

Ihre Antwort: ....

Gelungene Abwehrtechniken

- Dazu ist er da.
- Immerhin sprengt es nicht die Vorstellungskraft.
- Also schnell in Deckung… – Witzig und bildhaft. Humor entspannt. Und jetzt ziehen Sie die Kollegen wieder ins Boot!
- Dann machen wir es ohne Rahmen, es ist dann günstiger.
- Klasse, dann haben wir mehr Platz.
- Dann müssen wir den Rahmen eben erweitern.
- Dann haben wir wohl unterschiedliche Formate.
- Welche Erfahrungen haben Sie bisher gemacht mit …?
- Wie kommen Sie darauf? Meine Ideen basieren auf …
- Das Sprengen dient dazu, den Boden feucht zu halten. Angenommen, die Mittel stehen zur Verfügung, spricht dann noch etwas dagegen? – Eine schöne Metapher, die gleichzeitig zeigt, dass Sie sich nicht getroffen fühlen. Mit der anschließenden Frage bleiben Sie im konstruktiven Gespräch.

TIPP

Vorsicht: Verwechseln Sie Unsicherheit nicht mit Angriff. Nicht alles, was wie ein Angriff aussieht, ist auch einer oder als solcher gemeint. Reagieren Sie zunächst im Guten und interpretieren Sie die Aussage als Unsicherheit. Erst wenn die andere Person nochmals nachlegt, greifen Sie tiefer in Ihre Reaktionskiste.

71. Erfahrungen muss man sammeln

Situation: Sie sind neu im Unternehmen und wollen bei einer Kundenumfrage mitarbeiten. Ihr Chef ist damit einverstanden, doch als Sie morgens zu dem leitenden Kollegen kommen und loslegen wollen, bügelt der Sie nieder mit den Worten:

»Sie haben zu wenig Erfahrung.«

Ihre Antwort: ....

Gelungene Abwehrtechniken

- Prima. Das Standardargument aller Besitzstandwahrer und Veränderungsunwilligen. – Die Reaktion ist verständlich, klingt aber schnippisch. So machen Sie sich keinen Freund.
- Gerade deswegen sollten Sie mir die Chance geben, Erfahrungen zu sammeln. Sie werden durch eine wesentlich höhere Motivation dafür belohnt werden.
- Die kann ich durchaus sammeln.
- Wie bemessen Sie »zu wenig« und »genug« in Jahren?
- Und bekommt man Erfahrung ohne Gelegenheiten, sie zu sammeln? – Guter Einwand, etwas heftig. Aber er veranlasst zum Nachdenken. Wenn Sie ein freundliches Lächeln dazu aufsetzen, kann das eine sehr gute Intervention sein.
- Stimmt, Erfahrung habe ich nicht, aber eine blühende Phantasie.
- »Die Erfahrung ist wie eine Laterne im Rücken; sie beleuchtet stets nur das Stück Weg, das wir bereits hinter uns haben.« (Konfuzius)
- Wie viel und welche Erfahrung brauche ich Ihrer Meinung nach, um dieses Projekt erfolgreich durchzuführen?

TIPP

Zwei Bosheiten, die Sie nicht unbedingt äußern müssen:
»Erfahrung heißt gar nichts. Man kann seine Sache auch 35 Jahre schlecht machen.« (Kurt Tucholsky)
»Erfahrung ist der Fachausdruck für bewährte Fehler älterer Mitarbeiter.«

72. Sie werden angeschwiegen

Situation: Sie sind im Ausschuss für die neue Raumaufteilung der Büros. Aus einem Großraumbüro sollen wieder Einzelräume werden, andere Großraumbüros bleiben wie gehabt erhalten. Sie zeigen Ihren Kollegen die neue Raumaufteilung. **Die Gesprächspartner äußern sich nicht und schauen nur missbilligend.**

Ihre Antwort: ....

Gelungene Abwehrtechniken

- **Meine Damen und Herren, Ihr Schweigen zeigt mir Ihre Zustimmung. Danke.** – Sie definieren die Situation positiv für sich. Sehr raffiniert. Nun müssen die anderen aus der Reserve kommen, wenn sie nicht automatisch zustimmen wollen.

- **Ich sehe, dass ich Sie noch nicht ganz zum Kauf dieser Waschmaschine überreden konnte. Vielleicht versuchen wir es mal mit einer anderen Taktik.** – Sie ändern den Rahmen und zeigen Humor und Sicherheit. Nun müssen Sie aber eine weitere Taktik im Ärmel haben.

- **Wenn Sie mit Nachdenken fertig sind, geben Sie mir bitte kurz Bescheid.**

- **Das hat Ihnen jetzt die Sprache verschlagen. Wie ich sehe, sind Sie beeindruckt.**

- **Darf ich Ihr Schweigen als Einverständnis deuten?**

- **Verraten Sie mir bitte eines: Wie lange haben Sie diesen Blick geübt? Und worüber schweigen wir jetzt?**

- **Es sieht so aus, als ob eine anregende Diskussion auf uns zukommt. Sprechen Sie mit mir.**

TIPP

Eine sehr starke Waffe. Wer zuerst wegschaut, hat verloren. Am besten noch lächeln. Schweigen ist ein Argument, das kaum zu widerlegen ist, deshalb können Sie auch direkt nach dem Problem fragen und bitten, es auszusprechen, damit Sie es gemeinsam lösen können.

73. Fremdworthäufung

Situation: Sie hören einen Vortrag zum Thema Kostensenkung, und der vortragende Kollege wirft mit Begriffen um sich wie: Cash Crash am E-day. Und: Das Benefit-Risk-Verhältnis ist nicht vertretbar in einer integrierten Koalitionsphase.
Jemand will durch massenhaft Fremdwörter seine Kompetenz besonders herausstreichen.
Ihre Antwort: ....

Gelungene Abwehrtechniken

- **Bitte erklären Sie diese Fremdworthäufung. Ein Fremdwort ist wie ein unscharfes Foto.**
- **Sage große Dinge mit einfachen Worten.**
- **Ein Mensch von Geist kann sich sehr präzise ausdrücken.**
- **»Das Niveau ist hoch, aber keiner ist drauf.«** (Theodor W. Adorno)
- **Hierbei handelt es sich um eine HWH (hochwissenschaftliche Hoffnung).** – Sie kontern mit einer Abkürzung und zeigen dadurch witzig Ihren Unmut. Wenn Sie danach um Erklärung oder Unterlassung bitten, ist das ein souveräner Einstieg. Alleine wäre es etwas wenig.
- **Der Weise kann nur mit den Weisen reden.**
- **Darf ich an Sie appellieren, die Applikation von Fremdwörtern auf ein Minimum zu reduzieren.** – Sie schlagen den anderen mit seinen eigenen Waffen. Das kann sehr gut wirken.
- **Ich wäre Ihnen sehr verbunden, wenn Sie den Sachverhalt nochmals für die Nicht-Fachleute mit einfachen Worten erklären könnten.** – Rein sachliche Bitte, die allerdings oberlehrerhaft formuliert ist. Wird beim anderen sicher als Spitze ankommen, doch so war es ja auch gedacht.
- **Da haben Sie aber viele tolle Wörter gelernt.**
- **Was halten Sie von einer progressiven Identifikationsnovität?**

74. Fehlgeschlagene Präsentation

Situation: Die Produktpräsentation beim Kunden ist ziemlich schiefgegangen. Erst hat der Beamer nicht funktioniert, dann stimmte das Format nicht und zu guter Letzt hatten Sie auch noch die falschen Handouts dabei. Obwohl Sie schon sehr geknickt sind, gibt Ihr Kollege Ihnen noch eins auf den Deckel, indem er sagt:

»Mit schlecht vorbereiteten Vorträgen ist kein Blumentopf zu gewinnen.«

Ihre Antwort: ....

Gelungene Abwehrtechniken

- Ich will auch keinen Blumentopf gewinnen. Es geht um unser gemeinsames Projekt. – Klare Antwort auf einen fiesen Angriff. Wenn Sie darauf schweigen und Blickkontakt aufnehmen, können Sie auf die Sachebene verzweigen.
- Deshalb sieht Ihre Fensterbank so kahl aus. – Umdeuten auf den Kollegen. Damit er auch was von seinem Angriff hat. Gelungene Anwendung des Musters »Return to Sender«.
- Ich denke, dass die äußere Form nicht so sehr über die Inhalte entscheidet. Die Inhalte sprechen für sich, die äußere Form ist nur Verpackung. – Sachliche Antwort.
- Ich habe bei Ihnen doch grundsätzlich nichts zu gewinnen! – Der Gegenangriff gibt auf der Beziehungsebene zurück, womit der andere angefangen hat. Jetzt haben Sie wirklich Zoff. Doch ab und zu ist ein reinigendes Gewitter besser als Rückzug. Immerhin fällt er Ihnen in den Rücken.
- »Die Schwierigkeit liegt darin, dass wir als Menschen nicht nur Probleme lösen, sondern auch Probleme schaffen.« (Edward Teller)
- Danke, lieber Kollege. Statt Zuspruch geben Sie mir auch noch eins drauf. Nur zu. Heute bin ich der Prügelknabe für alle.
- Da gebe ich Ihnen vollkommen recht. Wie viel Zeit investieren Sie im Durchschnitt für die Vorbereitung einer Präsentation?

75. Die Kollegin fällt Ihnen in den Rücken

Situation: Sie arbeiten in einer Arztpraxis. Und wieder sind Sie mit dem Sonntagsdienst dran. Sie beschweren sich bei Ihrer Kollegin, und die sagt:

»Wenn du so dumm bist und alles machst, was der Chef will, dann wundere dich nicht, wenn er dir noch mehr aufpackt.«

Ihre Antwort: ....

Gelungene Abwehrtechniken

- **Dafür bin ich nicht die Erste, die rausgeschmissen wird, wenn es mal eng wird.**
- **Dann lass uns doch eine Strategie entwickeln, wie ich es deiner Meinung nach besser machen könnte.** – Sie überhören die Bosheit und gehen direkt auf die Sache ein. Manche Personen ärgern sich über nichts mehr, als wenn ihre Bosheiten nicht ankommen.
- **Gib mir einen Rat, den ich mit meinem IQ verstehen kann.**
- **Da er mir regelmäßig mehr Gehalt aufpackt, komme ich damit schon irgendwie klar.**
- **… sagte die, die nicht um ihre Meinung gefragt wurde.**
- **Dumm ist nur der, der Falsches tut, nicht der, der viel tut.**
- **Bist du zu den Konfliktjunkies übergelaufen?** – Sie sprechen die Vorgehensweise Ihrer Kollegin an und die Bosheit, die deutlich wurde. Sie zeigen einen möglichen Weg auf, wie es weitergehen kann, reagieren jedoch auch ärgerlich. Wenn Ihre Kollegin immer so agiert, dann ist das angemessen.
- **Wer unterschreibt eigentlich deinen Gehaltsscheck und wie lange wohl noch?**
- **Er traut mir wohl mehr zu und hält mich für verantwortungsbewusster. Darüber solltest du dich nicht wundern.**
- **Rührend, wie du dich um mich sorgst. Doch es ist nicht notwendig. Solange ich meiner Berufung nachgehe, ist für mich alles okay. Oder meinst du etwas anderes?** – Sie nehmen nur das Positive der Aussage und deuten das in Ihrem Sinne um. Ihrer Kollegin wird kaum eine souveräne Antwort einfallen. Sie zeigen sich überlegt und überlegen.

76. Jeder denkt an sich

Situation: Sie arbeiten schon seit Jahren in der gleichen Abteilung. Nun stehen Umsetzungen an. Sie können Ihre Chefin überzeugen, dass Sie an Ihrem bisherigen Arbeitsplatz die beste Arbeit leisten können. Nun wird eine jüngere Kollegin an die Stelle versetzt, die Ihnen zugedacht war. Da sagt die bissig:
»Sie habe ja nur Ihre Vorteile im Kopf.«
Ihre Antwort: ....

Gelungene Abwehrtechniken

■ **Ich habe wenigstens etwas im Kopf.** – Pampige Retourkutsche, macht Ihnen keine Freunde, zeigt aber, dass Sie wehrhaft sind. Geht nur, wenn Sie mit der Dame nicht mehr viel zu tun haben werden oder ein Exempel statuieren wollen.

■ **Besser Vorteile im Kopf als Vorurteile oder gar nichts.**

■ **Das ist doch gut so. Wenn jeder an sich denkt, ist an jeden gedacht.** – Zustimmen und einen flotten Spruch anhängen. Der kommt bei jüngeren Kollegen gut an, bei älteren ist hier wieder Vorsicht geboten.

■ **Wenn ich nicht auf Vorteile aus wäre, warum sollte ich das dann machen?**

■ **Und Sex. Wenn Sie schon von sich auf andere schließen, dann lassen Sie doch bitte etwas Raum für eigene Ergänzungen.**

■ **»Ein Urteil lässt sich widerlegen, ein Vorurteil nie.«** (Marie von Ebner-Eschenbach)

■ **»Ein Vorurteil ist ein Irrtum, der Wurzeln geschlagen hat.«** (Martin Held)

■ **Im Kleinen beginnt, was im Großen Auswirkungen hat.**

■ **Das ist richtig, ich habe etwas von dieser Lösung, genau wie Sie und langfristig die ganze Firma.** – Sie nehmen den Einwand ernst und erklären sachlich, warum Ihr Vorgehen für alle ein Vorteil ist. Sehr souveränes Überhören der Bosheit.

■ **Das ist richtig, ich denke an meine Vorteile, wie Sie hoffentlich auch. Lassen Sie uns gemeinsam schauen, wie wir beide das Beste daraus machen können.**

77. Gegen die Stimmung der Kollegen

Situation: Ihr Chef hat wieder einmal eine tolle Idee, wie sich die Abteilung optimieren lässt. Alle anderen verdrehen schon genervt die Augen, nur Sie sind noch interessiert bei der Sache, weil die Idee bei genauem Hinsehen gar nicht so dumm ist wie zuerst gedacht. Sie fragen auch noch etwas, bevor sich die Runde auflöst. Auf dem Gang sagt ein Kollege gehässig zu Ihnen: »**Sie glauben wohl, wenn Sie dem Chef nach dem Mund reden, werden Sie hier Karriere machen?**«

Ihre Antwort: ....

Gelungene Abwehrtechniken

- **Haben Sie positive Erfahrungen in der Richtung gemacht?** – Sie drehen den Angriff um und lassen den Kollegen dadurch ziemlich alt aussehen. Das ist der Bosheit angemessen.
- **Die Dinge liegen viel komplizierter. Das können Sie aus Ihrer Froschperspektive heraus gar nicht beurteilen.** – Die »Froschperspektive« klingt sehr überheblich. Verwenden Sie diesen Begriff nur, wenn Sie sicher sind, von dem Kollegen nichts mehr zu brauchen.
- **Bitte haben Sie noch etwas Geduld. Ihr Einwand passt bei meinem nächsten Argument viel besser.**
- **Interessant! So sind Sie zu Ihrem Posten gekommen?**
- **Warten Sie ab: Das ist nur eine meiner Strategien …**
- **Warum nicht, Sie haben doch kein Monopol darauf, oder?**
- **Nein, ganz im Gegenteil, ich weiß, dass es funktioniert. Sollten Sie auch mal probieren.** – Zustimmen und übertreiben ist witzig und zeigt, dass Sie sich nicht beirren lassen.

> **TIPP**
>
> Manchmal ist auch ein Witz eine schöne Reaktion auf eine Bosheit: Der Chef erzählt einen Witz, und alle Mitarbeiter, bis auf einen, lachen herzlich. Als die anderen den einen fragend ansehen, sagt der: »Ich muss nicht mehr lachen, ich geh morgen in Rente.«

78. Üble Nachrede im Büro

Situation: Sie sind Chefsekretärin und nach der Mittagspause gerade auf dem Weg zurück in Ihr Büro, als Sie plötzlich vor sich Ihren Namen hören. Sie biegen um die nächste Ecke, und da stehen zwei Kolleginnen, die ihr Gespräch gerade mit dem Satz vervollständigen:

»Enge Beziehungen zum Chef haben schon immer bei mangelnden Kenntnissen geholfen.«

Ihre Antwort: ....

Gelungene Abwehrtechniken

- Und eifersüchtige Reaktionen haben sie auch schon immer hervorgerufen.
- Ach, deswegen haben Sie so eine Karriere gemacht.
- Beziehungsmanagement bringt in der Regel Vorteile für alle Beteiligten; es ersetzt aber leider keine Lernprozesse.
- Genau so ist es, woher wissen Sie das?
- Ist das Ihre Strategie? Interessant!
- Eben, nur durch Meinungsaustausch wächst man!
- Was früher »Klüngeln« hieß, nennt man heute »Netzwerken«. – Sie überbrücken Ihren berechtigten Ärger mit einer feinsinnigen Definition und gewinnen dadurch Zeit. Die beiden Klatschtanten wissen, dass sie bis zum Knie in einem Fettnapf stehen. Sie brauchen gar nicht mehr zu sagen.
- Vielen Dank für Ihr Verständnis …
- »Viele erkennen zu spät, dass man auf der Leiter des Erfolgs einige Stufen überspringen kann. Aber immer nur beim Hinuntersteigen.« (William Somerset Maugham)
- Wie soll ich das verstehen?
- Wie kann ich das professionell einordnen?
- Ich bin irritiert und kann Ihr Verhalten nicht zuordnen. – Wenn Sie danach die beiden Sprecherinnen schweigend fixieren, lösen Sie deren Rechtfertigungsreflex aus.
- Eine so enge Beziehung können Sie gar nicht aufbauen, dass es bei Ihnen etwas helfen würde.
- Ich verstehe nicht, was Sie meinen. Bitte erklären Sie es mir.

79. Die Kompetenz wird in Frage gestellt

Situation: Sie sind Chefsekretärin und Ihnen ist ein logistischer Fehler unterlaufen. Deshalb ist ein Kollege zum falschen Einsatzort gefahren, was diesen eine halbe Stunde Mehraufwand gekostet hat. Nun steht er erbost vor Ihnen und sagt:
»Welche Beziehungen haben Sie, dass Sie immer noch hier arbeiten?«
Ihre Antwort: ....

Gelungene Abwehrtechniken

- **Eine persönliche Beziehung zu der Aufgabe, die ich ausübe.** – Sie überhören Ton und Angriff und antworten sachlich. So bauen Sie dem anderen eine Brücke zur Sachlichkeit.
- **Dass SIE so was freiwillig fragen – das nenne ich Mut!** – Der Gegenangriff würde weitere Beschimpfungen provozieren – fragwürdig, da Ihnen wirklich ein Fehler unterlaufen ist.
- **Warum fragen Sie, haben Sie da etwa schon schlechte Erfahrungen gesammelt?**
- **»Vor den Erfolg haben die Götter die Beziehung gesetzt.«** (Wolfgang Eschker)
- **Warum? Wollen Sie auch mein Mentor werden?**
- **Ich versuche Liebschaften in der Firma zu vermeiden. Aber bei Ihnen könnte ich schwach werden …**
- **»Zu guten Beziehungen gelangt man am schnellsten, wenn man den Eindruck erweckt, sie zu besitzen.«** (Siegmund Graff)
- **Kann ich Ihnen bei Ihren behilflich sein?**
- **Wie meinen Sie das?**

TIPP

Auch eine souveräne Reaktion wäre: »Damit wir nicht unsachlich werden, schlage ich vor, wir machen eine kurze Pause und besprechen uns dann weiter.« Wenn Sie einen Fehler gemacht haben, entschuldigen Sie sich dafür, statt schlagfertig zum Gegenfeldzug zu blasen.

80. Neu im Job

Situation: Sie kommen frisch von der Uni und begeben sich in Ihre zweite Arbeitswoche. Die erste ist gut gelaufen, obwohl Sie natürlich noch nicht alle Abläufe durchblicken. Als Sie den Raum betreten, sehen Sie Ihren Zimmernachbarn an Ihrem gemeinsamen Drucker, den Sie am Freitag ordnungsgemäß ausgeschaltet hatten. Er dreht sich um und schnauzt Sie an:

»Unsere Rechner und Drucker laufen hier durch. Wo haben Sie eigentlich Ihr Abschlusszeugnis gewonnen?«

Ihre Antwort: ....

Gelungene Abwehrtechniken

■ Da, wo Sie die Mittlere Reife herhaben. Mein Los war besser.

■ Da, wo man für gute Leistungen die besten Preise gewinnt. – Sie fassen die Bosheit als Frage auf und antworten mit einer kleinen Spitze. Entscheiden Sie, ob das hier sinnvoll ist.

■ Das möchten Sie wissen, um sich auch eins zu besorgen?

■ Beim Roulette, aber das Spiel ist zu hoch für Sie.

■ Also hören Sie mal! Für wen halten Sie mich? Das habe ich nicht gewonnen, sondern geklaut! Apropos gewonnen – wer hat das letzte Fußballspiel gewonnen?

■ Wieso, wollen Sie eins? – Eine klassische Antwort für solch eine Vorlage. Die nur zu denken, wirkt übrigens auch.

■ Ich habe es mir erkauft. Ich bin schließlich nicht so blöd, jahrelang irgendwelchen Unsinn zu lernen, wenn ich es mir auch einfacher machen kann.

■ Haben Sie das vergessen? Sie standen doch neben mir.

■ Wie gewonnen? Sie haben Ihres gewonnen? Ist ja spannend. Ich hab meines hart erarbeitet.

TIPP

Verletzen Sie kein Tier, das Sie nicht töten können. Diese Indianerweisheit gilt auch für Querelen im Kollegenkreis. Wenn Sie dagegengehen wollen, was nicht immer klug ist, dann bauen Sie danach eine Brücke.

81. In der Ruhe liegt die Kraft

Situation: Sie kommen ins Büro und holen sich als Erstes eine Tasse Kaffee wie gewöhnlich. Als Sie mit der Tasse Ihr Büro betreten, steht da schon eine Kollegin, die dringend auf die monatliche Abrechnung wartet. Sie lassen Ihren PC hochfahren. Währenddessen blättern Sie in den Unterlagen vom letzten Monat. Die Kollegin ist schon sehr genervt und sagt: **»Bis du fertig wirst, kann ich ja schon mal ein Kalenderblatt abreißen.«**

Ihre Antwort: ....

Gelungene Abwehrtechniken

- **Meinst du, du bekommst das hin, oder soll ich dir dabei helfen?** – Sie stimmen zu und setzen noch eins drauf. Mit einem Lächeln und dem richtigen Ton stehen die Chancen gut, dass Sie die Kollegin wieder freundlicher stimmen.
- **Gut Ding braucht Weile.**
- **»Es gibt nur ein Tempo, und das ist das richtige.«** (Wilhelm Furtwängler)
- **Sei aber bitte nicht so laut dabei.**
- **Wenn du mir helfen willst, reiß' doch gleich zwei ab.**
- **Ja, danke sehr. Das wird mir eine große Hilfe sein.** – Sie klingen wie ein zerstreuter Professor. Das kann raffiniert sein. Sie fassen den Angriff hier rein sachlich auf, und wenn der Ton passt, dann wird kein neuer Angriff folgen.
- **Korrekte Aufgabenteilung: Jeder macht das, worin er die meiste Erfahrung hat.**
- **Kleine Taten, die man ausführt, sind besser als große Taten, die man plant.**
- **Das Gras wächst nicht schneller, wenn man daran zieht.**
- **Du musst ja einen dicken Kalender haben. Pro Sekunde ein Blatt?**
- **Wenn das heißt, dass ich zuverlässig bin wie ein Kalender und meine Arbeit genau erledige, so gebe ich dir Recht.** – Gleiche Stichworte, andere Aussage. Gehen Sie nun schnell auf die Sachebene, um den Konflikt abzuschließen.

82. Hilfe nicht erwünscht

Situation: Sie arbeiten im Verkauf eines Bekleidungsgeschäfts. Sie helfen, da Not an der Frau ist, in der Herrenabteilung aus, in der gerade neue Ware eingetroffen ist. Da Sie sich hier nicht auskennen, fragen Sie zum wiederholten Mal Ihren Kollegen um Rat. Nach einer Weile gibt er Ihnen entnervt die Auskunft: **»Lernen Sie erst mal, was es heißt, selbstständig zu arbeiten!«** Ihre Antwort: ....

Gelungene Abwehrtechniken

- Wenn ich das nicht längst gelernt hätte, wäre ich von unserer Personalstelle sicher nicht eingestellt worden. – Klare Antwort auf eine nicht so gemeinte Aussage. Sie stellen Ihren Standpunkt klar und stehen für sich ein.
- Ich wollte eigentlich keine Firma gründen.
- Ich habe es gelernt. Und dann habe ich gelernt, mein Leben zu genießen und alles nicht zu eng zu sehen. Brauchen Sie einen Tipp?
- Wie beschreiben Sie »selbstständig arbeiten«? Ich finde, ich arbeite bereits selbstständig. Anscheinend heißt das für Sie etwas anderes als für mich. Helfen Sie mir doch bitte weiter. – Freundliche Erklärung mit anschließender Frage. Sie lassen es sich nicht anmerken, wenn Sie die Aussage getroffen haben sollte, und bieten sofort die Sachebene an. Eine gelungene Reaktion.
- Stimmt, Selbstständige arbeiten selbst und ständig. Was genau wollten Sie mir jetzt sagen? – Nettes Wortspiel mit anschließender Frage. Klingt sehr souverän.
- Kann ich doch schon: essen, trinken …
- Und lernen Sie erst einmal, was es heißt, höflich mit seinen Mitmenschen umzugehen.
- Ich dachte, das lerne ich von Ihnen?
- »Arbeit ist etwas Unnatürliches; allein die Faulheit ist göttlich!« (Anatole France)
- Was genau verstehen Sie in dieser Abteilung unter dem Begriff »selbstständiges Arbeiten«?

Beruf – Umgang mit Vorgesetzten und Kunden

83. Infos, nein danke

Situation: Sie arbeiten bei einer Behörde mit Publikumsverkehr. Ein Bürger kommt in die Sprechstunde und will Informationen über die Baustelle in seinem Teilort. Sie erklären ihm die Situation detailliert und als Sie enden, sagt er zu Ihnen: »**Das ist doch bauernschlau!**«

Ihre Antwort: ....

Gelungene Abwehrtechniken

■ **Was ist mit »bauernschlau« gemeint?**

■ **Die Landwirtschaft dient unserer Grundversorgung. Also scheint Ihre Aussage etwas Positives zu sein.** – Sie verweisen auf einen Begriff und führen diesen weiter aus. Das ist eine raffinierte Variante, um einen Kunden – oder hier Bürger – nicht vor den Kopf zu stoßen.

■ **Wollen Sie damit ausdrücken, dass es eine besonders gelungene Idee ist?**

■ **… was nicht das Schlechteste ist.**

■ **Bauernschlau ist ein netter Begriff, wo lernt man denn so was?** – Sie geben sich witzig. Seien Sie vorsichtig, wenn der andere schon sehr ärgerlich ist, wird das nach hinten losgehen. Besser gleich mit einer Frage weitermachen.

■ **Lieber bauernschlau als saudumm/strohdumm.**

■ **Lieber bauernschlau als »Bauer sucht Frau«. Was genau veranlasst Sie, hier den Begriff »bauernschlau« einzuführen?** – Die Antwort ist witzig, jedoch nicht unbedingt passend im Umgang mit Kunden. Hier wäre eine rein sachliche Äußerung angemessener. Frei nach dem Motto von Manfred Rommel: »Ich bin nicht beleidigungsfähig.«

■ **Warum ist Ihnen das dann noch nicht eingefallen?**

■ **Deswegen gibt es ja auch Bauernweisheiten.**

84. Sie werden unterschätzt

Situation: Sie sind eine junge, attraktive Frau und arbeiten in der Holzabteilung eines Baumarktes beim Zuschnitt. Ein Kunde möchte eine Küchenplatte zuschneiden lassen und als er Sie sieht, fragt er Sie, statt die gewünschten Maße mitzuteilen: **»Haben Sie überhaupt Fachkenntnisse?«**
Ihre Antwort: ....

Gelungene Abwehrtechniken

- Welche Fachkenntnisse, ich glaubte bisher, ich bekomme eine Anwesenheitsprämie.
- Nö, braucht man die?
- Was Fächer angeht, bin ich Expertin.
- Na klar, was möchten Sie denn wissen? – Klare Frage, klare Antwort. Legen Sie gerade bei Kunden nicht jedes Wort auf die Goldwaage. Das »überhaupt« überhören Sie schlicht.
- Fachkenntnisse sind doch was für Leute, die sonst nichts zu tun haben.
- Doch, genau auf der Baumschule lernt man so was. – Schöne Assoziation – vom Holzschnitt zur Baumschule. Wenn Sie dazu fröhlich lächeln, wird der Kunde es nicht übel nehmen.
- Ja, wieso – Sie nicht?
- Nein. Eine gute Intuition.
- Nicht viel. Es reicht ja, wenn ich mehr habe als die aus der Gartenabteilung.
- Meine Kristallkugel verfügt über den universellen Wissensstand.
- Ich denke schon, aber ich bin mir noch nicht sicher, ob ich es Ihnen recht machen kann. – Zustimmung mit leichter Spitze in Richtung des Fragers. Das ist auch bei Kunden erlaubt. Seien Sie hierbei vorsichtig mit dem Tonfall.
- Die Penelope von »Criminal Minds« würde dazu sagen: »Office für unbegrenzte Allwissenheit. Wie kann ich dir helfen, vom Glück Begünstigter?«
- Welche Informationen benötigen Sie von mir, um sich in dieser Angelegenheit sicher zu fühlen?

85. Zu spät zur Arbeit

Situation: Sie sind heute spät dran, weil Ihr Jüngster verschlafen hat. Sie kommen abgehetzt ins Büro und begegnen Ihrem Chef auf dem Flur. Der sagt zu Ihnen:

»Kommen Sie immer zu spät?«

Ihre Antwort: ....

Gelungene Abwehrtechniken

- Bei meiner Geburt waren es 2 Wochen. Bis heute habe ich mich schon gut heruntergearbeitet.
- Nein, nur wenn ich aufgehalten werde.
- Dafür hab ich keine Zeit.
- Mitunter ersetzt ein guter Gedanke die Arbeit von Stunden.
- Niemals, Ihre Uhr geht falsch!
- Ja, weil ich weiß, dass Sie so eine Freude daran haben.
- Schon Einstein erkannte, dass es eine lineare Zeit nicht gibt. Quantenphysikalisch betrachtet bin ich also nicht zu spät.
- Nein! – Klare Frage, klare Antwort.
- Wissen Sie was? Über diese Frage werde ich einmal nachdenken, wenn ich Zeit dazu habe – jetzt muss ich arbeiten.
- Spät oder nicht spät – das ist doch alles relativ.
- »Spät kommt Ihr – doch Ihr kommt! Der lange Weg entschuldigt Euer Säumen.« (Friedrich Schiller) – Nur zu empfehlen, wenn Ihr Chef eine literarische Ader hat. Sonst wirkt die Antwort altklug und wird ihn noch mehr reizen.
- Stimmt, heute bin ich zu spät. Morgen bin ich wieder pünktlich. Doch wenn ich Sie hier schon treffe, wie steht es mit … – Das ist die optimale Reaktion auf diesen Vorwurf, der ja berechtigt ist, nur nicht sauber formuliert wurde.

TIPP

Noch ein paar witzige Antworten, die jedoch gegenüber dem Chef nicht angeraten sind: »Früher ist ja hier nichts los …« – »Ich kann ja schlecht kommen, bevor ich aufgewacht bin, oder?«

86. Arbeitsstress nach dem Urlaub

Situation: Sie sind nach drei Wochen Urlaub den ersten Tag wieder im Büro. Ihre Urlaubsvertretung hat recht gut gearbeitet, trotzdem stapelt sich die Arbeit auf Ihrem Schreibtisch. Gegen 11 Uhr ruft ein Kunde an und fragt nach seinem Auftrag. Sie brauchen eine Weile, um das Dokument ausfindig zu machen. Nach ein paar Minuten sagt der genervt:

»**Bei Ihrer Urlaubsvertretung hat das aber besser geklappt!**«

Ihre Antwort: ....

Gelungene Abwehrtechniken

- **Schön, dass Sie mit meiner Vertretung zufrieden waren. Dann kann ich sie getrost nächstes Jahr wieder bitten? Oder was meinen Sie?** – Zustimmen und eine Frage anschließen. Sehr souveräne Reaktion auf diesen Angriff.

- **Möchten Sie bis zu meinem nächsten Urlaub warten?** – Der Gegenangriff ist ziemlich frech. Wenn der Kunde das ironisch witzig gesagt hat, dann ist das eine angemessene Reaktion – wichtig ist hierbei natürlich auch Ihr Tonfall. Lächeln Sie dabei – das wird mit der Stimme übertragen. War er dabei sehr ernst, dann Finger weg von dieser Antwort.

- **Damit ich Ihnen eine korrekte Auskunft geben kann, brauche ich noch ein paar Minuten. Möchten Sie warten, oder kann ich Sie in 10 Minuten zurückrufen?** – Eine Antwort wie aus dem Bilderbuch. Sie überhören den Angriff und antworten rein sachlich. Kompliment.

- **Stimmt, ich bin zum Glück noch in Urlaubsstimmung.**

- **Was haben Sie denn in den letzten drei Wochen alles bekommen?**

- **Schön, wie Sie sich freuen, mich wiederzuhaben.** – Das ist eine sehr ironische Antwort. Für die kommt es darauf an, wie gut Sie diesen Kunden kennen. War er auch ironisch, ist das eine witzige Reaktion.

- **Könnten Sie vielleicht Ihre Urlaubsvertretung bitten, mich anzurufen?**

87. Blitzableiter für den Chef

Situation: Sie waren den ganzen Januar mit einer schweren Grippe geschlagen. Zwei Wochen waren Sie krankgeschrieben, den Rest der Zeit haben Sie Ihre Arbeit so gut es ging erledigt. Natürlich ist trotzdem einiges liegengeblieben. Mitte Februar kommt Ihr Chef, der selber gerade sehr unter Druck steht, auf Sie zu und stellt vor allen Ihren Kollegen fest:

»Ihre Leistung liegt unter dem Durchschnitt.«

Ihre Antwort: ....

Gelungene Abwehrtechniken

- **Ich werde mich bemühen, diesen Eindruck so schnell wie möglich zu widerlegen.** – Sachlich zu antworten ist hier die beste Alternative. Mit allem anderen können Sie nur verlieren.
- **Bitte erklären Sie mir, was in der derzeitigen Situation für Sie durchschnittlich und was für Sie überdurchschnittlich wäre.** – Die klar gestellte sachliche Frage veranlasst den Chef, über seine Aussage nachzudenken und initiiert eine Erklärung.
- **»Für das praktische Leben ist das Genie so brauchbar wie ein Sterne-Teleskop im Theater.«** (Schopenhauer) – Die Antwort würde gut passen, wenn der Angriff von einem Kollegen gekommen wäre. Beim Chef hier vorsichtig sein.
- **Mit dem Kopf im Kühlschrank und den Füßen auf der Herdplatte ist meine Temperatur im Durchschnitt okay!** – Die Antwort wirkt frech und ist nur dann sinnvoll, wenn Ihr Gegenüber zum Scherzen aufgelegt ist. Wenn nicht, erzeugen Sie damit Ärger.
- **Was genau meinen Sie damit?**
- **Was für Vergleichsmöglichkeiten legen Sie an?**
- **Das hängt wesentlich davon ab, wie die Leistungskriterien bestimmt werden und welcher Zeitraum zugrunde gelegt wird.** – Mit einer gleich angeschlossenen Frage ist das eine zielführende Reaktion.

88. Kenntnisse in der Praxis sammeln

Situation: Sie sind Praktikant bei einer Malerfirma und heute mit Ihrem Chef unterwegs. Gemeinsam besuchen Sie eine Ausstellung, bei der auch neue Farben und sonstige Materialien vorgestellt werden. Sie stellen eine spontane Frage nach der Beschaffenheit und den Inhaltsstoffen einer bestimmen Außenfarbe. Darauf sagt der Chef zu Ihnen genervt:

»Sie haben ja keine Ahnung von der Praxis!«

Ihre Antwort: ....

Gelungene Abwehrtechniken

- Das hör ich immer, wenn es unbequem werden könnte. – Das klingt etwas frech, doch wenn Sie den Ton und die Mimik entsprechend anpassen, ist die Replik in Ordnung.
- Dann klären Sie mich doch bitte auf! Was genau sind Ihrer Meinung nach die Punkte, über die wir noch reden sollten?
- Dann helfen Sie mir bitte bei der Umsetzung in die Praxis!
- Ich hatte bislang wenig Gelegenheit, mein Wissen in der Praxis anzuwenden. Es wäre nett, wenn Sie mir Ihre Art der Umsetzung zeigen könnten. – Das klingt sehr souverän.
- Welche Praxis meinen Sie jetzt genau?
- Meinen Sie mit Praxis jetzt Ihre spezielle Methode? Dann gebe ich Ihnen recht. Ich kann in wenigen Tagen nicht die Erfahrung bekommen, die Sie seit Jahren durch täglichen Umgang aufgebaut haben.

TIPP

Wenn die Anfeindung von einem Kollegen kam, hier noch ein paar Antworten: »Ein Glück, dass wir Sie haben, wenn es um die Praxis geht.« – »Wenn wir Ihre Einschätzung als realistisch ansehen würden, dann könnten wir auch den *Playboy* als feministisches Magazin bezeichnen.« – »Das gleicht sich aus. Sie kennen die Theorie dahinter nicht.« – »Und Sie haben keine Ahnung von Umgangsformen.« – »Ahnung nicht, aber Erfahrung!«

89. Details im Überblick

Situation: Sie haben eine ausführliche Präsentation vorbereitet, um Ihrem Chef und Ihren Kollegen die neuen Produkte nahezubringen. Sie gehen ins Detail, um keine Fragen offenzulassen. Nach zwei Stunden gibt Ihr Chef auf und sagt: **»Verzetteln Sie sich ruhig bei den Details. Dann kommen Sie nie zum Kern!«**

Ihre Antwort: ....

Gelungene Abwehrtechniken

■ **Ein Puzzle, Herr Maier, besteht aus vielen Einzelteilen. Ohne Verbindungsstücke ist es wertlos.** – Sie sprechen Ihren Chef mit Namen an und bringen einen schönen Vergleich. Sie bleiben hartnäckig bei Ihrer Darstellungsweise. Wenn Sie von dieser überzeugt sind, dann ist das der richtige Weg.

■ **Murphy sagt: Ein kompliziertes Teil geht immer durch einen einfachen Fehler kaputt.**

■ **Der Kern steckt voller Details.** – Sie nehmen die Worte auf und mit einer anschließenden Frage können Sie rein sachlich weiter vorgehen. Das ist eine überlegte Reaktion, mit der Sie nichts kaputt machen.

■ **Oberflächliches Arbeiten liegt mir nicht.**

■ **Nur wer sein Ziel (Kern) genau kennt, kann es treffen.**

■ **Gut, dass sich Einstein durch solche Bemerkungen nicht entmutigen ließ.**

■ **Eine Melone essen Sie auch nicht auf einmal, sondern Stück für Stück.**

■ **Der Kern sind die Details. Durch schlecht ausgearbeitete Details kann man dieses wirklich gute Konzept in der Umsetzung kaputt machen und die positiven Wirkungen können sich ins Gegenteil umkehren.**

■ **Zum Kern vielleicht nicht, aber auf gute Lösungen.**

■ **Sie haben recht. Es ist wichtig, dass wir den Überblick behalten und die Details klären. Hier noch einmal der Überblick ...** – Sie nehmen den Einwand ernst, stimmen der Aussage zu und bieten den Überblick an. Sehr souverän.

90. Äußerlichkeiten gefragt

Situation: Sie haben Ihren ersten Außendiensteinsatz als Vertreter für Verpackungsmaterialien. Obwohl gut vorbereitet, sind Sie etwas nervös und halten damit auch Ihrem Chef gegenüber nicht hinter dem Berg. Darauf meint der gelassen: **»Ein bisschen Freundlichkeit und nette Kleidung, und schon werden Sie den Auftrag gut meistern.«**

Ihre Antwort: ....

Gelungene Abwehrtechniken

- Den Auftrag schaffe ich auch ohne Vortäuschungen.
- Das wird die richtige Verpackung für mein Wissen sein. Danke für die Anregung. – Sie nehmen die Aussage ernst und überhören die Bosheit. Das kann beim Chef sehr sinnvoll sein, und Sie bleiben dabei gelassen. Sehr schön.
- Ich wusste gar nicht, dass es sich um einen Job als Hostess handelt.
- Ich bin beeindruckt – Sie kennen sich ja wirklich gut aus.
- Da möchte ich eigentlich nicht kontern, denn das sind Grundwerte. Insbesondere die Freundlichkeit lässt hierzulande oft zu wünschen übrig. Dennoch: Verwechseln Sie bitte nichts. Ich dachte, bei den Aufgaben sind auch Kompetenz und Intelligenz notwendig. – Hier klingen Sie etwas genervt und stellen die Sache für sich richtig. Das zieht auch dem Chef eine klare Grenze. Denn um eine Grenzverletzung handelte es sich. Die brauchen Sie nicht stehen zu lassen!
- Ihr gutgemeinter Rat wird eine gute Ergänzung zu meiner gründlichen Vorbereitung sein.
- Die einen brauchen glänzende Schuhe, die anderen haben glänzende Ideen.

> **TIPP**
>
> Kam die Anfeindung von einem Kollegen? Dann entgegnen Sie: ›Warum müssen Frauen eher gut aussehen als intelligent sein?‹ Weil Männer besser sehen als denken.

91. Erfahrung ist nicht alles

Situation: Sie erzählen begeistert von Ihrem ersten Außendiensteinsatz und stellen gleich ein Konzept vor, wie Sie die Besuchsfrequenz erhöhen könnten. Darauf sagt Ihr Chef genervt: **»So jung und naiv wie Sie war ich auch mal.«**
Ihre Antwort: ....

Gelungene Abwehrtechniken

- **»Es ist das Vorrecht der Jugend, Fehler zu begehen, denn sie hat genug Zeit, sie zu korrigieren.«** (Ernst Barlach) – Sie kontern mit einem passenden Zitat und wirken damit souverän. Gerade beim Chef kann es sinnvoll sein, eine andere Autorität zu zitieren, statt selber in die Offensive zu gehen.
- **Und haben schnell Kreativität und Flexibilität verloren.** – Frech! Es kommt auf die Branche und auf den Chef an, ob das angemessen ist oder ein Nachspiel haben wird.
- **Welchen Nutzen haben Sie aus Ihrer Unvoreingenommenheit damals gezogen?**
- **Schade, dass Sie sich das nicht bewahren konnten.**
- **Warum haben Sie es aufgegeben? War es nicht eine wundervolle Zeit?**
- **Ich hoffe, dass ich so bleibe, wie Sie mal waren und nicht geblieben sind.**
- **Es ist aber nicht lange her.** – Sie verpacken Ihre Antwort in ein Kompliment. Sehr schlagfertig und zielführend!
- **Stille Wasser sind tief, und manchmal kann man nicht auf den Grund sehen …**
- **Ab dem 5. Lebensjahr lernen Kinder ironische Untertöne zu verstehen, und so alt sind wir doch beide schon.**
- **Wenn Sie mein Alter als Grund nennen, so kommt das bei mir so an, als ob Sie mich für unreif halten. Ist das der Fall?** – Sie erklären, wie die Äußerung bei Ihnen ankommt, und erwarten durch die Fragen eine Erläuterung, der sich ein höflicher Mensch nicht entziehen wird.
- **Nehmen wir einmal an, ich wäre 20 Jahre älter. Würden Sie meine Ansicht dann berücksichtigen?**

92. Energie der Jugend

Situation: Sie machen ein Praktikum bei einer regionalen Zeitung und wollen für die Wochenendausgabe einen ganz besonderen Artikel über die Theorien und das Leben von Stephen Hawking schreiben. Darauf sagt Ihr verantwortlicher Chefredakteur:

»Sie sind dafür zu jung.«

Ihre Antwort: ....

Gelungene Abwehrtechniken

- Aus Ihrer Perspektive sicherlich.
- **Mozart hat schon mit acht seine erste Sinfonie komponiert, und das nur, weil man ihm nicht gesagt hat, dafür sei er zu jung.** – Ein Gegenbeispiel ist zwar kein Argument, wird jedoch oft angenommen. So haben Sie die Möglichkeit, doch noch zu Ihrer gewünschten Aufgabe zu kommen.
- **In meinem Alter habe ich mir vorgenommen, immer offen für andere Meinungen zu sein.**
- Ich bin immer im richtigen Alter, in »meinem«.
- Vergeben Sie Aufgaben nach Alter oder nach Kompetenz?
- Warten Sie es mal ab, ich bin sehr anpassungsfähig.
- »Alter ist irrelevant. Es sei denn, du bist eine Flasche Wein.« (Joan Collins)

TIPP

Wenn der Angriff lautet, »Sie sind dafür zu alt«, kann man unterschiedlich kontern, z. B.: »Es gibt da diese Dame in den USA, die sich mit 90 entschieden hat, dass Bergsteigen das richtige Hobby für sie wäre. Sie hat viele Sechstausender bestiegen. Auf die Frage, ob sie dafür nicht zu alt sei, antwortete sie: ›Moment, das habe ich jetzt nicht ganz verstanden. In meinem Alter hört man schlecht.‹ Oder: »… habe ich genau die richtige Kombination aus Restwissen und verbliebener Beweglichkeit, um auf mein Ziel zuzuhumpeln.«

93. Zeit ist Geld

Situation: Sie treffen Ihren Chef auf dem Gang und nehmen die Gelegenheit beim Schopf, über das allgemeine Kommunikationsverhalten der Abteilung und das spezielle Verhalten eines Kollegen zu sprechen, der Ihrer Meinung nach viel Zeit mit Unnötigem verbringt. Als Sie zu einer weiteren Erklärung anheben wollen, sagt Ihr Chef mit Blick auf die Uhr:
»Reden wir ein anderes Mal darüber, wenn mehr Zeit ist.«
Ihre Antwort: ....

Gelungene Abwehrtechniken

- Ich würde mich freuen, wenn Sie dafür bald Zeit hätten.
- Okay – wann?
- Sie wollen mich doch nicht etwa abwimmeln, oder?
- Dieses Mal können wir es nicht aufschieben, dazu haben wir keine Zeit mehr. – Rein sachliche Erwiderung mit dem entsprechenden Nachdruck.
- »Es ist nicht wenig Zeit, die wir haben, sondern es ist viel Zeit, die wir nicht nutzen.« (Seneca)
- »Mehr als die Vergangenheit interessiert mich die Zukunft, denn in ihr gedenke ich zu leben.« (Albert Einstein)
- »Ich glaube an die Wiedergeburt. Ich komme wieder.« (Herbert von Karajan)
- »Zeit ist Geldverschwendung.« (Oscar Wilde)
- Gerne. Dann lassen Sie uns einen Termin machen. Besser Montag oder Dienstag? – Akzeptanz des Einwands und sofortige Terminierung. Eine sehr souveräne Reaktion.

> **TIPP**
>
> Wenn Ihnen ein Witz angemessen erscheint, dann nehmen Sie in dem Fall den: »Zeit ist Geld«, sagte der Kellner und addierte das Datum zur Rechnung.
> Bieten Sie dann mit einer Frage die Sachebene an. Doch berücksichtigen Sie in dem Fall bitte auch, ob Ihr Chef dafür gerade Sinn hat.

94. Argument: kein Geld

Situation: Sie wollen die Außendienstflotte mit neuen Navigationssystemen ausstatten, weil die bisherigen oft Ausfälle haben. Sie stellen Ihren Vorschlag in der Abteilungsleitersitzung vor und bekommen von den Chefs die abschlägige Antwort: **»Dafür haben wir kein Geld.«**
Ihre Antwort: ....

Gelungene Abwehrtechniken

- **Wenn ich Ihnen aufzeige, dass Sie dadurch sogar mehr einsparen als es kostet, was sagen Sie dann?** – Sie stellen einen Vorteil in Aussicht und verpacken das in eine Frage. Eine sehr souveräne Reaktion.
- **Dann sollten wir darüber nachdenken, wofür wir später auch kein Geld mehr haben.**
- **Sollen wir Geld mitbringen, so wie früher die Kohlen zum Heizen?**
- **… sagte der Leiter des Kraftwerks zum Sicherheitsbeauftragten, kurz bevor das Werk in die Luft flog.** – Mit der Antwort zeigen Sie, dass Sie genervt sind. Trotzdem klingt sie witzig. Sie zeigen, was Sie vom Gesagten halten, sind jedoch in der Sache nicht wirklich weitergekommen.
- **Es kann teurer für uns werden, wenn dafür kein Geld da ist, deshalb möchte ich mit Ihnen darüber reden.**
- **Aber dafür Konkurrenz.**
- **Paradox ist, wenn sich jemand im Handumdrehen den Fuß bricht, sagte Heinz Erhard. Und bei uns ist paradox, wenn wir wirklich glauben, ohne Investition am Markt bestehen zu können.**
- **Durch Schaden wird man ja bekanntlich klug. Doch ist das dann sehr teures Lehrgeld. Jetzt lassen Sie uns einmal annehmen, das Geld würde keine Rolle spielen, wären Sie dann an dem Projekt interessiert?** – Die Hypothesefrage geht weg vom Problemrahmen hin zum Lösungsansatz. Eine sehr souveräne Reaktion mit einer einleitenden Spitzfindigkeit, die jedoch durch den Anschluss neutralisiert wird.

95. Unterschiedliche Prioritäten

Situation: Sie wollen der Außendienstflotte nun wenigstens neue Winterreifen geben, weil das Gesetz jetzt ein besseres Profil verlangt. Sie schlagen runderneuerte Reifen vor, da die billiger sind. Ihr Chef reagiert mit einer der folgenden Antworten: **»Es gibt Wichtigeres! Das ist unwichtig!«**

Ihre Antwort: ....

Gelungene Abwehrtechniken

- Ich möchte mich nicht mit Definitionen aufhalten, sondern den Sachverhalt darlegen.
- Vielleicht für Sie! Aber nicht für unsere Fahrer.
- Damit kann man natürlich alles totschlagen, wenn man keine Lust hat.
- Das glaube ich auch!
- Sicher, Kinder und Familie zum Beispiel. Aber für mich hat jetzt dieses Thema Priorität. Werden Sie mich unterstützen?
- Wichtiger für wen?
- Das glaube ich Ihnen. Auch ich habe wichtigere Dinge zu erledigen, trotzdem möchte ich dieses Thema nicht auf die lange Bank schieben, Ihre Meinung ist dazu wirklich wichtig für mich. – Sie stimmen zu und bringen ein eigenes Beispiel. Dann verweisen Sie elegant wieder aufs Thema.
- Der Pessimist findet zu jeder Lösung das passende Problem. – Das ist eine schlagfertige Antwort, wenn der Umgangston in Ihrer Firma das hergibt. Nun am besten gleich eine Frage.
- Schon Einstein sagte: »Vorstellungskraft ist wichtiger als Wissen.« Es gibt immer Wichtiges zu tun. Lassen Sie uns gemeinsam Prioritäten vergeben und dann mit dem Wichtigsten beginnen.
- Vielleicht ist das für Sie unwichtig, aber für das Unternehmen ist es wichtig. – Sie verwenden das Argument des »höheren Ziels« und geben Ihrer Ausführung so mehr Gewicht. Das ist eine sehr elegante Antwort auf die Killerphrase.
- »Das Leben ist zu wichtig, um es ernst zu nehmen«, sagte Oscar Wilde. Was ist Ihnen nicht wichtig genug?

96. Skandale aufdecken unerwünscht

Situation: Sie sind noch Praktikant bei der Zeitung und haben eine neue Idee. Sie wollen eine ortsansässige Firma an den Pranger stellen, weil diese ihre Abwässer ungefiltert in den Fluss leitet. Darauf meint Ihr Chefredakteur achselzuckend: **»Daran haben sich schon ganz andere die Zähne ausgebissen!«**

Ihre Antwort: ....

Gelungene Abwehrtechniken

- **Aber wir sind nicht die anderen.** – Wenn jetzt gleich noch eine Erklärung folgt, dann ist das ein guter Einstieg für eine weitere Diskussion.
- **Und, haben Sie jetzt Angst um Ihre Dritten?**
- **Ich habe nicht vor, das Problem mit den Zähnen zu lösen.** – Sehr direkt, diese Antworten, aber für den Chef vielleicht doch eher zu frech.
- **»Es ist schwer, es zugleich der Wahrheit und den Leuten recht zu machen.«** (Thomas Mann)
- **Damit wir auch morgen noch kraftvoll zubeißen können, schlage ich vor, wir schauen zunächst genau, was da Sache ist.** – Eine schöne Metapher, die die Zähne aufgreift und auch auf das Kämpferische im Journalismus anspielt. Mit dem Vorschlag ist der Ball wieder beim Chefredakteur.
- **Es gibt nichts, was ein Zahnarzt nicht wieder hinbekommt. Zur Not gibt's Implantate. Die halten dann auch länger.**
- **Was erscheint Ihnen schwierig?**
- **Wie sieht Ihr Vorschlag für eine Vorgehensweise aus?**
- **»Es ist sehr schwierig, Menschen hinters Licht zu führen, sobald es ihnen aufgegangen ist.«** (Alfred Polgar)
- **Zähne ausbeißen ist ein schönes Bild. Bevor wir weiter um uns beißen: Glauben Sie, wir können es uns leisten, uns dieser Herausforderung nicht zu stellen?** – Es kommt gut an, die Worte zu verwenden, die der andere vorgegeben hat. Die geschlossene Frage am Ende ist schön formuliert, doch eine offene Frage würde den Antwortreflex noch besser anregen.

97. Auch Chefs können irren ...

Situation: Sie sind Sekretärin in einer Anwaltskanzlei und helfen gerade in der Nachbarabteilung aus. Manche Vorgänge sind Ihnen nicht geläufig. Eben telefonieren Sie mit einer Kollegin und fragen sie um Rat. Die Kollegin kennen Sie sehr gut, sodass Ihr Ton und Ihre Sprache sehr freudig und freundschaftlich klingen. Nun kommt Ihr Boss zur Türe herein, der dringend auf Unterlagen wartet, und sagt aufgebracht:
»Wenn Sie so viel Zeit auf Ihre Arbeit verwenden würden, wie auf Ihre Privatgespräche, wären Sie schon viel weiter.«
Ihre Antwort: ....

Gelungene Abwehrtechniken

- **Entschuldigung, ich werde mich demnächst nur noch an Sie persönlich wenden, wenn ich nicht weiterweiß.** – Klingt ein bisschen beleidigt. Achten Sie hier genau auf den Tonfall.
- **Ich verstehe, dass Sie unter Druck stehen, doch das gibt Ihnen nicht das Recht, mich zu beleidigen.** – Die klare Grenzziehung kann sinnvoll sein, wenn solche Aussagen schon zum wiederholten Male gefallen sind. Ist es das erste Mal, so klingt die Antwort sehr hart.
- **Das ist ja interessant. Wann genau ist Ihnen das denn zum ersten Mal aufgefallen?**
- **Schön, dass Sie an meinem Weiterkommen interessiert sind. Dann wenden wir uns jetzt den wichtigen Fragen zu.**
- **Mein Mann ist mein Coach und ich hole mir immer Tipps, wie ich mit unfreundlichen Menschen zurechtkomme.**
- **Sind das Ihre eigenen Erfahrungen?**
  Vorsicht bei den vorhergehenden Erwiderungen. Sie kommen ein wenig schnippisch daher. Sollte Ihnen etwas an Ihrem Job gelegen sein, dann distanzieren Sie sich eher auf der Sachebene.
- **Vielen Dank für diesen Hinweis. Ich habe mir von der Kollegin folgende Informationen zu folgendem Projekt geholt.**
  – Sie leiten geschickt auf das eigentliche Thema um und ignorieren den verborgenen Vorwurf.

98. Abgeblockte Vorschläge

Situation: Sie sind in Ihrer Firma fürs Magazin zuständig. Sie unterbreiten Ihrem Abteilungsleiter einen Vorschlag, mit dem Sie Aufwand sparen können, und der sagt darauf barsch:
»Wenn Sie hier etwas zu sagen hätten, wäre die Firma schon lange pleite.«
Ihre Antwort: ....

Gelungene Abwehrtechniken

- **Und was glauben Sie nun, soll ich darauf antworten?** – Die Reaktion wird den anderen zumindest aus seiner »Denkrinne« holen. Ob er darauf eine Antwort hat, bleibt ungewiss.
- **Hat hier überhaupt jemand etwas zu sagen?**
- **Sind Sie sicher, dass sie nicht schon längst pleite ist?**
- **Gibt es überhaupt Alternativen zu IHRER Meinung?**
- **Wenn ich hier etwas zu sagen hätte, dann wüsste ich schon, wer nichts mehr sagt.** (Schauen Sie dabei bedeutungsvoll.) – Diese Antwort geht nur bei einem Kollegen. Wenn Sie mit dem Chef sprechen, würde ich andere Wege gehen.
- **»Mitunter geht man mit unter.«** (Norbert Blüm)
- **Ich finde es toll, dass Sie sich meinetwegen Gedanken machen, möchte jedoch trotzdem …**
- **Mein Eindruck ist, Sie glauben auch, es gäbe immer zwei Ansichten, Ihre und die falsche.** – Vermutlich geht es im Magazin einer Firma etwas herzhafter zu. Dann kann die Aussage durchaus in den Rahmen passen. Machen Sie es davon abhängig, wie der allgemeine Umgangston ist.

TIPP

Echt böse Antwort: »Pferden gibt man einen Gnadenschuss, wenn es keine Hoffnung mehr gibt. Und wenn Sie der Reiter wären, ich würde das Pferd auch erlösen wollen.« Achtung: Die Antwort am besten nur denken, nicht aussprechen. Außer, in Ihrem Umfeld herrscht ein rauer, aber herzlicher Ton. Dann ist sie raffiniert.

99. Kreatives Chaos

Situation: Sie haben eine Rücksprache mit Ihrem Abteilungs-leiter. Bei der Gelegenheit sagt dieser zu Ihnen:

»**Gestern in Ihrer Besprechung war ja ein ziemliches Durch-einander.**«

Ihre Antwort: ....

Gelungene Abwehrtechniken

- Ja, das war das kreative Chaos – übrigens sehr effektiv.
- »Nicht der Beginn wird belohnt, sondern einzig und allein das Durchhalten.« (Katharina von Siena) – Solch eine philosophische Antwort kann sehr gut ankommen, wenn Ihr Chef dafür Sinn hat. Machen Sie es davon abhängig. Auf der sicheren Seite sind Sie – wie immer –, wenn Sie direkt im Anschluss eine Frage stellen.
- Jeder kann sich mal versprechen.
- Durcheinander fördert Kreativität. Im Gegensatz zu stren-ger, perfekt scheinender Ordnung und Organisation.
- Der Inhalt bestimmt die Form, mit den Ergebnissen bin ich sehr zufrieden.
- Ich pflege den kreativen Stil. So kommen wir zu den besten Ergebnissen.
- Das nennt man Brainstorming. – Eine pfiffige Antwort, die jedoch schnell nach hinten losgehen kann, wenn der Chef nicht gut gelaunt ist. Unter Kollegen wäre sie wunderbar.
- Nur ein Genie beherrscht das Chaos!
- Lieber Durcheinander als Langeweile.
- Einige nennen es Durcheinander, ich nenne es produktives Chaos. Und produktiv war es auf jeden Fall, denn wir haben … – Sie deuten hier den Begriff positiv um und schließen dann mit einer sachlichen Weiterführung an. Sehr elegant.
- Was genau haben Sie vermisst bei unserer Besprechung?

100. Meinungsänderung vertreten

Situation: Sie sind für eine Mehrfachnutzung der betriebseigenen Kantine. Gerade halten Sie eine Rede vor dem Betriebsrat, um diesem die neuen Nutzungsmöglichkeiten schmackhaft zu machen. Darauf sagt der Betriebsratsvorsitzende erbost: **»Letztes Jahr (gestern) haben Sie noch ganz anders geredet.«** Ihre Antwort: ....

Gelungene Abwehrtechniken

- **Niemand kann mich daran hindern, dazuzulernen.** – Wenn der Ton dabei freundlich bleibt, ist das eine sehr schöne Antwort auf den Angriff. Der kann übrigens auch rein sachlich aufgefasst und beantwortet werden.
- **»Wer A sagt, muss nicht unbedingt B sagen. Er kann auch feststellen, dass A verkehrt war.«** (Bertolt Brecht) – Das Zitat passt blendend. Weitere Erwiderungen erübrigen sich.
- **Ich entwickele mich ständig weiter. Kennen Sie das nicht?**
- **Das war ein ganz anderer Zusammenhang.**
- **Es war für mich einfach, diese sachlich fundierte Meinung anzunehmen.**
- **Wie schwer ist es für Sie, in Ihrer Meinung zu verharren?**
- **Adenauer sagte einmal: »Was schert mich mein Geschwätz von gestern.«** – Dieses Zitat ist sehr bekannt und deshalb lang nicht so wirkungsvoll wie das von Brecht.
- **Flexibilität gehört zu den meistgesuchten Schlüsselqualitäten heutzutage.**
- **Ich habe zu diesem Thema in letzter Zeit viel mehr Informationen gesammelt.**
- **Ich passe mich der Entwicklung meiner Partner an.**
- **Das mag wohl sein, aber jeder muss sich an das immer schneller wechselnde Umfeld anpassen. Durch neue Infos muss man manchmal Entscheidungen neu überdenken.**
- **Sie haben wirklich ein hervorragendes Gedächtnis.**
- **Gott sei Dank ändern sich Zeiten und Meinungen.**
- **Neue Erkenntnisse machen es erforderlich, flexibel auf die Umstände zu reagieren.**

101. Betriebsausflug neu geplant

Situation: Bei Ihrem letzten Betriebsausflug war – wie jedes Jahr – erst kegeln, dann essen. Nun wollen Sie einmal etwas anderes machen und schlagen vor, in diesem Jahr den Ausflug mit Kultur zu würzen. Sie haben sich auch schon kundig gemacht und drei Ausstellungsangebote vorbereitet. Von Ihrem Chef ernten Sie einen entsetzten Blick und die Aussage:
»Das haben wir noch nie so gemacht!«
Ihre Antwort: ....

Gelungene Abwehrtechniken

- Ach, das macht nichts – es ist nie zu spät, etwas Neues anzufangen. – Sie überhören die Absicht und reagieren rein auf die Worte. Das kann sehr elegant wirken. Wenn Sie nun noch eine Erklärung anschließen, kann eine fruchtbare Diskussion daraus entstehen.
- Na, dann wird es ja allerhöchste Zeit!
- Interessant, dann haben wir ja endlich mal eine Premiere.
- Sehen Sie, gerade das ist ja eben das Neue am Neuen.
- Wenn das Edison gesagt hätte, würden wir heute im Dunkeln sitzen.
- Das klingt wie eine Killerphrase. Wir wollten doch mal was anderes machen. Was stellen Sie sich vor? – Diese Reaktion ist angemessen, wenn der Begriff »Killerphrase« im Sprachgebrauch Ihrer Firma vorkommt. Wenn nicht, ist es sinnvoll, den Begriff anders zu umschreiben, wie z. B. durch: »Es klingt, als hätten Sie Einwände dagegen.«
- »… und die letzte Stimme, die man hört, bevor die Welt explodiert, wird die Stimme eines Experten sein, der sagt: Das ist technisch unmöglich!« (Peter Ustinov)
- »Das Positive am Skeptiker ist, dass er alles für möglich hält.« (Thomas Mann)
- Soll ich das als Kompliment auffassen?
- Nehmen wir an, Sie hätten keinerlei Mehraufwand. Wäre es dann überlegenswert? – Die Hypothesefrage ist eine gute Möglichkeit, Killerphrasen auszuhebeln. Vorbildlich!

Aggressionen – gemeinen Angriffen begegnen

102. Ungefragter Kommentar

Situation: Sie erzählen in der Mittagspause begeistert von der neuen Software, die genau das Problem lösen könnte, das Sie in Ihrer Abteilung gerade umtreibt. Jemand vom Nebentisch: »**Wer hat Ihnen denn den Blödsinn erzählt?**«

Ihre Antwort: ....

Gelungene Abwehrtechniken

- Waren Sie das nicht?
- Können Sie bitte »Blödsinn« definieren, oder spüre ich da gerade Ihre Intoleranz?
- Ihr Beitrag zeigt mir, dass die Bedeutung des neuen Konzepts noch nicht ganz klar geworden ist. Ich nutze die Gelegenheit, um die entscheidenden Eckpunkte noch einmal zu verdeutlichen. – Sie überhören die Beleidigung und gehen nur auf den Sachverhalt ein. Das ist eine generöse Antwort und lässt offen, ob die Bemerkung getroffen hat oder nicht.
- Hören Sie immer so schlecht zu?
- Wer sich dumm stellt, ist gefährlicher als der, der dumm ist, denn seine Dummheit hat Intelligenz und folglich Konsequenz. – Sehr raffiniert, um dem anderen zu zeigen, dass Sie seine Manieren nicht akzeptieren. Hoffentlich versteht er es.
- Das hab ich aus der Bild …
- Wohl dem, der es besser weiß, denn er wird sich viele Freunde machen.
- Auch im Blödsinn liegt ein Sinn, und die größten Innovationen der Menschheit haben ihre Wurzeln im Blödsinn.
- Ich merke schon, Sie sind der Fachmann! – Die ironische Antwort. Sie ist hier durchaus angemessen, zumal sich der andere ungefragt in Ihr Gespräch gemischt hat. Am besten danach nicht weiter beachten.
- Als Mensch kann man vernünftig denken und trotzdem unsinnig handeln.

103. Böse beleidigt

Situation: Ihrer Freundin ist zugetragen worden, dass Sie ein Geheimnis weitererzählt haben (was gar nicht stimmt!). Sie beendet ihre Beschimpfung mit dem Wort:

»Ratte!«

Ihre Antwort: ....

Gelungene Abwehrtechniken

- Immerhin hast du Ahnung von Biologie.
- Falsch geraten, im chinesischen Horoskop bin ich Drache. – Schnelles Assoziieren hilft hier gut. Danach können Sie wieder ein konstruktives Gespräch anbieten oder die Beleidigung zurückweisen. Alles bleibt möglich.
- Ja! Ratten sind durchsetzungsstark und anpassungsfähig.
- Danke fürs Kompliment. Das sind sehr schlaue Tiere.
- Wo? – Wenn Sie dabei entsetzt Richtung Boden sehen, holen Sie Ihr Gegenüber schnell aus seiner »Denkrinne«. Danach ist neues Aufsetzen einfach – wenn Sie das wollen.
- Ratten haben ein hoch entwickeltes Sozialbewusstsein. Danke. (aggressiv)
- Meinst du jetzt eine »langschwänzige« Kanalratte oder eine aus dem Laboratorium?
- Du bist aber wirklich originell in deinen Beleidigungen.
- Kennst du die Definition von Schimpfwort? Eine gewollte Beleidigung, die in ihrer unüberbietbaren Kürze ihren Zweck erfüllt. Was bezweckst du damit? – Sehr philosophisch! Definition mit anschließender Frage wirkt souverän.
- Woher stammt deine Vorliebe für solch ausgesuchtes zoologisches Vokabular?

TIPP

Generell bei Schimpfworten: Was auch mal geht, ist, den Angriff als Vorstellung des anderen aufzufassen und zu antworten mit: »Angenehm, …«. Sie entscheiden, ob Sie die Aussage als Beleidigung auffassen.

104. Privatmeinung im Kollegenkreis

Situation: Abends beim Kollegengeburtstag reden Sie sich in Rage. Es geht um eines Ihrer Lieblingsthemen, zu dem Sie eine feste Meinung haben, die Sie auch verkünden. Darauf meint einer Ihrer lieben Kollegen tückisch:
»Das Grau Ihres Anzugs entspricht Ihrer Denkhaltung!«
Ihre Antwort: ....

Gelungene Abwehrtechniken

- **Danke für Ihren unfairen Einwand.** – Das ist das Signal für: Ich hab's gemerkt! Oft reicht so etwas aus. Sie müssen sich nicht jeden Schuh anziehen.
- **Können Sie Ihren Einwand auch frei formulieren, ohne Stichwortzettel?**
- **Ich danke Ihnen für die Beachtung meiner Garderobe.**
- **Da habe ich ja Glück, dass ich kein Rot (oder Schwarz, Braun, etc.) trage.** – Ein schönes Bild, das alle Umstehenden zum Nachdenken anregt, auch Ihren Kontrahenten. Dadurch wirken Sie souverän.
- **Wenn es danach ginge, hätte Ihr Anzug gar keine Farbe.**
- **Anscheinend lassen Sie sich sehr von Oberflächlichem beeinflussen. Wie wär's, wenn wir nun zusammen versuchen, einen konstruktiven Beitrag zur Diskussion zu leisten.**
- **Danke für das Kompliment – Grau ist übrigens auch noch nächstes Jahr Trendfarbe.** – Bei dieser sachlichen Antwort ist es wichtig, dass Ihr Tonfall angemessen bleibt. Die Antwort wirkt nur dann, wenn Sie sich nicht getroffen fühlen.
- **Den ziehe ich immer an, um Schwarz-Weiß-Denkern den Umgang mit mir zu erleichtern.**
- **Toleranz ist die Erkenntnis, dass es keinen Sinn hat, sich aufzuregen.**
- **Stoffe, Schnitte und Muster sind die Stammesabzeichen, an denen sich Häuptlinge erkennen.**
- **Grau ist alle Theorie. Glauben Sie, Ihre Meinung zu meiner Kleidung trägt zur Klärung bei?** – Elegant: Die Frage klingt etwas boshaft, ist allerdings dem Angriff angemessen.

105. Angriff unter die Gürtellinie

Situation: Sie haben einen Kunden am Telefon, der sich bitterlich über Ihren Service beklagt. Sie nehmen Ihre Mitarbeiter und Kollegen in Schutz und versuchen, eine konstruktive Lösung zu finden und den Kunden zu beruhigen. Der wird jedoch immer aufgeregter, und schließlich schnauzt er Sie an:

»Sie lügen ja wie gedruckt!«

Ihre Antwort: ....

Gelungene Abwehrtechniken

- **Soso!**
- **Immer … und Sie sind ein wundervoller Mensch.**
- **Wie meinen Sie das?** – Klingt ein bisschen beleidigt. Trotzdem, wenn der Ton angepasst wird, ist das eine gute Frage.
- **Wenn Sie das schon lügen nennen, dann kennen Sie mich aber noch nicht richtig.**
- **Hätten Sie's lieber in Schreibschrift oder in Blockschrift?** – Der Bezug auf »gedruckt« wird den anderen aus seiner »Denkrinne« katapultieren. Fragen Sie danach sachlich weiter, und Sie haben den Angriff wunderbar neutralisiert.
- **»Alle Menschen sind Lügner.«** (Psalm 116)
- **Wer deutlich spricht, riskiert verstanden zu werden.**
- **Bitte unterlassen Sie persönliche Angriffe! Auf dieser Ebene spreche ich nicht mit Ihnen.** – Diese klare Zurückweisung ist eindeutig formuliert und wirkt klar und selbstbewusst.

TIPP

Wenn der Angriff von Kollegen oder Freunden kommt:
»Die Wahrheit kann ja niemand ertragen.«
»Sonst glaubt mir ja keiner.«
»Na, da hab ich ja wohl genau ins Schwarze getroffen. Wo sitzt denn der wunde Punkt?«
»Lesen Sie denn nur die Bild-Zeitung?«
»Na, dann verstehen wir uns ja sicher gut.«
»Sie sollten nicht immer von sich auf andere schließen!«

106. Missgeschick mit Folgen

Situation: Sie haben sich eben an der Kuchentheke ein schönes Stück Schwarzwälder Kirschtorte geholt und transportieren dieses nun vorsichtig zu Ihrem Sitzplatz. Sie sind kurz abgelenkt, und als Ihr Blick wieder in Richtung Ihres Tellers geht, ziert ein Stück Ihrer Torte das Hemd eines entsetzt schauenden älteren Herrn. Der schnauzt Sie, nach Luft schnappend, an:

»Sie sind wohl als Kind zu heiß gebadet worden?«

Ihre Antwort: ....

Gelungene Abwehrtechniken

- Deshalb fällt es mir ja auch so schwer, kaltschnäuzig zu sein.
- Kinder badet man in der Regel so mit 37 Grad, ich muss das wissen, ich hab selber drei. – Die rein sachliche Antwort wird den anderen verblüffen, sie trägt jedoch nicht wirklich dazu bei, die Situation zu entspannen.
- Sind Sie gerade ein wenig zu privat?
- Ja, ja – das mit dem Benehmen ist auch nicht jedermanns Sache, was?
- Deshalb kann ich auch über so »heiße« Fragen wie Ihre noch lachen.
- Vermutlich wollen Sie mir damit irgendetwas sagen. Leider komme ich nicht darauf, was.
- »Angriffe sind die Argumente derer, denen die Argumente ausgegangen sind.« (Rousseau)
- Nein, das war jemand anderes. Ich bin in den Zaubertrank gefallen. – Die Antwort ist witzig, und wenn der Herr Humor hat, dann wird er gemeinsam mit Ihnen erst mal lachen, bevor Sie die Reinigung in Angriff nehmen. Das ist souverän. Garnieren Sie diese Reaktion mit einem Lächeln.

> **TIPP**
>
> Wenn Sie etwas verbockt haben, ist die souveräne Reaktion nicht die schlagfertige, sondern schlicht eine Entschuldigung und das Angebot der Wiedergutmachung.

107. Falsche Aufsteller am Messestand

Situation: Sie sind gerade dabei, gemeinsam mit einem Kollegen den Messestand Ihrer Firma aufzubauen. Plötzlich stellen Sie fest, dass Sie die falschen Aufsteller – die vom letzten Jahr – eingepackt haben. Ihr Kollege schüttelt missbilligend den Kopf, zieht die Stirn kraus und verkündet:

»Sie sind ja inkompetent!«

Ihre Antwort: ....

Gelungene Abwehrtechniken

- Ich schlage vor, dass wir darauf verzichten, durch Unfairness und Abqualifizierung des anderen Punkte sammeln zu wollen.
- **Inkompetenz fördert die Flexibilität bei anderen.** Schön ausgedrückt, aber Sie stufen sich damit selbst herab.
- **Statt verbaler Inkontinenz – helfen Sie mir lieber!** – Mit dem Wortspiel zeigen Sie, dass Sie die Situation als Spaß auffassen. Nun liegt es an Ihrem Kollegen, einzulenken oder wirklich einen Streit zu beginnen.
- **Nachdem unser ehemaliger Kanzler Kohl den »Blackout« hoffähig gemacht hat, wollen Sie sich sicher später auf einen solchen berufen?**
- **Oh, das war jetzt aber wirklich sehr gemein!**
- **Haben Sie in letzter Zeit einen Kommunikations-Kurs besucht? Ihre rhetorische Schlagkraft ist ja wirklich fantastisch.** – Die ironische Antwort ist hier durchaus angebracht. Mit einer anschließenden Bitte um Hilfe können Sie die Situation wieder entspannen, wenn Sie das wollen.
- **Und Sie sind unverschämt!** – Eine klare Antwort auf einen klaren Angriff. Passen Sie hierbei auf, dass sich die Situation nicht aufschaukelt. Denn vermutlich müssen Sie noch ein paar Tage mit dem Kollegen verbringen.
- **Das liegt im Auge des Betrachters, vielleicht fehlt Ihnen die Kompetenz, mich zu beurteilen.**
- **Lieber in als out.**
- **Wie kommen Sie darauf?**

108. Pläne zum Neuanfang

Situation: Sie sind so um die 40 und wollen es beruflich noch einmal wissen. Sie wollen sich als Computerfachmann selbstständig machen und sich auf Senioren spezialisieren. Um Ihre Zielgruppe genauer einschätzen zu können, interviewen Sie Ihre Eltern. Ihr Vater ist entsetzt über Ihre Pläne und sagt:

»Du lebst in einer Traumwelt. In der Realität versagst du!«

Ihre Antwort: ....

Gelungene Abwehrtechniken

■ Diesen Satz versuchst du bestimmt schon seit Monaten loszuwerden, und nun hat es endlich geklappt. Und geht es dir jetzt besser?

■ »Der Bau von Luftschlössern kostet nichts, aber ihre Zerstörung ist sehr teuer.« (François Mauriac)

■ Warum soll ich ein Versager sein? – Diese klare Frage erwartet vom anderen eine Rechtfertigung. Im Moment geht es um eine sachliche Klärung. Das kann sehr souverän wirken, wenn die Signale des Körpers damit übereinstimmen. Ein beleidigter Tonfall ist fehl am Platz.

■ Nach deinen Maßstäben vielleicht. Wenn du aber bewusst lebst und dir deine persönlichen Ziele steckst und diese auch erreichst, dann bist du der zufriedenste Mensch auf Erden, egal, ob andere dich in einer Traumwelt sehen. – Die ablenkende erklärende Antwort wird Ihren Herrn Vater verwirren. Mit sachlichen Fragen im Anschluss können Sie die Situation zusätzlich entspannen. Eine mögliche Anschlussfrage: »Das scheint dich zu beunruhigen. Warum?«

■ Ich lerne immer besser, meine Träume zu leben.

■ Richtig. Ich kann zum Beispiel mit solchen Beleidigungen nichts anfangen.

■ Danke, ohne dich wäre mir das nie aufgefallen.

■ »Ihr aber seht und sagt: Warum? Aber ich träume und sage: Warum nicht?« (Shaw) – Das Zitat passt und zeigt, dass Sie sich schon im Vorfeld mit Einwänden beschäftigt haben. Schöner Bezug, der Ihnen hilft, Abstand zu gewinnen.

109. Der renitente Kunde

Situation: Als Außendienstler einer pharmazeutischen Firma besuchen Sie zum dritten Mal eine Apotheke. Nachdem Sie wiederholt die Vorzüge des neuen Tape-Verbandes erklärt haben, sagt der Apotheker und gleichzeitig Besitzer genervt: **»Sie erzählen doch immer denselben Schwachsinn!«**
Ihre Antwort: ....

Gelungene Abwehrtechniken

- Ja, irgendwann verstehen Sie vielleicht. – Wenn Sie auf den Kunden keinen Wert mehr legen, dann reagieren Sie so.
- Ich möchte nicht, dass Sie in diesem Ton mit mir sprechen.
- So lange, bis Sie merken, dass es kein Schwachsinn ist.
- »Derjenige, der zum ersten Mal anstelle eines Speeres ein Schimpfwort benutzte, war der Begründer der Zivilisation.« (Sigmund Freud) – Wenn Sie jetzt über das Stichwort »Zivilisation« wieder aufs Thema kommen und eine sachliche Frage stellen, haben Sie sich souverän gezeigt.
- »Die größte aller Schwächen ist, zu fürchten, schwach zu erscheinen.« (Jacques Bénigne Bossuet)
- Für mich ist es in Ordnung, dass Sie mich auf Fehler hinweisen. Aber ich bin nicht damit einverstanden, wie Sie es tun. Ich bitte in diesem Punkt um Ihre emotionale Zurückhaltung. – Eine sehr förmlich formulierte Zurückweisung, die Ihnen helfen kann, Ihren eigenen Selbstwert zu bewahren. Sie können nun rein sachlich anschließen.

TIPP

Mögliche Antwort, wenn Ihr Chef so agiert: »Mag sein, dass Sie das anders bewerten. Doch wir sehen darin im Moment große Probleme. Was schlagen Sie uns vor?« Mögliche Antwort an einen Kollegen: »Solange Sie diesen Schwachsinn nicht kapieren, muss ich ihn ja wiederholen. Es wäre sonst unfair, zur nächsten Lektion überzugehen.«

110. Choleriker ausbremsen

Situation: Sie arbeiten im Einwohnermeldeamt an einem Vorgang, der Ihre ganze Aufmerksamkeit beansprucht. Der nächste Kunde steht schon vor Ihnen. Während Sie den anderen Vorgang beenden, beginnt er schon, sein Problem zu schildern. Da Sie nicht sofort reagieren, schreit er Sie unvermittelt an: »ICH REDE MIT IHNEN!«

Ihre Antwort: ....

Gelungene Abwehrtechniken

- Meine Oma sagte immer: Nicht wer lauter kann, hat recht.
- Wer schreit, hat Unrecht.
- Kennen Sie das: Man ruft und ruft und nichts passiert?
- Auch wenn Sie noch so laut reden, …
- Den Beweis, dass Sie lauter schreien können als ich, nehme ich als erbracht an. – Sie gehen auf die Form ein, nicht auf den Inhalt. Ein schönes Muster, mit dem Sie zeigen, dass Sie über den Dingen stehen und sich nicht verunsichern lassen.
- Ich möchte nicht auf diese Art mit Ihnen reden. – Diese Ich-Botschaft klingt souverän und wird den anderen irritieren, da er eher eine Antwort erwartet, die mit »Sie« anfängt.
- Ich höre Sie sehr gut. Ich bin ganz nahe.
- Wenn Sie laut werden, kann ich mich nicht konzentrieren, und dann kann ich Ihnen nicht helfen. – Die Standardantwort passt gut und lässt Sie überlegt und souverän wirken.
- Nein, Sie reden nicht, Sie schreien mich an. So kann ich Sie nicht ernst nehmen! – Diese Richtigstellung macht dem anderen sein unzumutbares Vorgehen deutlich.

TIPP

Empfehlenswerte Reaktionen, wenn ein Kollege Sie anschreit: »Wenn Sie wieder normale Lautstärke haben, wissen Sie ja, wo Sie mich finden können.« – »Ich respektiere zwar Ihre Meinung, aber ganz sicher nicht die Art und Weise, wie Sie diese vorbringen.«

111. Besserwisser gibt's überall

Situation: Sie arbeiten immer noch auf dem Einwohnermelde-amt und helfen gerade in einer anderen Abteilung aus. Nach-dem Sie in mühevoller Kleinarbeit einen neuen Kunden ange-legt haben, drücken Sie aus Versehen eine falsche Taste, und die Arbeit einer halben Stunde ist weg. Ein altgedienter Kollege: **»Mein Gott, wenn du nur nicht so dumm wärst …«**
Ihre Antwort: ....

Gelungene Abwehrtechniken

■ **Wenn Dummheit rollen würde, dann müsstest du sogar den Berg hoch bremsen.** – Klassische Retourkutsche. Eleganter ist hier – wenn es schon ein Gegenangriff sein soll – eine Aus-sage wie: »Vielleicht Einfluss durch die nähere Umgebung?« Das hört sich eleganter an und hat denselben Effekt.

■ **»Nichts auf der Welt ist so gerecht verteilt wie der Verstand. Denn jedermann ist überzeugt, dass er genug davon habe.«** (René Descartes)

■ **»Dummheit nützt häufiger als sie schadet. Darum pflegen sich die Allerschlauesten dumm zu stellen.«** (Siegmund Graff)

■ **Ich bin entsetzt, dass du so mit mir sprichst.**

■ **Deine Aussage verletzt mich.** – Die Ich-Botschaft mit einem klaren Ausdrücken der eigenen Gefühle wird den anderen davon abbringen, Sie weiter zu beleidigen. Ernsthaft formu-liert, wirkt solch eine Aussage sehr selbstbewusst.

■ **Das muss ich mir nicht bieten lassen. Wenn du deinen Stil wiedergefunden hast, kannst du wieder kommen.**

■ **»Der Verstand ist wie eine Fahrkarte: Sie hat nur dann einen Sinn, wenn sie benutzt wird.«** (Ernst Hauschka)

■ **»Der Verstand und die Fähigkeit, ihn zu gebrauchen, sind zwei verschiedene Gaben.«** (Franz Grillparzer)

■ **Schon Mark Twain stellte fest: »Das Recht auf Dummheit wird von der Verfassung geschützt. Es gehört zur Garantie der freien Entfaltung der Persönlichkeit.«** – Die witzige Ant-wort zeigt, dass Sie über den Dingen stehen.

Beispiel-sammlung

Kluge Sprüche berühmter Mitmenschen gehören zum Repertoire eines jeden wort- und sprachgewandten Redners. Es macht nicht nur Spaß, in Zitaten und Anekdoten zu stöbern, sondern fördert auch den Sprach-Sinn. Nirgendwo sonst finden sich so pointenreiche und lebensnahe Formulierungen. Machen Sie sich die interessantesten zu eigen und glänzen Sie schon bald mit ungewohnter Schlagfertigkeit und Ausdrucksstärke.

Lebensweisheiten im Schnelldurchgang

Anekdoten, Witze und Zitate bieten eine Fülle an Weisheiten und guten Formulierungen. Spannend und unterhaltsam zu lesen und nützlich im kreativen Umgang mit Sprache. Schulen Sie sich damit! Nutzen Sie die Kraft der Worte, die auch in den kürzesten, dafür oft präzisesten Anekdoten und Zitaten steckt. Sie sind in manch heftigem Streit das bessere Argument. Denn die Worte berühmter Personen haben ungleich mehr Gewicht als leichtfertige Verbalattacken.

»Anleihen« mit Niveau

Machen Sie sprachliche Anleihen, wo es Ihnen passt. Natürlich immer mit Hinweis auf die Quelle, versteht sich. Sie werden einige unserer bekannten Muster wiederentdecken und für Ihre Entgegnungen nutzen können. Sammeln Sie Ihre Lieblingsformulierungen in Ihrem »Rhetorik-Tagebuch«. Verbinden Sie die Sammlung mit Ihren eigenen sprachlichen Ideen und kreativen Wortschöpfungen. Denn: Gedanken muss man aufschreiben, wenn man sie hat, und nicht erst, wenn man sie braucht. Im Folgenden finden Sie:

- Anekdoten: »fabelhafte« Geschichten mit Hintergrund
- Witze: sprachliches Feuerwerk guter Laune
- Zitate: berühmte Sprüche berühmter Leute
- Standards: Brücken bauen mit Worten

»Fabelhafte« Anekdoten

Return to Sender

Anekdoten zu unserem Muster 3:

- Als George Bernard Shaws Stück »Candida« in New York neu aufgeführt wurde, lobte er die Titelheldin, die Schauspielerin Cornelia Skinner: »Ausgezeichnet, unübertrefflich.« Überwältigt von diesen anerkennenden Worten, gab diese zurück: »Lob unverdient.« Darauf antwortete Shaw: »Ich meinte das Stück.« Die Reaktion von Miss Skinner: »Ich ebenfalls.«

■ Al Smith – Gouverneur von New York und Kandidat fürs Präsidentenamt – wurde 1928 bei einer Rede so unterbrochen: »Sag ihnen alles, was du weißt, es dauert nicht länger als eine Minute.« Darauf antwortete er: »Ich sag ihnen alles, was wir beide wissen, und es wird nicht länger dauern.«

■ Abgeordneter zum anderen: »Sie machen ja in keiner Sitzung den Mund auf.« Antwort: »Sie irren sich, immer wenn ich Sie reden höre, muss ich gähnen.«

■ Friedrich August III. von Sachsen lässt sich vom Dorfbarbier rasieren. Der schneidet ihn mehrfach. Darauf attestiert Friedrich August: »Das kommt sicher vom Saufen.« »Wohl Majestät, Alkohol macht die Haut spröde.«

■ Ein Kellner tropft einer Dame Tee auf die Bluse. Darauf sagt sie: »Ich hatte Sie eigentlich für jemanden gehalten, der nicht zu blöd ist, Tee zu servieren.« Darauf sagt er: »Und ich hätte Sie gerne weiterhin für eine Dame gehalten.«

■ Mark Twain machte auf einem Empfang einer Dame ein Kompliment über ihr gutes Aussehen. Darauf sagte die: »Leider kann ich Ihr Kompliment nicht zurückgeben!« Darauf sagte er: »Machen Sie es doch wie ich, lügen Sie einfach.«

■ Mohammed Ali, seinerzeit weltbester Boxer und bekannt für seine Sprüche, war im Flugzeug nicht angeschnallt. Er war der Meinung: »Superman braucht das nicht!« Stewardess: »Superman braucht aber auch kein Flugzeug!«

Überraschende Wendung

■ Albert Schweitzer wurde einmal gefragt, weshalb er im Zug immer 3. Klasse fahre. Er: »Weil es keine 4. Klasse gibt.«

■ Das Kind hustet, und die Mama fragt: »Hast du dich verschluckt?« Darauf der Kleine: »Nein, ich bin noch da.«

■ Der Physiker Alessandro Volta antwortete auf die Frage, wieso er seinen Kaffee ohne Zucker trinke: »Weil ich so mehr Kaffee in die Tasse bekomme.«

■ Der Reichstagsabgeordnete Rudolf Virchow, von Beruf Pathologe, warf Reichskanzler Otto von Bismarck vor, er vermisse bei ihm auch das leiseste Verständnis von nationaler

Politik. Bismarck konterte mit chirurgischer Präzision: »Ich muss dem Herrn Abgeordneten dieses Kompliment zurückgeben – unter Weglassung des Eigenschaftswortes ›national‹.«

■ Der Hofprediger Abraham a Santa Clara wetterte: »Die Wiener Frauen sind nicht wert, vom Teufel geholt zu werden!« Die Damen beschwerten sich, Santa Clara sollte es zurücknehmen. Eine Woche später sagte er in der Kirche: »Entgegen meiner Behauptung vor acht Tagen stelle ich fest, dass die Wiener Frauen es doch wert sind, vom Teufel geholt zu werden.«

■ Ein andermal sagte er, er könne alle Jungfrauen Wiens bequem in einem Schubkarren durch die Stadt fahren. Auch das musste er widerrufen. Er sagte: »Widerrufen kann ich nicht, aber ich habe ja auch nicht gesagt, wie oft ich fahren müsste.«

■ Dürrenmatt und Zuckmayer trafen in München aufeinander. Nachdem Zuckmayer schon ein paar Gläser Wein geleert hatte, kam er zu Dürrenmatt an den Tisch und sagte: »Sie halten meine Stücke für Scheiße.« Darauf antwortete Dürrenmatt: »Herr Zuckmayer, das haben Sie sehr gut formuliert.«

■ Eine Dame sagte auf der Premierenfeier zu Sascha Guitry: »Großer Meister, Sie haben sich wieder einmal selbst übertroffen.« Antwort: »Ach, schöne Frau, wen sollte ich denn sonst wohl übertreffen?«

■ Einmal protestierten Mitglieder einer bayerischen Delegation: »Mir san aber net hier, Herr Bundeskanzler, dass mir einfach zu allem Ja und Amen sagn.« Adenauers volksnahe Antwort in unverfälschtem Kölsch war darauf: »Dat is auch jarnich nötich, meine Herren. Mir jenücht schon, wenn Se Ja sagen.«

Assoziieren und Umdeuten

■ Adenauer ignorierte mehrfach das Handzeichen eines bestimmten Kabinettsmitglieds. Am Ende der Sitzung sagte er zu ihm: »Herr …, wenn Sie zur Toilette wollen, dann müssen Sie mir das nicht anzeigen.«

■ In den 1960ern moderierte Joe Pine eine Talkshow im kalifornischen Fernsehen. Das Bemerkenswerte an den Sendungen war Pines sarkastischer und konfrontativer Ton. Nicht selten ging er direkt nach der Vorstellung eines Gastes zum Angriff über. Manche behaupten, dass Pines bissige persönliche Art Folge einer Beinamputation war, die ihn verbittern ließ. Eines Abends trat der Rockmusiker Frank Zappa in der Show auf – zu einer Zeit, in der sehr lange Haare bei Männern noch ungewöhnlich waren. Nachdem Zappa vorgestellt worden war und sich gesetzt hatte, legte Pine sofort los: »Sie haben so lange Haare. Sind Sie etwa eine Frau?« Darauf Zappa: »Sie haben ein Holzbein. Sind Sie etwa ein Tisch?«

■ Heiner Geißler wurde gefragt: »Herr Geißler, wie würden Sie eigentlich argumentieren, wenn bei der nächsten Bundestagswahl Rot-Grün die Mehrheit hätte?« Darauf antwortete Geißler: »Verehrter Herr Fragesteller, Ihre Frage liegt etwa auf dem folgenden Niveau: Wenn Eichhörnchen Pferde wären, könnten wir die Bäume hinaufreiten. Nun sind Eichhörnchen nachweislich keine Pferde …«

■ Kellner: »Ihr Glas ist leer! Soll ich Ihnen ein neues bringen?« »Was soll ich mit zwei leeren Gläsern?«

■ Peter schläft im Unterricht. Als der Lehrer das entdeckt, schüttelt er ihn kräftig und fragt entrüstet: »Weißt du, wie man so etwas wie dich nennt?« »Ja« gähnt Peter, »einen aufgeweckten Jungen.«

■ Ronald Reagan, amerikanischer Präsident der 1980er Jahre, wurde auf den Nachteil angesprochen, der älteste Bewerber um das Präsidentschaftsamt zu sein. Darauf sagte er: »Ich will aus der Jugend und Unerfahrenheit meines Gegners keinen politischen Vorteil ziehen.«

Witze machen gute Laune

Umdeuten, Zustimmen, Übertreiben, überraschende Wendungen: Die ganze Bandbreite der sieben Muster finden Sie in den folgenden Witzen wieder – und mehr noch, ein »Feuerwerk« an guter Laune, an Mut, Übermut und Schlagfertigkeit. Ganz im Sinne des folgenden Frage-Antwort-Spiels:

Frage: »Was ist Mut, was Übermut, was Schlagfertigkeit?« Antwort: Mut ist, wenn ein Mann nur mit einer Badehose bekleidet in die Oper geht. Übermut ist, wenn er die Garderobenfrau fragt, ob er seine Hose abgeben kann. Schlagfertig ist die Garderobenfrau, die antwortet: »Wollen Sie Ihren Knirps nicht auch hierlassen?«

Umdeuten auf eine andere Person

■ Garderobiere wird gefragt: »Sind Sie sicher, dass das mein Mantel ist?« »Das nicht. Aber es ist der, den Sie mir gegeben haben.«

■ Ein Belgier betritt eine Kneipe und ruft: »Hey, Männer, wer will einen super Holländer-Witz hören?« Am Tresen dreht sich ein riesenhafter Kerl um und sagt: »Ich bin 188 cm groß, wiege 110 kg und bin Holländer! Der Typ neben mir ist 197 cm groß, wiegt 135 kg und ist Holländer! Und der Typ neben ihm ist 211 cm groß, wiegt 166 kg und ist auch Holländer! Willst du uns den Witz immer noch erzählen?« Darauf meint der Belgier süffisant: »Ach, lass mal, bevor ich ihn dreimal erklären muss.«

■ »Warum tragen Sie nur einen Sack, während die anderen zwei nehmen?« »Die sind nur zu faul, zweimal zu laufen.«

■ Ein Mann kommt zur Wahrsagerin und setzt sich vor die Kristallkugel. »Wie ich sehe, sind Sie Vater von zwei Kindern«, sagt sie. »Das glauben Sie«, erwidert er, »ich bin Vater von drei Kindern.« Die Wahrsagerin lächelt dabei hinterhältig: »Das glauben *Sie* …«

■ Er: »Du wirst doch nicht einen Volltrottel heiraten, nur weil er Geld hat?« Sie: »Kommt darauf an – wie viel hast du denn?«

■ Im Kino, während der Vorstellung, klingt ein Mobiltelefon. Ein junges Mädchen geht dran und sagt wütend: »Sag mal, spinnst du, mich jetzt anzurufen? Ich bin im Kino!«

■ Sagt eine Frau auf einer Party zu ihrem Mann: »Liebling, trink nicht so viel. Du siehst schon ganz verschwommen aus!«

■ Zwei Männer am Stammtisch: Der eine protzt: »Mir laufen alle Frauen hinterher!« Fragt ihn der andere: »Ach, klaust du jetzt Damenhandtaschen?«

Zustimmen und Übertreiben

■ Arzt: »Ihr Mann gefällt mir gar nicht.« »Mir auch nicht, aber die Kinder hängen so an ihm.«

■ Der Bürgermeister eines Kurorts wird gefragt, ob das Klima hier wirklich so gesund sei. Darauf sagt er: »Und ob. Um endlich den Friedhof einweihen zu können, mussten wir unseren ältesten Dorfbewohner vergiften.«

■ Frage an die Dame bei der Goldenen Hochzeit: »Haben Sie je an Scheidung gedacht?« – »An Scheidung nie, aber an Mord!«

■ »Ist auf unsere Reklamation etwas eingegangen?« »Ja, die Firma.«

Überraschende Wendung

■ Der Chef erzählt einen Witz und alle lachen herzhaft, bis auf einen Mitarbeiter. Darauf angesprochen sagt er: »Ich muss nicht mehr, ich geh morgen in Pension.«

■ »Ich backe seit 15 Jahren Brot.« – »Dann hätten Sie mit dem Verkaufen nicht so lange warten sollen.«

■ Ein Mann kommt schwerverletzt in die Klinik. Schwester fragt bei der Aufnahme: »Verheiratet?« Er: »Nein, Autounfall.«

■ »Mein Mann ist wirklich ein Glückspilz. Gestern erst hat er eine Unfallversicherung abgeschlossen, und heute wird er schon überfahren.«

Umdeuten: Die Kehrseite der Medaille

■ 93-jähriger kommt zum Arzt und beklagt sich, dass er nur noch dreimal in der Woche Sex haben könne. Sein Freund ist 97 und sagt, er schaffe es noch täglich. Arzt: »Dann sagen Sie das doch auch.«

■ Ein Ehepaar um die 50 fährt über Land – der Mann am Steuer. Als ein Frosch über die Straße hüpft, kann der Fahrer gerade noch halten. Er steigt aus, um nachzusehen, und der Frosch sagt: »Ich bin ein ganz besonderer Frosch, und weil du mich gerettet hast, kann ich dir einen Wunsch erfüllen!« »Oh«, sagt der 50-jährige daraufhin: »Dann möchte ich eine 20 Jahre jüngere Frau haben!« Und simsalabim … war er 70 Jahre alt.

- »Mein Mann hat eine Seele wie Gold.« – «Lass ihn wenden.«
- Statler: »Die Show gefällt mir immer besser.« Waldorf: »Weil die Witze immer besser werden?« Statler: »Nein, weil mein Gehör immer schlechter wird.« (Zitat der beiden Alten aus der Muppet Show)

Nehmen Sie's wörtlich!

- »Darf ich das Kleid im Schaufenster probieren?« – »Warum nicht, das lockt Kunden an.«
- Richter zum betagten Dieb: »Schämen Sie sich denn nicht, in Ihrem Alter noch Computer zu stehlen?« Dieb: »In meiner Jugend gab es noch keine, Herr Richter.«
- Frage im Examen: »Der Patient hinkt wegen eines verkürzten Wadenbeins. Was würden Sie tun?« – »Auch hinken.«
- »Gnädige Frau, möchten Sie etwas für unser neues Trinkerheim beisteuern?« »Gern. Sie können meinen Mann haben.«
- »Haben Sie denn kein Hirn?« »Das kann Ihnen mit letzter Sicherheit nur der Chirurg oder der Metzger beantworten.«
- Kellnerin stolpert und gießt einem älteren Herrn etwas Soße über die Glatze. Der streicht über seinen blanken Kopf und fragt freundlich: »Meinen Sie, das könnte noch helfen?«

Zitate: Berühmte Sprüche berühmter Leute

Lieblingszitate können wunderbar als Abwehrmethode verwendet werden. Allerdings sollten die Zitate stilvoll sein und zum Angriff passen. Sie können Zitate auch bestens abwandeln, sodass diese wie genau auf die Situation zugeschnitten erscheinen. Wie z. B. statt: »Gut gebrüllt, Löwe!« »Gut gebrüllt, Herr Maier!«

Oder kombinieren Sie diese. Zum Beispiel: Gold oder Silber – das ist hier die Frage. Denn bekanntlich ist Reden ja Silber …

Zitate lassen Bilder und Emotionen entstehen und sie können helfen, die eigenen kommunikativen und intellektuellen Fähigkeiten zu trainieren und auszubauen. Den richtigen Spruch für die richtige Situation gibt es nicht. Aber es gibt Zitate, die beinahe immer passen. Manchmal muss man sie halt auch passend machen. Einige meiner Lieblinge finden Sie im Anschluss. Und auch hier gilt wieder: Bilden Sie Ihre eigene Sammlung und nehmen Sie die hier als Anregung. Viel Spaß dabei!

Kluge Worte für jede Situation

- »Auch das Denken schadet bisweilen der Gesundheit.« (Aristoteles)
- »Aus Fehlern wird man klug, darum ist einer nicht genug!« (Ingrid Steeger in »Klimbim«)
- »Der Vorteil der Klugheit liegt darin, dass man sich dumm stellen kann. Das Gegenteil ist schon schwieriger.« (Kurt Tucholsky)
- »Wer immer das letzte Wort hat, spricht irgendwann mit sich allein.« (John William Carson)
- »Wer nichts Gescheites zu sagen hat, tut gut daran, sein Publikum bei Laune zu halten.« (Alte Weisheit von Vortragsrednern)
- »Ich spreche gerne von nichts. Das ist das Einzige, wovon ich wirklich etwas verstehe.« (Oscar Wilde)
- »Verunglimpfungen sind für den, der sie ausspricht, schimpflicher als für den, dem sie gelten.« (Plutarch von Chäronea)
- »Durch jeden Schlag nach einem schwächeren Feind entehrt man sich.« (Friedrich II.)
- »Der Mensch rechnet immer das, was ihm fehlt, dem Schicksal doppelt so hoch an wie das, was er besitzt.« (Gottfried Keller)
- »Nörgler: Es gibt Rosenzüchter, die sich mehr mit den Blattläusen beschäftigen, als mit den Rosen.« (Victor Auburtin)
- »Es gibt kein besseres Heilmittel gegen kleinen Ärger als große Sorgen.« (Prof. Jacob Lorenz)
- »Inkonsequenz nennen wir die Flexibilität unserer Mitmenschen.« (Mildred Scheel)

- »Wer sich in einer Diskussion auf seine Autorität beruft, gebraucht nicht den Verstand, sondern sein Gedächtnis.« (Leonardo da Vinci)
- »Ein Jubiläum ist ein sehr wichtiges Datum, an dem eine Null für eine Null von mehreren Nullen geehrt wird.« (Sir Peter Ustinov)
- »Besser einander beschimpfen als einander beschießen.« (Winston Churchill)
- »Sei reizend zu den Feinden, nichts ärgert sie mehr.« (Henry Thomas Buckle)
- »Es ist schwer, die Katze wieder in den Sack zu bekommen, wenn man sie erst einmal herausgelassen hat.« (Robert Lembke)
- »Ich verstehe nicht, warum so viele Frauen darunter leiden, dass sie schon wieder ein Jahr älter geworden sind. Nicht mehr ein Jahr älter zu werden, das wäre eine Katastrophe.« (Liv Ullmann)
- »Man muss sich von einem politischen Gegner nicht unbedingt mit einem Fußtritt verabschieden, wenn man es mit einem Händedruck tun kann.« (Felix Faure)
- »Es ist unmöglich, jemandem ein Ärgernis zu geben, wenn er es nicht nehmen will.« (Friedrich von Schlegel)
- »Die beste Zeit, den Mund zu halten, ist, wenn du glaubst, du musst jetzt etwas sagen oder platzen.« (Josh Billings)

Zitate für Frauen

Meine lieben Damen, diese Zitate sind von Frauen für Frauen. Nicht alle sind dazu geeignet, eine angespannte Situation zu entspannen, doch sie sind alle dazu geeignet, uns zu amüsieren. Und Sie erinnern sich ja: Oft ist die zweite Antwort, die bessere, doch die erste hilft uns dabei, Abstand zu bekommen und zu erhalten. Und dazu sind diese Zitate wunderbar.

- »Intelligenz und Charakter sind bei einem Mann unvereinbar.« (Cosima Wagner)
- »Ein Mann ist so gut, wie er sein muss. Eine Frau so böse, wie sie sich traut.« (Sándor Marai)

- »Natürlich tun mir die Männer leid. Aber die letzten paar tausend Jahre haben sie es doch wirklich schön gehabt.« (Jodie Foster)
- »Es hat keinen Sinn, mit Männern zu streiten. Sie haben ja doch immer Unrecht.« (Zsa Zsa Gabor)
- »Männer kennen Probleme für jede Lösung.« (Juliette Binoche)
- »Man kann anderen Leuten erklären, warum man seinen Mann geheiratet hat, aber sich selbst kann man es nicht erklären.« (George Sand)
- »Viele Frauen sind neidisch auf ihren Mann, weil der so glücklich verheiratet ist.« (Eckart von Hirschhausen)
- »Ein Mann hält sich schon für einen Frauenkenner, wenn er jeder Frau gegenüber denselben Fehler macht.« (Hillary Clinton)
- »Ein Mann fühlt sich bereits frei, wenn er nicht an der Leine zieht.« (Coco Chanel)
- »Sobald ein Mann anfängt, sich lächerlich zu benehmen, weißt du: Er meint es ernst.« (Franziska Reventlow)
- »Wenn ein Mann verliebt ist, zeigt er sich so, wie er später nie wieder ist.« (Sarah Ferguson)
- »Die meisten Ehemänner sind der beste Beweis dafür, dass Frauen Humor haben.« (Donna Leon)
- »Um sich für geistreich zu halten, umgibt sich ein Mann gerne mit Dummköpfen.« (Romy Schneider)
- »Bei unserer Scheidung haben wir uns das Haus geteilt. Sie bekam das Drinnen, ich das Draußen.« (Willie Nelson)
- »Ob Frauen so intelligent sind wie Männer, weiß ich nicht. Aber so dumm sind sie ganz bestimmt nicht.« (Katharina von Medici)
- »Wenn Männer nur dann redeten, wenn sie etwas zu sagen haben, würden sie den Gebrauch der Sprache verlieren.« (Lore Lorentz)
- »Wer Wärme sucht in Mannesarmen, wird sich erkälten und verarmen.« (Sophie von La Roche)
- »Ehemänner nehmen nur Platz weg.« (Margaret Rutherford)

- »Ein Mann sollte nie so wenig zu tun haben, dass er plötzlich Zeit zum Nachdenken hat.« (Ingrid Caven)
- »Viel ist schon gewonnen, wenn ein Mann aufsteht und rausgeht.« (Käthe Kollwitz)

Freche Sprüche »klopfen«

Auch bei den frechen Sprüchen gilt – wie bei den Frauensprüchen: Bitte überlegen Sie ganz genau, bevor Sie einen davon einsetzen. Doch nutzen Sie diese gerne und oft zur eigenen Erheiterung. Uns Deutschen sagt man ja nach: Humor ist, wenn man trotzdem nicht lacht. Dem können wir doch Paroli bieten.

- »Es gibt Leute, die können ihren Stammbaum bis zu denen zurückverfolgen, die noch darauf saßen.«
- »In Zeiten wie dieser wird jeder gebraucht – und sei es nur als schlechtes Beispiel.«
- »Aschenhaufen haben es gern, wenn man sie für erloschene Vulkane hält.«
- »Den Kopf zu verlieren ist sicher nicht die richtige Art, dem anderen die Stirn zu bieten.«
- »Bei Vergleichen, die hinken, gehen die Argumente am Stock.«
- »Ruhmsüchtige Eitelkeit ist die Erotik des Alters.«
- »Wer zuletzt lacht, lacht am besten – nicht laut!«
- »Ein Hobby ist wie ein Rettungsring für den Fall, dass man beruflich baden geht.«
- »Schon mancher ist als Löwe gesprungen und als Bettvorleger gelandet.«
- »Warum wir hier sitzen? Das ist der Triumph des Hinterns über den Geist.«
- »Wenn Himmel und Hölle mal fusionieren, dann läuft im Jenseits alles wie geschmiert.«
- »Nicht jeder, der aus dem Rahmen fällt, war vorher im Bilde.«
- »Eine Null kann bestehende Probleme verzehnfachen.«
- »Entfernte Verwandte sind gut, leider ist es immer noch verboten, sie selbst zu entfernen.«

- »Manche Worte müssen lange zu Fuß gehen, bevor sie geflügelt werden.«
- »Kritiker sind Leute, die ursprünglich Henker werden wollten, diesen Beruf aber knapp verfehlt haben.«
- »Wenn es abwärts geht, kann man keine großen Sprünge machen, außer beim Skispringen.«
- »Wenn Sie nichts zu tun haben, tun Sie's bitte nicht hier.
- »Wer sitzt, braucht keinen Standpunkt.«
- »Er strahlte so viel Begeisterung aus wie eine vertrocknete Blume, die man vor dem Urlaub vergessen hatte zu entsorgen.«
- »Wenn Blödheit einen Oskar einbringen würde, dann hätten Sie ihn gewonnen.«
- »Macht ist die Fähigkeit, nicht zuhören zu müssen, weil man das Sagen hat.«
- »Früher war ich eitel. Heute weiß ich, dass ich schön bin.«
- »Man muss immer mit Leuten rechnen, auf die man nicht zählen kann.«
- »Halte gefälligst den Mund, wenn ich dich unterbreche.«

Standards: Brücken bauen nur mit Worten

Brückensätze alltagstauglich

In 80 % der beruflichen Diskussionen reicht der Einsatz von Brückensätzen und Lenkungsstrategien aus, um souverän mit unsachlichen Angriffen zurechtzukommen. Nehmen Sie die folgende Sammlung wieder als Anregung und suchen Sie sich Ihre persönlichen Brückensätze und Standards daraus aus. Definieren Sie für sich 10–15 Brückensätze und trainieren Sie diese im Alltag. Dann werde Sie nie sprachlos zurückbleiben.

- Oft reicht der Hinweis auf die unsachliche Taktik: »Herr Müller, mit gegenseitigen Schuldzuweisungen kommen wir nicht weiter. Lassen Sie uns besprechen, wie wir jetzt das Problem lösen können. Mein Vorschlag …«

- »Ich frage mich, wie Sie zu dieser Einschätzung kommen. Zumal das Gegenteil richtig ist …«
- »Diese Aussage erstaunt mich …«
- »Das mag auf den ersten Blick so aussehen. Wenn man jedoch genauer hinschaut, dann wird deutlich …«
- »Wie soll unsere Zusammenarbeit in Zukunft ausschauen?«
- »Ich bin enttäuscht, dass …«
- »Ich fühle mich bedrängt und das macht es für mich schwierig, mich frei zu äußern.«
- »Ich bin besorgt, dass dieser Fehler unsere gute Zusammenarbeit belasten könnte.«
- »Es ist für mich schwierig, unter diesen Umständen mit Ihnen zusammenzuarbeiten.«
- »Sie zeichnen da ein völlig falsches Bild. Zuerst möchte ich klarstellen …«
- »Ihre Feststellungen haben zum Glück mit der Wirklichkeit nichts zu tun.«
- »Sie reihen sehr pauschal Vorwürfe aneinander. Die Wirklichkeit sieht zum Glück anders aus.«
- »Lassen Sie uns die Sache differenzierter betrachten.«
- »Ihre Frage enthält eine Unterstellung, die so nicht zutrifft.«
- »Das mag Ihre subjektive Meinung sein. Das Gegenteil ist jedoch richtig …«
- »Was beabsichtigen Sie mit dieser herabsetzenden Frage?«
- »Ich kann nicht erkennen, was Ihre Frage mit Fairness zu tun hat.«
- »Mit Polemik kommen wir in der Sache nicht weiter. Worum geht es?«
- »Wenn ich auf den sachlichen Gehalt Ihrer Frage eingehe, dann …«
- »Das ist eine sehr spezielle Frage, auf die ich gerne in der Diskussion zurückkomme. Ich nehme Ihre Frage in unsere Rubrik ›Offene Fragen‹ auf.«
- »Sie sprechen da mit Recht einen zwar kritischen, aber interessanten Punkt an.«
- »Sie überschreiten meine emotionale Toleranzgrenze.«

Die Autorin

Petra Schächtele, Diplom Informatikerin, Rhetorikerin/Soziologin M. A. ist seit 25 Jahren im Trainingsgeschäft tätig und leitet seit 15 Jahren Seminare zur Persönlichkeitsbildung, Rhetorik und Kommunikation. Mit dem Thema »Elegante Schlagfertigkeit« beschäftigt sie sich seit gut 10 Jahren. In dieser Zeit sind zum Thema bereits Seminare, Vorträge, eine Website, Podcasts und ein Buch entstanden.

Die Helfer bei den Antworten

Vielen Dank an dieser Stelle den Helfern, die viele der schönen Antworten ab S. 125 kreiert haben: Stefan Blättner, Hans-Uwe Dahmen, Martina Geltinger, Nuraya Kaya, Tanja Konnerth (www.zeitzuleben.de), Iris Kammerhoff, Martina Jürgens, Barbara Luig, Tanja Marien, Alexander Ott, Ralf Senftleben (www.zeitzuleben.de), Thorsten Thalmann, Wolf Wittenstein, Julian Wolf (www.nlp-deutschland.de), Anne Wünsch.

Dieses Buch ist entstanden unter inhaltlicher Mitarbeit der Lektorin Claudia Strand.

Bücher, die weiterhelfen

Denksport

Brucker, Bernd; Steiner, Alexandra: *Die Welt der Anagramme, Worte machen Worte.* Marix Verlag, Wiesbaden

Hemme, Heinrich: *Das Ei des Kolumbus und weitere hinterhältige Knobeleien.* RoRoRo Verlag, Hamburg

Salny, Abbie; Grosswirth, Marvin; mit den Mitgliedern von Mensa: *Genie Rätsel.* DuMont Verlag, Köln

Schöne Sprache, Formulierungen, Zitate und Humor

Kresse, Albrecht; Ullmann, Eva: *Humor im Business – Gewinnen mit Witz und Esprit.* Cornelsen Verlag, Berlin

Löhr, Robert: *Das Erlkönig-Manöver. Historischer Roman.* Piper Verlag, München

Rommel, Manfred: *Trotz allem heiter.* Ullstein Verlag, Stuttgart

Titze, Michael; Patsch, Inge:
*Die Humorstrategie. Auf ver-
blüffende Art Konflikte lösen.*
Kösel Verlag, München

Trenkle, Bernhard: *Das Aha!-
Handbuch der Aphorismen und
Sprüche für Therapie, Beratung
und Hängematte.* Carl-Auer-
System Verlag, Heidelberg

Schlagfertigkeit und Kreativität

**Dahms, Christoph; Dahms,
Matthias:** *Die Magie der Schlagfertigkeit.* Dahms Privatinstitut
für Rhetorik und Management-
training GmbH

Dilts, Robert: *Die Magie der
Sprache.* Junfermann Verlag,
Paderborn

Raeth, Hans G.: *Die Kunst
der Beleidigung.*
Fackelträger Verlag, Köln

Sanders, Pete A.: *Joy Touch,
Das Glückszentrum im Gehirn
aktivieren.* Windpferd Verlag,
Oberstdorf

Schächtele, Petra:
Schlagfertigkeit – live.
Haufe Verlag, München

Schopenhauer, Arthur:
Die Kunst zu beleidigen.
Beck Verlag, München

Web-Adressen zum Weiterüben

www.schlagfertigkeit.tv
Weitere Informationen rund ums Thema Schlagfertigkeit.

www.schlagfertigkeit.com
Viele gesammelte Angriffe für das tägliche Weiterüben.

www.sprueche.tv
Jeden Tag ein neuer Aphorismus mit Hinweisen auf Ursprung,
Videos zur Erläuterung und vielen Zusatzinformationen.

www.wer-weiss-was.de
Hier gibt es die größte Sammlung an Denksportaufgaben – mit
Lösungen.

www.zitate-online.de
Das passende Zitat für jede Gelegenheit – mit intelligenter Such-
funktion.

www.sueddeutsche.de/app/wirtschaft/witze
Hier gibt es eine große Sammlung an intelligenten Witzen, viele
mit Umdeutungen.

Register

Wichtiger Hinweis

Der Inhalt dieses Buches wurde sorgfältig recherchiert und entspricht dem aktuellen Stand. Abweichungen wie zum Beispiel seit Drucklegung geänderte WWW-Adressen sind nicht auszuschließen. Weder Autorin noch Verlag können für eventuelle Nachteile oder Schäden, die aus den im Buch gegebenen praktischen Hinweisen resultieren, eine Haftung übernehmen. Es liegt alleine in der Verantwortung der Leserinnen und Leser, was sie aus den Beispielen wie verwenden. Wurde nur die männliche Form als Anrede verwendet, so dient das dazu, den Lesefluss nicht unnötig zu behindern.

GRÄFE UND UNZER VERLAG,
Redaktion Leben & Lernen
Grillparzerstr. 12
81675 München

Redaktion:
Petra Brumshagen

Lektorat:
Claudia Strand

Innenlayout:
Martin Knipping

Umschlag:
independent Medien-Design

Titelillustration:
Wai/Die Illustratoren,
corinna hein

Herstellung:
Renate Hutt

Satz:
Knipping Werbung GmbH,
Berg am Starnberger See

Repro:
Repro Ludwig, Zell am See

Druck und Bindung:
Druckerei L. Auer, Donauwörth

Umwelthinweis
Dieses Buch wurde auf chlorfrei gebleichtem Papier gedruckt. Um Rohstoffe zu sparen, haben wir auf Folienverpackung verzichtet.

ISBN 978-3-8338-1752-6
1. Auflage 2009

GRÄFE
UND
UNZER

Ein Unternehmen der
GANSKE VERLAGSGRUPPE